北京文化书系
京味文化丛书

北京礼俗文化

中共北京市委宣传部
北京市社会科学界联合会　组织编写
关昕　著

北京出版集团
北京出版社

图书在版编目（CIP）数据

北京礼俗文化 / 中共北京市委宣传部，北京市社会科学界联合会组织编写；关昕著. — 北京：北京出版社，2024.4（2024.12重印）
（北京文化书系. 京味文化丛书）
ISBN 978-7-200-18164-7

Ⅰ. ①北… Ⅱ. ①中… ②北… ③关… Ⅲ. ①礼仪—风俗习惯—介绍—北京 Ⅳ. ①K892.26

中国国家版本馆CIP数据核字（2023）第150335号

北京文化书系　京味文化丛书
北京礼俗文化
BEIJING LISU WENHUA

中共北京市委宣传部
北京市社会科学界联合会　组织编写

关昕　著

*

北 京 出 版 集 团
北 京 出 版 社　出版

（北京北三环中路6号）
邮政编码：100120

网　　址：www.bph.com.cn
北京出版集团总发行
新 华 书 店 经 销
北京建宏印刷有限公司印刷

*

787毫米×1092毫米　16开本　20印张　260千字
2024年4月第1版　2024年12月第2次印刷
ISBN 978-7-200-18164-7
定价：82.00元
如有印装质量问题，由本社负责调换
质量监督电话：010-58572393；发行部电话：010-58572371

"北京文化书系"编委会

主　　任　莫高义　杜飞进

副 主 任　赵卫东

顾　　问　（按姓氏笔画排序）
　　　　　于　丹　刘铁梁　李忠杰　张妙弟　张颐武
　　　　　陈平原　陈先达　赵　书　宫辉力　阎崇年
　　　　　熊澄宇

委　　员　（按姓氏笔画排序）
　　　　　王杰群　王学勤　许　强　李　良　李春良
　　　　　杨　烁　余俊生　宋　宇　张　际　张　维
　　　　　张　淼　张劲林　张爱军　陈　冬　陈　宁
　　　　　陈名杰　赵靖云　钟百利　唐立军　康　伟
　　　　　韩　昱　程　勇　舒小峰　谢　辉　翟立新
　　　　　翟德罡　穆　鹏

"京味文化丛书"编委会

主　　　编　刘铁梁

副 主 编　刘　勇　万建中　张　淼

执 行 主 编　李翠玲

执行副主编　陈　玲　刘亦文

编　　　委　王一川　萧　放　谭烈飞　李建平　马建农
　　　　　　张宝秀　石振怀

统　　　筹　王　玮　孔　莉　李海荣　李晓华

"北京文化书系"
序言

文化是一个国家、一个民族的灵魂。中华民族生生不息绵延发展、饱受挫折又不断浴火重生，都离不开中华文化的有力支撑。北京有着三千多年建城史、八百多年建都史，历史悠久、底蕴深厚，是中华文明源远流长的伟大见证。数千年风雨的洗礼，北京城市依旧辉煌；数千年历史的沉淀，北京文化历久弥新。研究北京文化、挖掘北京文化、传承北京文化、弘扬北京文化，让全市人民对博大精深的中华文化有高度的文化自信，从中华文化宝库中萃取精华、汲取能量，保持对文化理想、文化价值的高度信心，保持对文化生命力、创造力的高度信心，是历史交给我们的光荣职责，是新时代赋予我们的崇高使命。

党的十八大以来，以习近平同志为核心的党中央十分关心北京文化建设。习近平总书记作出重要指示，明确把全国文化中心建设作为首都城市战略定位之一，强调要抓实抓好文化中心建设，精心保护好历史文化金名片，提升文化软实力和国际影响力，凸显北京历史文化的整体价值，强化"首都风范、古都风韵、时代风貌"的城市特色。习近平总书记的重要论述和重要指示精神，深刻阐明了文化在首都的重要地位和作用，为建设全国文化中心、弘扬中华文化指明了方向。

2017年9月，党中央、国务院正式批复了《北京城市总体规划（2016年—2035年）》。新版北京城市总体规划明确了全国文化中心建设的时间表、路线图。这就是：到2035年成为彰显文化自信与多元包容魅力的世界文化名城；到2050年成为弘扬中华文明和引领时代潮流的世界文脉标志。这既需要修缮保护好故宫、长城、颐和园等享誉中外的名胜古迹，也需要传承利用好四合院、胡同、京腔京韵等具有老北京地域特色的文化遗产，还需要深入挖掘文物、遗迹、设施、景点、语言等背后蕴含的文化价值。

组织编撰"北京文化书系"，是贯彻落实中央关于全国文化中心建设决策部署的重要体现，是对北京文化进行深层次整理和内涵式挖掘的必然要求，恰逢其时、意义重大。在形式上，"北京文化书系"表现为"一个书系、四套丛书"，分别从古都、红色、京味和创新四个不同的角度全方位诠释北京文化这个内核。丛书共计47部。其中，"古都文化丛书"由20部书组成，着重系统梳理北京悠久灿烂的古都文脉，阐释古都文化的深刻内涵，整理皇城坛庙、历史街区等众多物质文化遗产，传承丰富的非物质文化遗产，彰显北京历史文化名城的独特韵味。"红色文化丛书"由12部书组成，主要以标志性的地理、人物、建筑、事件等为载体，提炼红色文化内涵，梳理北京波澜壮阔的革命历史，讲述京华大地的革命故事，阐释本地红色文化的历史内涵和政治意义，发扬无产阶级革命精神。"京味文化丛书"由10部书组成，内容涉及语言、戏剧、礼俗、工艺、节庆、服饰、饮食等百姓生活各个方面，以百姓生活为载体，从百姓日常生活习俗和衣食住行中提炼老北京文化的独特内涵，整理老北京文化的历史记忆，着重系统梳理具有地域特色的风土习俗文化。"创新文化丛书"由5部书组成，内容涉及科技、文化、教育、城市规划建设等领域，着重记述新中国成立以来特别是改革开放以来北京日新月异的社会变化，描写北京新时期科技创新和文化创新成就，展现北京人民勇于创新、开拓进取的时代风貌。

为加强对"北京文化书系"编撰工作的统筹协调，成立了以"北京文化书系"编委会为领导、四个子丛书编委会具体负责的运行架构。"北京文化书系"编委会由中共北京市委常委、宣传部部长莫高义同志和市人大常委会党组副书记、副主任杜飞进同志担任主任，市委宣传部分管日常工作的副部长赵卫东同志担任副主任，由相关文化领域权威专家担任顾问，相关单位主要领导担任编委会委员。原中共中央党史研究室副主任李忠杰、北京市社会科学院研究员阎崇年、北京师范大学教授刘铁梁、北京市社会科学院原副院长赵弘分别担任"红色文化""古都文化""京味文化""创新文化"丛书编委会主编。

在组织编撰出版过程中，我们始终坚持最高要求、最严标准，突出精品意识，把"非精品不出版"的理念贯穿在作者邀请、书稿创作、编辑出版各个方面各个环节，确保编撰成涵盖全面、内容权威的书系，体现首善标准、首都水准和首都贡献。

我们希望，"北京文化书系"能够为读者展示北京文化的根和魂，温润读者心灵，展现城市魅力，也希望能吸引更多北京文化的研究者、参与者、支持者，为共同推动全国文化中心建设贡献力量。

"北京文化书系"编委会

2021年12月

"京味文化丛书"
序言

京味文化，一般是指与北京城市的地域和历史相联系，由世世代代的北京居民大众所创造、传承，具有独特风范、韵味的生活文化传统。京味文化表现于北京人日常的生活环境中与行为的各个方面，比如街巷格局、民居建筑、衣食住行、劳作交易、礼仪交往、语言谈吐、娱乐情趣等，能够显露出北京人的集体性格，折射出北京这座城市的历史进程和发展轨迹。

京味文化的整体风貌受到北京的地理位置、自然环境和历史地位等条件的制约和影响。北京地处华北平原北端和燕山南麓，西东两侧有永定河和潮白河等，是农耕与游牧两种生产生活方式交会的地带，这里的风光、气候、资源、物产等都形成了京味文化地域性的底色和基调。

北京曾是古代中国最后几个朝代的国都，是当代中国的伟大首都，是中国最著名的教育与文化中心城市。因此，从古代的宫廷势力、贵族阶层、士人阶层到现代和当代的文化精英群体，都较多地介入了京城生活文化的建构，而且影响了一般市民的日常交往、休闲娱乐等行为模式。

北京居民大众在历史上与来自全国各地、各民族的人员有频密的交流，接受了各地区、各民族的一些生活习惯和文化形式，使得京味文化具有了比较明显的包容性特征。尤其是在北京的一些文化人、艺术家将各地区的文化、艺术精华加以荟萃，取得了一些具有文化中心城市地标式的创作成就——例如京戏这样的巅峰艺术。

近代以来，北京得风气之先，在与外来思想、文化的碰撞与交流中，现代的交通、邮政、教育、体育、医疗、卫生、报业、娱乐等领域的公共制度、市政设施和文化产业等相继进入北京市民的日常生活，京味文化中加入了许多工业文明的元素。与此同时，乡村的一些文艺表演、手工制作等也大量出现在北京城里，充实了京味文化中的乡土传统成分。

当今时代，北京成为凝聚国人和吸引全世界目光的现代化大都市，人们的生产生活方式发生了彻底性变革，京味文化传统由此而进入一个重新建构的过程。其中，城市建设中对老城风貌的保护、老北京人在各种媒体上讲述过往生活的故事等，都成为北京人自觉的文化行动，使得京味文化绵延不绝，历久弥新。

对于每一个北京人，包括在北京居住过一段岁月的人来说，京味文化都是伴随着生命历程，融入了身体记忆，具有强烈家乡感的文化。生活变化越快，人们越愿意交流和共享自己的北京故事，这是京味文化传统得以传承的根本动力。一些作家、艺术家所创作的京味文学和京味艺术，深刻影响了北京乃至全国人民对京味文化的关注与体悟，成为京味文化传统中不可缺少的组成部分。

我们相信，京味文化在向前发展的路上将保持其大众生活实践的本性，在北京全面发展的进程中发挥出加强城市记忆、凝聚城市精神和展现城市形象的重要而独特的功能。全面深入地整理、研究和弘扬京味文化，是摆在我们面前的一项迫切任务。"京味文化丛书"现在共有10部得以出版，分别是《文人笔下的北京》《绘画中的北京》《京味文学揽胜》《北京方言中的历史文化》《北京戏曲文化》《北京传统工艺》《北京礼俗文化》《北京节日文化》《北京服饰文化》《北京人的饮食生活》。这10部书，虽然还不能涵盖京味文化的所有内容，但是以一种整体书写的形式推出，对于京味文化的整理、记述和研究来说，应该具有一定工程性建设的意义。

"京味文化丛书"是在中共北京市委宣传部和北京市社会科学界联合会的有力领导和精心主持下完成的。有关负责同志在组织丛书编委会和作者队伍、召开会议、开展内部讨论、落实项目进行计划等方面都付出巨大心力。北京出版集团对本丛书的顺利编写提出了很多建议，许多专家学者都为本丛书的编写提供了宝贵的意见，特别是对书稿的修改和完善做出了无私奉献。我们希望"京味文化丛书"的出版能够在加强京味文化研究、促进城市文化建设上发挥出积极的作用，并由衷地期待能够得到专家和广大读者的批评、帮助。

刘铁梁

2021年9月

目 录

绪 论 　　　　　　　　　　　　　　　　　　　　1

第一章　国家有礼乐　　　　　　　　　　　　　1
　　第一节　国之大事，在祀与戎　　　　　　　　4
　　第二节　公园与博物馆　　　　　　　　　　　11
　　第三节　遗产时代来了　　　　　　　　　　　27
　　第四节　"再造"文化空间　　　　　　　　　36

第二章　四合院里的规矩　　　　　　　　　　47
　　第一节　和合家风　　　　　　　　　　　　　51
　　第二节　年节祭祀　　　　　　　　　　　　　67
　　第三节　婚书之礼　　　　　　　　　　　　　77
　　第四节　吉祥姥姥　　　　　　　　　　　　　92
　　第五节　姑奶奶　　　　　　　　　　　　　 102

第三章　找乐与脸面　　　　　　　　　　　 111
　　第一节　老炮儿　　　　　　　　　　　　　 113
　　第二节　玩主儿　　　　　　　　　　　　　 121
　　第三节　前引　　　　　　　　　　　　　　 137

第四章　无规矩不成行业　　153
第一节　清宫造办处　　156
第二节　鲁班绳墨　　166
第三节　梨园规约　　180
第四节　天桥杂吧地　　197

第五章　市井商俗之道　　215
第一节　一岁货声　　217
第二节　牌匾与招幌　　234
第三节　老字号的文化密码　　247

第六章　礼物与交往　　261
第一节　礼尚往来　　264
第二节　吉祥之礼　　276
第三节　邻里情谊　　284

尾　声　　292

主要参考书目　　295

后　记　　298

绪 论

每一座城市都有自己独特的"味儿"。这种味儿，是我们所能感受到一座城市的综合气场，是这座城市各个方面所涌现出来的气质与精神。对于北京来说，"京味儿"无疑是最具代表性的，它不仅体现在鳞次栉比的高楼大厦和车水马龙的繁荣景象上，还体现在城市人群所特有的生活态度和为人处世的方式上，体现在居住于斯、生活于斯的人们的集体记忆和价值取向上。这是推动着一座城市生生不息发展的"根"。礼俗，关乎城市生活历史的主题，就是这"根"的一部分。从明清以来，对北京风土人情的记录就已不绝于书，直至今日在各种都市旅游指南中仍少不了类似的介绍。也许，我们都认识到，"礼俗"是解码北京历史、现在与未来的一把钥匙。

一

首先需要定义的是礼俗。在概念使用层面，或以"礼俗"作为民俗的同义词，泛化为衣食住行日常生活的各方面，或专指人生仪礼、日常交际习俗，更多的情况则是将礼俗拆解为"礼"和"俗"。在儒家的传统中，"礼"是理想的社会伦理秩序、国家典章制度，"俗"则偏重于民间风习。"礼"与"俗"代表了不同社会阶层中并行不悖的社会行为，同时也存在精英"以礼化俗"、民间"因俗变礼"的互动关系。我们无意将礼俗置放到"官""民"之间复杂纠葛的角度去讨论，而是试图将它带回到生活事实层面去理解。尽管精英文化与大众文化存在着一定的区隔，但所有文化只要成为传统，就或多或少地在生活层面有所表现。从这个角度上，我们将"礼"理解为一种观念与价值观，而将"俗"理解为用"礼"所灌注的实践，特定群体约定俗成的行为方式。

礼俗本质上可视为一种礼俗相交、寓礼于俗、以礼节俗的生活文化，我们对其的书写重在通过不同群体的"俗"，展现其中的"礼"——观念与价值观。一个人言行是否妥当，社会交往是否得宜，在社会舆论中常要归之于讲不讲理、懂不懂礼。礼仪、规矩、老理儿、生活态度……虽然说法不一，但它们都代表了生活中的精气神，内化在民众心中，并输出为现实社会浓密而交织的生活细节。

北京的礼俗，体现于每个人在观念和行为上的融合，体现于人与城之间在气质、风格、调性上的融合，并进而沉淀为一种深层次的精神契约。这种人与城的"气味相投"在生活中的经验表现就是——"京味儿"。

二

我们将北京的礼俗主要分为以下几类：国家、家庭或家族、社区、行业、商业、社会交际中的"礼"，并试图将各事象中表现出"理儿""规矩"的地方展现出来。刘铁梁教授曾以标志性文化作为理解一个地方民俗文化整体性的关键点。他认为，标志性文化一般要具备以下三个条件：能够反映这个地方特殊的历史进程，反映这里的民众对于自己民族、国家乃至人类文化所做出的特殊贡献；能够体现一个地方民众的集体性格、共同气质，具有薪尽火传的内在生命力；文化事象内涵丰富，深刻地联系着一个地方社会中广大民众的生活方式。我们在本书中所列举的这些礼俗可以视为同一地域文化内部密切关联着的不同侧面，体现着"标志性文化"的意义，更重要的是，它们与每一个生活或曾经生活在这片土地上的人以何种角色和姿态嵌入这座城市并得以安身立命的身份认同感有关。

建筑是文化的外观。在京城景观上，气势宏伟的坛庙建筑和纵横连片的胡同四合院，恰恰构建了北京城礼俗文化的两端——国家礼仪和家庭礼仪。前者偏重于国家政治层面的制度规定，后者偏重于民众生活层面的自发传承。如果前者代表国都的属性，后者则更倾向于本地风光。

作为金、元、明、清等王朝的都城，北京城"礼"的国家性特征极为突出。沁浸着儒家理想的"礼"与王朝政治相联结成为一种国家文化制度。国家祀典的空间分布极有章法。作为礼法政治在地域社会的空间投影，坛庙建筑是"帝京"身份为这座城市所留下的最具代表性的礼制孑遗。帝制衰灭，各坛庙接踵而来的公园化和博物馆化以及后继而起的遗产化，则使这些祀典空间从专制的禁域走向了市民社会的共享空间。在这一过程中，国家主流价值观的在场是始终相承的，这一演化过程也清晰地展现了士人和知识分子阶层对于国家之"礼"的价值认知。

相比皇家坛庙的壮丽雄伟，老北京人的民居则是朴素无华的。胡同四合院的灰色"海洋"，在相当长的历史时期，都是北京人的主要居住形态。数百年来，每一次王朝鼎革都是北京人口结构重新整合的过程，从明代移江浙、山西等地富户实北京，到清代旗民内外城分治，以及大批工匠、商贩、艺人等群体的会聚、徙入等，在北京"凸"字形的城市空间中，宫廷、贵族文化与民间文化合流，满、蒙、汉、回等多民族文化融会，磨炼出独特的语言、举止和价值观，共同形成了北京的礼俗"传统"。纵横交错的胡同和规整的四合院将一代代北京人生活的悲欢离合凝聚于实实在在的方正空间中。北京最稳定的文化形态，正是由胡同、四合院所孕育的层层积累的生活经验的定型化。它是北京礼俗展开的空间布景。

我们每一个人都是有血有肉、有情感有意识的个体生命；同时又在社会中有不同的角色，既是家庭中的一员，又是杂院、村落社群中的成员，还会在一个行业里谋生计。我们生活在多元而枝蔓的关系网络中，每一种身份的表达都是北京礼俗的一个侧面。

在生活中总有一种人，是礼数更为谨严的。受着旗人妇女崇高地位的影响，秉承"妈妈论儿"的北京女性亲眷往往是家庭规矩的

"话事人",尤其在家庭人生仪式场合发挥着重要的作用。而当我们的目光从家庭内部走向街头巷尾、社区村落,形形色色的"北京爷"在外场又表现出了人前显贵、鳌里夺尊的劲儿,这些"老炮儿""玩主儿""会头儿",不但将花鸟鱼虫之类的小玩意儿玩出了花样,而且玩出了秩序,耗财买脸、行香走会,制定出"井字里、井字外"这样密匝的规则体系。他们是社会上"理儿""规矩"等地域习惯的群体代表。

每个人安身立命的根本还有行业。神秘的紫禁城造办处,征召了全国范围的能工巧匠,满足皇家器用之精奢需求;五行八作云集的京城营造行,正是因城池肇建而兴,由遍布京城内外的殿宇、园林屡屡"大兴土木"而持久不衰;"唱念做打"齐全的梨园,没有八旗子弟、帮闲文人的附庸风雅绝不能发展得如此风生水起;"平地抠饼"的天桥把式,也与清末民初内城旗人在集体落魄下而迫不得已吃开口饭有莫大的关系。这些行业都是清以来几百年间都城北京的独特社会结构所造就的。虽然在历史上,不同行业之间存在着歧视链条,但即使最为人看不上的天桥撂地,也不是一窝蜂式的杂乱无序,也有着细密周全的江湖行规。每个行业都有一套观念体系与之匹配,正是在这个观念体系中,普通市民的生活需求才得以照进现实。

虽然人们从事的行业各异,生活行为和生活态度也不尽一致,但都体现了人与城市相融合的文化一体感。这种融合在北京的商业文化中体现得最为明显。一个从四乡八镇、外省闯入京城的陌生人,一步步从走街串巷的小本经营者,到有了自己的铺面,乃至发展成为赢得声名的老字号,这不仅仅是一个过坎升级的个人奋斗史,而且是一个人的"生意"融入旗民、文人士大夫等特定群体的生活经验,融入他们的文化网络与情感结构,并沉淀为一种生活习俗的过程。每个老字号品牌都是一个"蜂窝",它已经不单纯是一个企业,而是群体积习的集聚、身份认同的回响。

本书以日常生活的交往礼仪作为尾篇,不仅仅因为礼物是人际往来的重要视角,礼物网络是城市"乡土"社会人际关系的充分表达;

同时也是因为在城市社区，曾经熟络的邻里关系给我们带来的人情熨帖是极为突出的。时移景迁，这些昔日的观念与价值观虽更易亦延续，与今日的我们情理相通。

三

从今日的眼光审视，我们常常提及的北京礼俗总体上可视为在"四九城"清末民初沉淀定型的生活传统上的演绎与发展。以胡同与四合院为主体讲述北京文化，不是因为怀旧情怀，而是因为它所依托的城市营造与生活范式，奠定了北京人礼俗的历史底蕴，涵养了北京人的精、气、神！所以，作家刘一达才说，"胡同是北京文化的根儿，四合院是北京文化的魂"。当然，在历史的任一时期，北京人都不是同质化的群体。不同民族的风俗既融合也有异趣。不同人群、不同阶层因社会地位、经济地位等方面的差异，也会呈现出不同的生活方式与生存状态，紫禁城的皇家政治与宣南的士大夫文化之间泾渭分明，王公贵族与平民百姓之间并不分享共同的城市记忆。新中国成立后，全国各地迁转过来的干部、知识分子、工人等居住在大院中的新北京人构成了北京重要、活跃的阶层，北京城区也由"四九城"及关厢地区渐次扩大包容至近郊农村，人口结构和城市空间的变化塑造着北京文化的多元形态。人、物、事，都在更易。如何定义北京礼俗实不是件容易的事情。

礼俗是历史，更是生活，它拒绝抽象，与个体经验息息相关。我们每个人基于自己的生活体验，能感知到日常生活的丰富与复杂。因而我们所列举的事项，读者都有可能举出例外，但这也恰恰说明了礼俗文化内在的差异性、多面性与灵活性。

本书所涉及的任何一个习俗铺展开来，都非一本书所能承载，因而我们的书写注定不是面面俱到的、埋头于细琐事项的掌故式书写，而是希望能够以点及面，以习俗为线索，触及这片地域人群曾经的生活态度，去获知一种生活的意义与精神。

北京是全国的"首善"之区，何谓"首善"？并不仅仅指风景的美好，而是综合了风尚、德行、规矩等"软实力"的评断。这种"首善"的理想，系于生活在北京、工作在北京的每一个人身上，无论你是从哪里来，做着什么样的营生。作家赵园曾说，如果说有哪一个城市，由于深厚的历史原因，本身即拥有一种精神品质，能施加无形然而重大的影响于居住、一度居住以至过往的人们的，这就是北京。我们可以看到，虽然时光斗转星移，人群变动不居，许多习俗传统依然在城市里顽强地、枝蔓地生长出来。当然，并非所有地域的老规矩，都是道德和文化层面上的精华，它们有些属于繁文缛节，属于束缚人思想的教条，还有一些是带着迷信色彩和江湖习气的陈规陋习。但随着时代的发展、社会的进步，在礼俗文化的新旧交融中，更多体现良俗的生活习惯在传承与浮现。流动的传统总有一种迷人的力量，作为时代的价值基点，照亮这座城市的历史、现在与未来。

第一章

国家有礼乐

"半城宫墙半城树"。明清两代的北京,朱红的宫墙,明黄的琉璃瓦,浓绿的松柏乔木,在蓝天下绘制出辉煌壮丽的画卷。这种景观的宏伟是传统王朝时期皇权的空间映射。如果说有什么建筑能代表帝制国家的威权统治,那么除了紫禁城之外,恐怕就得说京城内外秩序分明的一众坛庙了。作为承担国家礼仪的祀典建筑,坛庙在历代政治生活中都被放置到醒目的位置,它们之间有着严格的等级区分,在地理方位、建筑规制、典礼科仪、人员管理等方面都有琐细的规定。

为什么坛庙会如此重要?那是因为一个王朝的权力来源常常集政治统治、宗教权威和文化秩序于一身。正是在国家典礼的隆重仪式中,拥有权力者以象征的方式与天地诸神沟通,向治下的民众暗示自己统治的合法性,这就是我们常说的"奉天承运"。它们是国家正统性的标志,而为历代所遵循。

坛庙建筑不仅仅承载着王朝时期的国家礼仪,也与京城民众生活有密切关系。《帝京景物略》记载说:"五日之午前,群入天坛,曰避毒也。过午出,走马坛之墙下。"神圣的祭天场所居然成了初夏时节京都男女老少禳灾游玩的地方。"坛根"同样是个京城市民熟悉的所在。各坛庙周围广植树木,多选高大常青之树,罗列有序,称为"仪树"。这里四季宜人,人们于此遛鸟、打拳、站桩、交易……普通民众自然会寻找与坛庙建筑生活性的结合方式。

如果说坛墙内外曾经代表着皇家文化与世俗文化的区分,当坛庙从皇权的恩荫下被抛向社会时,它就像一个新开辟的黑洞空间一样,迅速被充塞进知识精英改良社会的理想。清政权覆灭后,王朝礼仪制度崩塌,或许令我们吃惊的是,民国北京的第一座公园、第一座博物馆,都是发端于此时的坛庙建筑。这些新兴的公共空间约束并形成着北京市民新的礼仪行为。公园、博物馆在中国的出现不仅仅是一种全新机构的设立,而且是中国效法日本、西方步入近代化进程的组成部分。

祀典遗产作为原有王朝意识形态的制度"肉身",其魂魄已然不在,需要重新注入新的时代精神。帝制时代之后的坛庙发展深陷在民族国家的理念和制度的规训中,或为公园,或为博物馆,或为文物遗产,或为多元的文化展演空间,但无论其身份如何演变,却都体现了一种将国家和社会期许的价值传递到地方社会人们的头脑中去的努力。这或许就是一种"场所精神"意义上的延续吧。

第一节　国之大事，在祀与戎

《左传》有言："国之大事，在祀与戎。"《礼记·祭统》亦云："凡治人之道，莫急于礼；礼有五经，莫重于祭。"说的都是祭祀礼制对古代中国的重要性。礼有5种，分为吉礼、嘉礼、宾礼、军礼、凶礼。吉礼，是对神灵进行祭祀的典礼；嘉礼，是用来沟通人际关系及感情的礼仪；宾礼，是接待宾客之礼；军礼，是有关军队训练、征战、建制、礼仪等方面的制度规定；凶礼，包括丧、荒、吊、恤等方面的礼仪。"吉礼"为五礼之首，是最重要的礼仪。在吉礼中，祭祀对象可分为天神、地祇和人鬼三大类。天神即人们创造的上空诸神，譬如日月、风雨雷云之神，地祇是人们创造的山水土地等地上之神，人鬼则指祖先及前世著名历史人物等。举行吉礼的空间，即为坛庙建筑。

一、京城的坛庙

坛庙的祭祀礼仪有严格的等级秩序，一般有大祀、中祀、小祀（群祀）三个级别。其规格完全可以在建筑空间的形制和体量中反映出来。如果用我们的眼睛来感知、用脚步来丈量这些古老的城市地景，可以把它们区分为三类建筑。

（一）坛、庙、祠

第一类是"坛"。原指在平坦的地面上用土堆筑的高台。在盟誓、朝会、封拜的时候，古人经常筑坛行事以表示郑重，例如当年刘邦就曾筑坛聚会，拜韩信为大将。后来"坛"逐渐成为中国传统社会最高统治者专用的祭祀性建筑。祭坛之上一般不建房屋，露天祭祀，称为"坛而不屋"。其祭祀的对象是天地山川等代表性自然力量，如天、地、日、月、社稷等地位最尊的自然神祇和体现农耕文明中人与自然关系的先农、先蚕等神祇。

第二类是"庙"。这里所说的并不是我们通常所理解的佛道教庙宇。"庙"作为制度宗教活动场所是在汉魏以后才逐渐形成发展的。"庙"本是供祀祖宗的地方。《说文解字》释为"庙，尊先祖皃（mào，同'貌'）也"。在国家祭祀系统内的庙宇，又分为两大类：

祖先之庙：太庙，祭祀皇帝在血缘上的列祖列宗之所。（见图1-1）历代帝王庙，供奉从事过皇帝"职业"的"祖先"或"前辈"。

图1-1 太庙享殿（闫安 摄）

人格化神祇的庙宇：天地日月之下的人格化的自然神，比如供奉山岳之神的东岳庙、供奉火神的火神庙、供奉城市之神的都城隍庙；敕封、追谥在国家层面有影响力的历史人物，如供奉孔子的文庙、供奉关羽的武庙等。

第三类是"祠"。这里所说的"祠"不是家族的祠堂，而是为纪念名将贤臣而修建的国家"纪念堂"。比如位于北京地安门西大街的贤良祠，为雍正皇帝所建，是奉祀王公大臣以及有功于国家者的专祠；在平安大街附近的旌勇祠，为乾隆皇帝纪念征缅之役阵亡的云贵总督明瑞等将领的专祠。

坛、庙、祠，代表了国家吉礼建筑的3种基本类型。祭祀这些

5

神祇为皇家的特权，由人间最高的统治者（或其代表）主导。祭祀规格的等级区分说明它们的重要性不同。虽然历朝历代坛庙等级会有变化，但一般而言，天、地和左祖右社（太庙与社稷坛）是最高等级的"大祀"，这些最能体现皇帝作为享有土地江山、享受祖先恩庇的"天之子"身份的地点，是皇帝每次都要亲自前往祭祀的。中间等级的祀典，则是其余的祭坛与部分神庙，这类仪式皇帝定期或不定期地出场，主要由官员代劳。最基础的祀典，则以其余的神庙与祠堂为祭祀主体，基本上只是派遣大臣或由主管部门的官员按时致祭。

（二）北京坛庙的形成

在我们梳理了坛庙的类型和等级规格后，再来看看北京坛庙的发展史。

严格意义上的北京坛庙建筑，是随着建都史而同步发生、发展的。作为辽代"五京"之一，辽南京即建有皇城及相应礼制建筑。金天德三年（1151），海陵王完颜亮迁都燕京，金中都从此成为北方多民族国家的真正首都，相继建南郊圜丘（天坛）、北郊方丘（地坛）、东郊大明（日坛）、西郊夜明（月坛）、社稷坛、风师坛、雷雨坛、宣圣庙（孔庙）等，帝都坛庙初见规模。金元之际，中都毁于战火。元大都城郭北移，新建都城以《考工记》理念统一规划设计，在大都内外修建了太庙、南郊坛（合祀天地）、社坛、稷坛、先农坛、先蚕坛、宣圣庙等建筑，形成了第二次帝都坛庙群。明兴元亡的战乱中，大都坛庙亦基本被毁。我们如今所能见到的北京坛庙建筑格局，主要是明清时期形成的。

明成祖迁都北京，形成"一庙三坛"的格局：宫城旁建有太庙和社稷坛（即今天的劳动人民文化宫和中山公园）。在城市南郊，东建有天地坛，合祭天地及日月星辰等于一身；西建有山川坛，祭祀风云雪雨、五岳等神祇。

明嘉靖年间，北京的坛庙格局发生了重大变化。这个变化与一个被称作"大礼议"的事件密切相关，生动地体现了国家祀典的政治工具作用。

因正德皇帝病逝无子嗣及同父兄弟，朝廷诸臣按照兄终弟及的祖训，奉朱厚熜以湖北藩王身份入继大统，这就是嘉靖皇帝。但以旁支继承大统，首先需要面对的问题就是怎样对待自己与亲生父母、与前任皇帝的关系。按照当时阁臣们的主张，嘉靖帝应尊伯父孝宗为"皇考"，而称其父兴献王为"皇叔父"。但嘉靖帝坚决不答应，追赠先父为兴献帝，并认为应该将先父奉入太庙。但按照当时的规定只有生前做过皇帝，死后才能进入太庙。为实现这个目的，嘉靖帝费尽心机从《周礼》等儒家经典中寻找理论依据，开始了一系列礼制变革，更改坛庙格局就是其中的重要行动。其中最主要的变化就是将天地合祭改为"天地分祀""四郊并举"，在北京城的南、北、东、西四郊分别建成圜丘坛、方丘坛、朝日坛、夕月坛。通过坛庙祭祀的革新，撬动整体礼仪制度的大调整，由此寻机实现了其父"称宗入庙"的目的。（见图1-2）

嘉靖皇帝的制礼作乐奠定了北京城规模宏大、布局严谨的坛庙建筑新格局。清代虽有局部改建，但基本格局大致保持不变，一直延续至今。

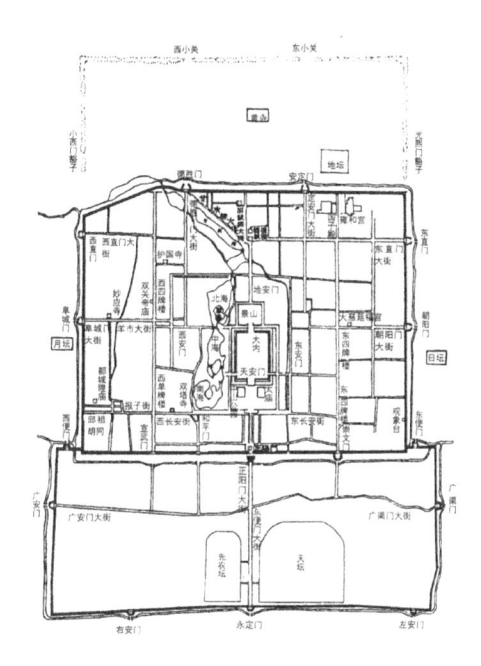

图1-2 天地分祀后的五坛位置图（选自《老北京公园开放记》，学苑出版社2008年版）

二、祭祀典仪

作为国家政治生活中的大事，京城的祀典举行要涉及许多部门中的官员。太常寺具体管理和执行祭祀仪式，光禄寺掌管祭品之供给、采购、陈设、进献等事，鸿胪寺负责在祭祀仪式上引导百官行礼，钦天监负责选定祭祀日期,等等,需要多部门协同配合才能完成一次祭祀活动。据学者统计,每年明代大祀、中祀、小祀合计共46项次,平均每月几近4次。每年清代大祀、中祀、群祀合计78项次,平均每月超过6次。[①]可见京师祀典之频繁。

祀典礼仪在明清典制政书中有十分详细的规定。不同等级的祀典虽在礼乐隆省、祭品多寡等方面有所不同,但其基本程序却相似。我们以明代天坛祭仪为例,简述其主要流程,以观其大略。

清晨6时祭祀仪式开始,分为九大程序依次进行:

第一程序为迎神。典仪(即司仪)赞"迎神燔柴",司乐(即乐队指挥)赞"举迎神乐"。燔柴升烟,全犊焚烧,皇帝再拜。

第二程序为奠玉帛。典仪赞"奠玉帛",司乐赞"举乐",赞引(即负责向皇帝传递程序信息的人)奏"升坛"。皇帝从圜丘二层循中路上到顶层,至昊天上帝神位前跪,搢圭(即把圭插于腰间),三上香,进玉帛于案上,出圭(即从腰间把圭拿出,圭系皇帝祭祀时必执的长条形玉器),再拜复位。奠玉帛使用的玉是苍璧,圆形中间有孔;帛是丝织品,宽约二尺,呈卷状。

第三程序为进俎。又称奉牲或奉馔。典仪赞"进俎",司乐赞"举乐",皇帝到神位前,将供神的食品高举供上,再拜复位。

第四程序为初献。典仪赞"行初献礼",司乐赞"举初献乐",音乐奏起,乐舞生跳起武功舞,皇帝到神位前跪下,搢圭,上香,祭酒,奠爵,出圭之后,俯伏在坛面。这时读祝官高声朗读事先撰写好的祝文,朗读完毕,皇帝站起,再拜复位,乐队照旧奏乐,再跳文德舞。

第五程序亚献和第六程序终献的仪式与初献大致相同,只是不再读祝文,乐舞生不再跳武功舞,只跳文德舞。

第七程序为撤馔。本程序包括两部分:首先,典仪赞"饮福受胙",皇帝升坛至饮福位,再拜,跪下,搢圭。奉爵官酌酒跪献给皇

---

① 李宝臣:《礼不远人:走近明清京师礼制文化》,中华书局2008年版,第61页。

上,太常寺卿一旁祝词:"惟此酒肴,神之所与,赐以福庆,亿兆同霑。"皇帝饮福酒。奉胙官奉胙跪献,皇上接受后转手交执事者,出圭,俯伏,站起,再拜后复位。皇帝以下随祭官员皆再拜行礼。饮福受胙表示在祭天过程中,得到了苍天赐予的福祉。酒胙只能由皇帝代表皇朝接受。随后,典仪赞"撤馔",司乐赞"举乐",掌祭品官员负责收拾供品捧在手中。

第八程序送神。典仪赞"送神",司乐赞"举乐",皇帝再拜。然后职司人员依次奉祝文、帛、馔、香,分别送到燎所,准备焚烧。

第九程序为望燎。典仪赞"望燎",司乐赞"举乐",执事人员将撤下的供品投入燎炉焚烧,皇帝至望燎位观礼,待祭品燃烧至一半时,下坛回幄次,换下祭服,乘舆还宫。祭天仪式结束。

皇帝每次跪拜的时候都有司乐官指挥举乐,每个程序乐曲都不同,从初到终分别为"中和之曲""肃和之曲""凝和之曲""寿和之曲""豫和之曲""熙和之曲""雍和之曲""安和之曲""时和之曲"。祭天九大程序中的核心是初献、亚献和终献,更伴有乐舞。这样程序谨严、神秘肃穆的祭祀流程,体现了帝王代天行政的绝对权威。(见图1-3)

图1-3 《光绪大清会典则例》中要求参与坛庙祭礼官员严守礼仪的记载

三、祀事与国运

祭祀礼仪是政权与神权的结合。皇朝通过这些严格化的祀典秩序和烦琐的仪式,所表达的是层层递进的象征性的国家统治秩序。作为政权合法性的标志，没有祭坛，国家就不成其为国家，帝王也就不成其为帝王。

晚清时期，列强侵凌，国脉衰微。第二次鸦片战争期间，英法联军攻陷北京，占领地坛，将其中的各种祭器、礼器和陈设物品席卷而去，并毁掉了主体建筑方泽坛。这是明清北京祭坛建成后遭受的第一次重大劫难。1900年庚子之变，北京各处坛庙皆为各国侵略军占领。仲方氏在《庚子记事》中写道："洋兵分国占据，各宫陈设盗抢一空……太庙、社稷坛皆是洋兵居住，天坛被英国驻兵，先农坛被美国驻兵，其余各坛庙亦多被各国洋人居住。"侵略军在坛庙中胡作非为，大肆破坏，"太庙、社稷坛被洋人拆毁不堪，各门无一处不开，车马驰行与街衢一样，匪徒拆毁各殿窗格，偷窃砖瓦木料，任意盗运"。其他的坛庙殿宇祭器也被劫掠一空。仲方氏即说："我朝敬天法祖，尊崇祀典，为历朝所不及，至此弃国而逃，一败涂地矣。"

《辛丑条约》签订后，清朝政府在经费极其紧张的情况下，将太庙、社稷坛、天坛修复。不过祭祀活动却随着国运渐衰而渐次停止。光绪三十二年（1906），光绪皇帝停止了对先农、朝日、夕月、方泽诸坛的亲祀。光绪三十四年（1908），停止除太庙以外所有坛庙祭祀，而太庙祭期来临或遣官代行礼，或竟至停祀。1912年清帝退位，既代表着王朝时代的结束，也意味着国家祀典的政治功能就此终结。（见图1-4）

图1-4 日坛拜台及棂星门

第二节　公园与博物馆

清室的坛庙与园囿如何处理，是王朝时代结束之后迫切需要考虑的问题。由于国体变更，清廷根据清室善后协议仅仅保留了紫禁城，但散布在京城内外的大量礼制建筑和宫殿园林当然不能任其废弃。民国伊始，昔日的皇家坛庙设有专门政府部门管理，内务部礼俗司下设坛庙管理处，1928年后改称北平坛庙管理所，1934年划归北平市政府。据1934年统计，坛庙管理所共辖44处祀典建筑，其中含圜丘坛、祈谷坛、方泽坛、社稷坛、朝日坛、夕月坛、先农坛、先蚕坛、太岁坛9处，太庙、先师庙及国子监、文昌庙、历代帝王庙、东岳庙、关岳庙、先医庙、河神庙、火神庙、都城隍庙、显佑宫、宣仁庙、昭显宫、凝和宫、时应宫、广仁宫16处，昭忠祠、双忠祠、睿忠亲王祠、昆明湖龙神祠、贤良祠等19处。[①]这些建筑有相当一部分被作为行政办公场所和学校使用，变成纯粹的功能用房。但是，也有一些坛庙走向了全新的公共用途，与国家政治的发展相适应。

具有现代思想的管理者在建章立制、创设新国家、改造旧社会的过程中，将视野投向了京城"天子脚下"已成为明日黄花的坛庙，它们成为新的政治与社会理想的试验田。20世纪初期的中国，公园和博物馆都是西方传入的新事物，这些新鲜而陌生的舶来品直接被移植到坛庙建筑中。在《四世同堂》中，祁瑞宣"很自傲生在北平，能说全国遵为国语的话，能拿皇帝建造的御苑坛社作为公园，能看到珍本的书籍，能听到最有见解的言论"。正所谓"旧时王谢堂前燕，飞入寻常百姓家"，昔日的帝王禁地转为最新的都市公共空间，普通的市民百姓也因而受益。以此为开端，公园和博物馆渐进为北京人生活的有机组成，以及社会思想意识更新发展的孕育之所。

---

① 《北平市坛庙调查报告附整理办法》，首都图书馆藏，1934年。

一、公园：娱乐与教化

1905年7月21日，《大公报》刊发《中国京城宜创造公园说》，首倡在北京创建公园的必要性。[①]作者先是指出中国自古即有公园，只不过在历史中湮灭了，并非全然是西方之来物，然后说公园的价值，"可以骋怀娱目，联合社会之同群，呼吸新鲜之空气。入其中者，即油然生爱国之心，显然获卫生之益"。文章犀利地指出，虽然清政府公帑日绌，但仍然花费巨资修建宫殿、衙署，为什么不投钱修公园呢？如果认为这是民间的事，也应该大力推广，尽早提上日程！

1910年6月8日至10日，一篇《公共花园论》的文章则直接将心思打到了当时已经日渐衰败的皇家坛庙上，指出先农坛、地坛、日月坛等已经粗具公园的规格，可以利用。[②]其时正值清廷紧锣密鼓地筹划预备立宪，作者的言论也在揣度着朝廷的心思，文章中说：

> 按说中国现在正是改良的时候，北京又是一国的都城，原应当在一切维新变法的事情上，立个榜样，做个领袖，好提倡着叫各行省也效法改良。现今像这样的京师帝王之家，竟没有一个公共花园，不能为各行省立个规模，岂不是一件恨事！

文中所称的公共花园即公园。这篇文章不仅仅是蹭着时政的热度，而且对公园的认识也有着非常体系性的思考。作者指出，公园有益于卫生、民智、民德，其对公园设立的举措提议，几乎是后来北京公园建设的模板。我们略作整理，兹列如下：

（一）修筑道路，叫一切行人没有磕足扬尘之叹。
（二）要作游艺场，使各色人等都可以得操练身体的益处。
（三）立陈列馆，将本国的珍品古物与诸般制造陈列其

[①]《中国京城宜创造公园说》，《大公报》1905年7月21日，1版。
[②] 丁义华：《公共花园论》，《大公报》1910年6月8—10日，6版。

中，使观览的人得师法乐成的益处。

（四）设音乐所，既可以增人的技艺，也可以助人的精神。

（五）作池沼以养鱼族，练达人爱物之心，养成人慈善的性质，悦性陶情，生成一番特别的观感。

（六）作小河，引活水行舟船，使人取驾驶之乐。

（七）作亭台楼阁，以供人纵览畅谈之乐。

（八）多栽树木，令人得以乘荫纳凉，寻幽避嚣。

（九）豢养禽兽，以供人博物之乐。

这种时人对于公园的理想最终照进现实，是随着国体变更而走入日程的。民国伊始，坛庙由礼仪场所成为历史古迹，往各处祭坛私自游览观光者越来越多，管理人员禁而不止。鲁迅先生即曾于1912年携友人同游天坛、先农坛，并提出将两坛作为公园的设想。

朱启钤是推动民初北京公园开放的核心人物。1914年5月，中华民国政府内务部总长朱启钤向大总统袁世凯呈文《请开京畿名胜》，说出了当时包括坛庙在内的皇室遗迹的真实状态是，"名虽禁地，不乏游人，具有空文，实无限制"。提出要订立合适的规章制度，并择一二处先行开放再循序渐进。在朱氏的倡议下，民国政府顺应时势，对诸坛庙、园囿逐渐实施改造、开放公共游览空间，以供中外人士游观。及至20世纪二三十年代，明清时期遗留的宫殿、园囿及坛庙大部分已渐次开放，构成了北京城市公共游憩空间的基本格局。

（一）民国北京第一座公园的诞生——"中央公园"

中央公园是民国时北京第一座真正意义上的现代公园。[①]

1913年春，时任交通总长的朱启钤奉命巡视社稷坛，见里面一片荒凉，"遍地榛莽，间种苜蓿，以饲羊豕……溲溲凌杂，尤为荒秽

[①] 1907年，农事试验场"万牲园"对外开放，这是北京最早的公园雏形。

不堪"①，遂萌生了开辟公园的念头。至次年他改任内务部总长，与前清皇室交涉，开始改建公园，邀请当时军政各界及绅商倡议筹款募捐，并请步军统领江朝宗派工兵营士兵协助，短短十数天内清理辟出了庭院道路，并于1914年10月10日正式开放。当时男女游园者数以万计。能拿皇帝建造的御苑坛社作为公园，这也可称为当时北京人的骄傲了。（见图1-5）

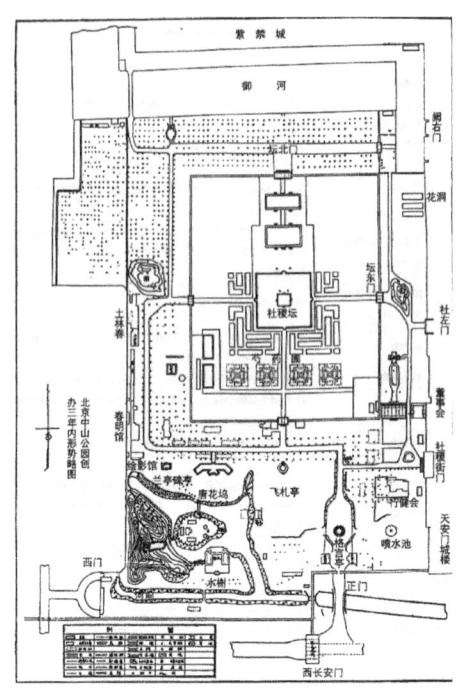

图1-5 1917年中央公园平面图（选自《老北京公园开放记》，学苑出版社2008年版）

在《中央公园开放章程》的第一条中明确规定中央公园的性质为"京都人士游息之所"，以"共谋公众卫生，提倡高尚娱乐，维持善良风俗为宗旨"②。公园由北京士绅商贾组成的中央公园董事会负责，经营各项支出由会费、捐助和门票收入维持。中央公园开园之初，董事会采取"依坛造景"的建园方针，保留了五色土坛、殿堂、墙垣等古建筑和园中的数百株千年古柏，并广植花木，尤以牡丹、芍药、丁香、海棠等为盛。这些举措大大提升了公园的景观性，使中央公园从荒芜的社稷坛转变为水木明瑟的休闲之所，成为市民茶余饭后散步、赏花的佳选。

时人曾这样描述中央公园的茶座，"世界上最好的地方是北平，北平顶好的地方是公园，公园中最舒适的是茶座"。不同茶座的人群也泾渭分明，"春明馆当然是以遗老们为基本队伍，以自命风雅哼诗

---

① 王炜、闫虹编著：《老北京公园开放记》，学苑出版社2008年版，第51页。
② 王炜、闫虹编著：《老北京公园开放记》，学苑出版社2008年版，第58页。

掉文的旧名士为附庸""长美轩是绅士和知识阶级的地盘""柏斯馨的分子,则比较复杂,但简单归纳说也不过只红男绿女两种人"。凡是来公园茶座吃茶的人,"先要打量自己是哪个时代的人物,然后再去寻找自己的归宿地"。①民俗学者常人春戏称这三家茶座为"爷爷茶馆"、"儿子茶馆"和"孙子茶馆"。公园成为一座城市的缩影,分出了不同的圈层,人们在这里寻找着自己的定位。

中央公园同时也是塑造现代市民的政教空间。1914年,京都市政公所《市政通告》发表《社稷坛公园预备之过去与未来》,声明开放公园之目的在于"使有了公园之后,市民的精神,日见活泼,市民的身体,日见健康"。1917年,社稷坛后殿被改造为教育部中央公园图书阅览所,向公众开放。园内同时设有卫生陈列所,向民众展示人体肌肉、骨骼、五脏六腑等标本及病理照片,各种动物解剖图,婴儿发育各时期所需药品等;设有"行健会",取"天行健,君子以自强不息"之意,引进了棋室、球室、投壶室、网球场等现代体育设施。

有了中央公园的先例,其他坛庙也被陆续开放为公园作为北京市民的公共娱乐空间,1915年开放先农坛为市民公园(后改建命名为城南公园),1918年开放天坛公园,1924年开放太庙为和平公园,1925年开放地坛为京兆公园等。

(二)作为教育场所的公园

民国初年,鲁迅先生在教育部社会教育司任职期间,曾就中山公园内设图书馆事宜与当时的内务部接洽。他在行文中写道:"查公园之设,一以为公共娱乐之地,一以为陶冶国民之所。故各国通例,恒于公园中附设图书馆、教育博物馆等,使一般国民于藏修息游之际,无形自然之中,得增进其常识,涵养其性情。"②公共图书馆与公园共存,成为民国北京公园一道新兴的风景。除社稷坛开辟图书阅览所

---

① 谢兴尧:《中山公园的茶座》,载姜德明编:《如梦令:名人笔下的旧京》,北京出版社1997年版,第322—325页。

② 薛绥之主编:《鲁迅生平史料汇编:第3辑》,天津人民出版社1983年版,第179页。

外，尚有天坛公园阅览室、香山教育图书馆、京兆公园通俗图书馆、故宫博物院图书馆及其景山分馆与太庙分馆，以及颐和园图书馆、北海图书馆等。（见图1-6）

图1-6 京兆公园通俗图书馆（1925）（选自《老北京公园开放记》，学苑出版社2008年版）

文化、体育等设施在公园的运用尤其体现规划者的良苦用心。以1925年设于地坛的京兆公园为例，景点的设计几乎是启迪国民的立体教科书[①]。如世界园"画地为图，以石代山，以草代水，以花木辨其国土，以旗帜志其国名"，实际上是一座壮观的立体世界地图，以培养民众的国家意识和世界观念。公园还建造了一座公共体育场。北面设天桥、秋千、转千、铁杠、溜板、扒绳、扒杆、双环、溜绳、摇椅、软梯、双结绳等多种器械；东面有网球场；南面有篮球、足球、赛跑场等，并有转轮、压板、木马、平台、浪桥、沙滩等；西面还建有浴池。门墙上的标语给人以启示，"提倡尚武精神，发扬民气；辅助通俗教育，陶铸国魂"，"锻炼精神，备他日担当宇宙；蹉跎岁月，问何时报答国家"。将体育与爱国的教育融为一体。

政府机构及社团组织还经常使用公园举办展览会、展销会、义赈会，组织学术演讲等各种活动。公园成为民国政府及社会精英宣扬爱国主义与民族主义的教育前沿阵地，服从服务于改造社会与民族国家

[①] 王炜、闫虹编著：《老北京公园开放记》，学苑出版社2008年版，第152—154页。

的政治目标，客观上也推动了社会大众知识水平的提高。

（三）公园内外

20世纪初的北京公园，门票和公园的其他消费挡住了很大一部分北京市民的脚步。有人估算，当时仅有20%左右相对富裕的人才有能力进入公园进行消费。但这种反差并不仅仅是经济水平上的分野，里面还有更深层的社会区隔。

民国初期开放的北京公园（1914—1929）一览表

原址名称	开放时间	开放后公园名称	主管机关
社稷坛	1914年10月10日	中央公园（1928年改为中山公园）	中央公园董事会
先农坛	1915年6月17日	城南公园	京都市政公所
天坛	1918年1月1日	天坛公园	民国政府内务部下设天坛办事处
厂甸	1918年1月1日	海王村公园	京都市政公所
太庙	1924年	和平公园	清室善后委员会
北海	1925年8月1日	北海公园	京都市政公所
地坛	1925年8月2日	京兆公园（1928年改市民公园）	京兆公园董事会北平特别市工务局（1928年后）
颐和园	1928年7月1日	颐和园	北平特别市政府
景山	1928年9月18日	景山公园	故宫博物院
中南海	1929年5月	中南海公园	北平特别市政府组织的董事会及委员会

1914年，京都市政公所在《市公园之增设：先农坛》的通告中说起外城居民的娱乐情形：

> 红尘十丈，很难找一处藏修息游的地方。平常日子只有

个陶然亭可以登临。此外就得等着各处庙会，借以遣兴。其实那些地方全不能尽合公园性质，所以那些高雅的市民，每逢春夏天气，因城市无可游览，往往到西山一带扩一扩胸襟，吸些新鲜空气；等而下之，也要三个一群，五个一伙，往郊外野茶馆里吃吃茶，看看野景，聊以自娱。此等情形，实在因为城里头没有适当公园，才逼出来的。①

在这篇通告中，我们能读出两个隐含的意味。首先，旧时北京缺乏娱乐休闲之地，公园的建设势在必行。其次，人群的趣味也有高下的分野。在当时北京的阶层区分中，文人士大夫常集聚于陶然亭、西山等地，普通民众则主要以庙会、茶馆、什刹海等为娱乐空间，甚至因为居处局促而养成站街的习惯。

民俗学者鞠熙认为，1914—1915年《市政通告》等出版物关于开辟公园的系列言论体现了20世纪初北京的知识分子阶层开始用现代性的思维方式来重新设计北京。虽然传统老北京人不乏去各类庙会、庙市进香，去寺院赏花，在什刹海、二闸等处赏野趣，参加观灯、喇嘛庙打鬼、城隍出巡等节庆游乐，但在锐意创建新公园的官僚与知识分子头脑中，在西方时间体系、工业革命时代的城市理想、现代社会中对健康身体和精神的理念、新的星期工作制中，这些旧有的休闲方式无法被标上坐标，被有意地忽视了。②

现代公园的设计是对应于星期制的作息时间的。在《市政通告》中，星期制休息已经成为中国与国际接轨而通行的状态。但在20世纪初，占北京人口大多数的体力劳动者、小手工业者、小本经营者与学徒等，仍然按照既有时间轨道生活。与星期天这一特定休息时间相关的大多为教师、知识分子、学生、官僚等国家公务体系中的人群。因此，公园未能服务于底层民众，不仅是因为票价太高，也因为它与

---

① 王炜、闫虹编著：《老北京公园开放记》，学苑出版社2008年版，第97—98页。
② 鞠熙：《民初北京公园理念与传统公共空间转型——以1914—1915年北京城市改造为例》，载《北京师范大学学报（社会科学版）》2016年第4期。

民俗节律和生活方式不符。北京旧有的游憩之地都是应季节和节日而生，它们的意义多样而独具特色，虽然不能被固定为"工作之后的休息场所"，却是符合大多数普通市民阶层的生活习惯的。故此作家师陀才说，"倘若拉住一位北京市民，问北平地方哪里顶好玩，他的回答一定是什刹海而决非中央公园"[①]。

北京原有的娱乐与游赏的主要空间——寺庙，也被现代眼光视为迷信、落后，不再具有审美意义和正面价值。在将北京本土文化视为西方城市的反面、现代国家的对立面，认为它们过时且寒酸的观念下，人们居然找不到一个"正当的游玩地处"，一种新兴的、"干净的"、"正当的"的公共休闲空间——公园应运而生，也就自然而然。

王朝时期代表着国家礼制和民俗意趣分野的坛墙内外，在民国年间的坛庙公园化进程中，已然打上了不同社会群体的身份标志与阶级趣味：北京底层社会的成员，如手工业者、体力劳动者、小资本经营者等，仍然保留着原有的时间秩序与审美观，进香、庙会、什刹海纳凉等民俗活动仍有活力；"逛公园"则几乎成为知识分子阶层的"专利"。这体现了民国年间中西方文化样式在北京多元并存的事实。（见图1-7）

图1-7 民国年间中央公园的茶座（选自《老北京公园开放记》，学苑出版社2008年版）

---

① 师陀：《师陀作品新编》，人民文学出版社2011年版，第223页。

这种文化样式的泾渭差异在新中国成立后趋于合流。北京城市人口在新移民涌入下出现了结构性的更易，社区居住形态也发生了从胡同向楼居的转化，现代时间秩序成为人们根本性的生活节律。在这种背景下，传统庙会等娱乐活动在市民生活中的定位也发生了变化，其活动存在形态已经蜕变为特定老北京社群的生活旨趣，并从文化旅游景观的视角被嵌入到更广大民众的生活中。北京公园则大体延续着民国年间现代知识分子对于公共空间的改造理想，并与普通市民生活习惯与意识的转变相契合，城市公园如同北京城昔日的庙宇一样，星罗棋布于街巷社区间，终于渐进成为充分体现城市公共性、满足更广大市民需求的日常公共空间。

二、博物馆：从仪式空间到知识殿堂

坛墙之内，博物馆是另一个新兴的公共空间。

近代以来，随着国门渐开，博物馆作为西方文明的传播载体，成为中国人了解世界的重要窗口。19世纪末20世纪初，中国的外交官、留学生、学者等在游历西方后格外关注其博物馆的建设。西方博物馆收藏之丰富，让参观它们的国人感慨不已。他们注意到，那些陈列传播新工艺、新制造、新知识的博物馆，可以"广见闻、增智慧"[1]"以考进化之据"[2]"以为通商之助"[3]等，对中国"自强""求富"具有现实意义。

传统古物私藏模式也在国家走向现代化、对内启发民智、对外树立国家新形象的需求下被重新审视。中国历史上的古物收藏无外乎私人收藏与内府收藏，收藏范围大体包括陶瓷、玉器、铜器、钱币、书法、绘画、碑帖、文具、石玩、印章、古籍、漆器等。收藏

---

[1] ［清］黄遵宪著，钟叔河辑校：《日本杂事诗广注》，湖南人民出版社1981年版，第189页。

[2] 上海市文物保管委员会编：《列国游记——康有为遗稿》，上海人民出版社1995年版，第107页。

[3] 戴鸿慈：《出使九国日记》，湖南人民出版社1982年版，第199页。

主体"一般是朝廷官宦、文人雅士,目的在于秘阁珍庋,书房清供,研究侧重证经补史,文字考订"[1]。清季士人对此传统模式提出批评,倡议建立公藏机构——博物馆来对古物进行保存。1905年,游历日本后的张謇,分别上书学部与湖广总督张之洞,呈请朝廷设立图书馆与博物馆合一的博览馆,试图推动朝廷将内府秘藏的典籍和古物公开化。1909年,清廷民政部在全国推行古物和古迹保存工作,并首次在官方文件中针对古物保存提出"在各省创设博物馆,随时搜辑,分类储藏"[2]。民国伊始,将"古物"由私家一姓的"私藏"转化为国家职责的"公藏",且由政府设立专门机构对古物进行保管的观念,已经成为必然的发展趋势。清室遗留的宫殿、坛庙、园囿进入政府的视野,率先成为中国古物博物馆化的代表。

(一)北京第一座博物馆——国立历史博物馆筹备处

辛亥革命胜利不久,民国政府因"首都尚未有典守文物之专司,乃议先设博物馆于北京"[3],以搜集历代文物、促进社会教育为主旨筹建国家博物馆。教育部委派社会教育司第二科科长周树人(鲁迅)勘选馆址。因国子监与孔庙两处建筑都与学问典制有关,"关系于历史学术者甚巨,于历史博物馆性质甚为合宜"[4],故以之作为历史博物馆的馆址。

经民国政府国务会议决定,1912年7月9日在国子监成立历史博物馆筹备处,聘任京师大学堂文科教授胡玉缙为主任。1914年6月,北京孔庙也由博物馆筹办处暂行兼管。国立历史博物馆筹备处成立之初,馆藏文物主要是国学旧存的礼器、书版、石刻等约五万七千余件

---

[1] 李学勤:《中国收藏和西方收藏的异同》,载《美术观察》1995年第00期。
[2] 《民政部奏保存古迹推广办法令行酌拟章程折并清单》,载上海商务印书馆编译所编纂,蒋传光点校:《大清新法令(1901—1911)点校本(第6卷)》,商务印书馆2011年版,第188页。
[3] 《本馆开馆纪事》,载《国立历史博物馆丛刊》1926年第1年第2册。
[4] 《教育部设立历史博物馆的有关文件》,载《中华民国史档案资料汇编》(第三辑·文化),江苏古籍出版社1991年版,第274页。

及存放于国子监的明清档案。①后陆续接收社会捐献和政府移交文物，主动派员赴河北、河南等地开展考古发掘等工作，并从洛阳等地陆续购得汉魏至隋唐时代的屋、灶、车、马等明器及青铜器、石造像、墓志、陶俑、甲骨等一大批文物。1918年，随馆藏渐多，北洋政府教育部以"原有馆址地处偏僻，房舍狭隘"为由，将国立历史博物馆筹备处迁离国子监和孔庙，转以故宫的午门和端门作为馆址。

  国家博物馆的象征意义是不言而喻的，其选址几乎不可能离开国家的政治地理中心，甚至应是政治核心区域的组成部分。正如学者徐坚所言，历史博物馆志在承担国家博物馆功能，但仅以选址和馆藏基础而论，实际上是先天不足的，馆藏上国学旧物未免偏狭单调，而在充满政治象征意味的首都空间中，国子监的旧址也相形见绌，这些缺憾虽然通过馆址揳入紫禁城空间得到部分调整，但其馆藏结构仍过于依赖旧藏，而未具有更多元的国家代表性，这便构成了对其"国家博物馆"地位的否定。②因而，1928年6月后，历史博物馆即由南京中央博物院全盘接管，新中国成立后则改隶文化部，改名为"北京历史博物馆"，随后并入新建于天安门外的中国历史博物馆。

  这种作为历史博物馆的短暂经历使孔庙、国子监作为物质遗存的完整性由此析分多处。可移动的国学旧存礼器等文物跟着博物馆的筹备队伍一起离开了曾经服务的坛庙处所，迁进新库房，并在1926年10月随着历史博物馆的对外开放，部分在午门城楼的第五陈列室中展出。1935年，孔庙大成殿修缮后，坛庙管理所拟恢复祭孔礼乐陈列，呈请历史博物馆将所存殿堂匾联送回悬挂，1938年，两副楹联、九方御匾得以回归孔庙。但更多历史博物馆的馆藏文物随着"九一八"事变后华北局势的日趋危急，与故宫国宝一起踏上了艰辛的文物南迁之路，孔庙、国子监的一些珍贵文物亦跟随南行，由此星

---

① 李守义：《民国时期国立历史博物馆藏品概述》，载《中国国家博物馆馆刊》2012年第3期。
② 徐坚：《名山：作为思想史的早期中国博物馆史》，科学出版社2016年版，第105—115页。

散各馆。周代彝器等在新中国成立前夕被运往台湾，现藏中国台北故宫博物院，五万余件国子监御书楼明清书版于新中国成立后移交故宫博物院，其余文物几经辗转，最终被吸纳为今日中国国家博物馆的馆藏。（见图1-8）

图1-8　20世纪30年代国立中央研究院历史博物馆文物陈列室（选自《旧京图说》，北京日报出版社2016年版）

（二）礼器成为历史陈列——古物保存所

1912年10月，内务部礼俗司为免古物散失呈请设立古物保存所，在获得批准后以先农坛太岁殿为馆址。《内务部古物保存所开幕通告》中记录了该所创办的宗旨，"本所以保存古物为主，专征取我国往古物品，举凡金石、陶冶、武装、文具、礼乐器皿、服饰、锦绣以及城郭陵墓、关塞壁垒各种建设遗迹，暨一切古制作物之类……务使数千年声明文物之遗，于此得资考证，借以发思古之幽情，动爱国之观念"。[1]古物保存所设立之初衷在于保存全国范围之内的古物和古

---

[1]《内务部古物保存所开幕通告》，载中国第二历史档案馆整理编辑：《政府公报》第8册，上海书店1988年版，第817页。

迹，并以此作为传承国史物证，弘扬民族精神之所。但由于民初时局跌宕，收集全国古物之构想很难实施，古物保存所真正能保存展示的主要还是当时内务部所管辖清代坛庙之遗物，《正宗爱国报》记者在参观后撰写的《先农坛游览纪事》就提到古物保存所只能窥见昔日"钟鼓音乐之类，周彝商盘之属"。

古物保存所于1913年元旦正式开放，但至12月底便已更名为"礼器保存所"。当时民国政府决议新设"古物陈列所"以安置热河和沈阳的清宫旧物。古物保存所因与其名称类似、功能重叠，加之所藏坛庙器物较为单一，故而改名以作区分。但这一表象背后还有深刻的政治原因，颇值得玩味。

坛庙器物本为国家祀典所用，当王朝政治覆灭，附着于其上的礼制自然消散，而其器物成为一种历史性的古物收藏殊可理解。1914年7月，袁世凯修订内务部官制，新设典礼司，执掌有关礼制乐制、祀典行政、祠庙和宗教等事项。祀典既复，坛庙器物就不再是"古物"，而又成为可应用于当世的礼仪用具。1914年10月，在袁世凯授意下，礼器保存所的太岁殿正殿又成为祭祀民国先烈的场所，礼器保存所的展示集中于太岁殿两庑。

1916年后，内务部又将典礼司改回为礼俗司，礼器保存所则又恢复了"古物保存所"的旧称，"礼器"再次成了"古物"。因业务范围狭窄，古物保存所日渐寥落，先后并入先农坛公园事务所、内务部坛庙管理处等机构，直至1949年中华人民共和国成立。从礼器与古物称呼的多变，也可以看出其时坛庙开放的象征意义远大于它的实际社会效果，其开放种种细节着实是检验共和政体成色的标尺。

（三）从"趋新"到"集旧"

在博物馆刚传入中国之际，清季士人曾将它作为考究实学、科学教育救国的载具，展陈馆藏的价值取向是"趋新"的。到了民国时期，政府主导的博物馆的馆舍、设施和藏品多赖于传统古物收藏,却走向了"集旧"[①]。这类博物馆只罗列本国本地区的历史文物,"古物馆"的性质大些,"博物馆"的成分弱些。这种历史化的博物馆建设肇端于民初的历史博物馆和古物保存所,光大于古物陈列所、故宫博物院。依托历史资源建馆,不但是北京地区博物馆早期发展的主要特征,至今也是北京乃至中国博物馆建设的主要模式。

从"趋新"到"集旧",博物馆的社会角色变化很值得回味。

博物馆在被西人引入、国人效仿的初始,即与民族主义和国家建设的意识形态相关联。在清末民初所面临的世界秩序中,前殖民地国家被动接受了以西方人为中心构建出的一整套制度观念。犹如大英博物馆陈列的藏品,取自世界各地,如此构建出的"世界图景",自然"气魄广大";前殖民地的博物馆,大多只能陈列本国文物,以便在西人构建的"世界图景"中,寻找本民族的一席之地。于是,在清季人眼中以"集新"为主要特征的博物馆,本应是发扬"格致之学"的重要场所,却衍变成民国后以陈列历史古物为主的场所。博物馆内要多陈列本民族之服饰、古器、甲骨、石刻、经卷等古物,从而达到激发民族情感、呼唤民族自觉心的目的。

民国年间的北京作为中国早期博物馆的中心舞台,博物馆数量和种类都是首屈一指的,既有基于帝室收藏改造而成的故宫博物院和古物陈列所等艺术类博物馆,也有以国家博物馆为鹄的国立历史博物馆,还有依附于各类研究机构的专业博物馆,甚至如国剧陈列馆、北平国货陈列馆等专门博物馆等。其中的绝大部分都是以各种类型的古迹古物为馆址和馆藏。坛庙的古迹化虽然有着因时因地简便从事的权宜,但也是民国政府通过古迹古物博物馆化来弘扬民族意识的必然举措。(见下表)

[①] 李飞:《由"集新"到"集旧":中国近代博物馆的一个演进趋向》,载《东南文化》2013年第2期。

北京地区主要博物馆（1912—1934）

设立时间	名称	在京地址
1912年	历史博物馆筹备处	国子监旧址（1918年至端门、午门）
1912年	古物保存所（礼器保存所）	先农坛太岁殿
1913年	交通博物馆	府右街
1914年	古物陈列所	紫禁城外廷部分
1915年	卫生陈列所	中央公园内
1916年	地质矿产陈列馆	丰盛胡同
1925年	故宫博物院	紫禁城内廷部分
1925年	京兆通俗教育馆	钟鼓楼
1928年	国货陈列馆	正阳门箭楼
1929年	北平天然博物院	农事试验场
1929年	天文陈列馆	古观象台
1930年	北平研究院博物馆	中南海内怀仁堂
1931年	静生生物调查所通俗博物馆	石驸马大街
1934年	国剧陈列馆	和平门内绒线胡同

在近现代中国，博物馆是文明的窗口、现代化的标志和民主启蒙、现代民族国家建设的象征。在民国以来的相当长时期内，基于本地传统建筑的"旧瓶"和王朝旧藏装入"新酒"（"博物馆"）成为惯例。但随着民族国家的发展，各博物馆更需要通过收藏类型和建筑选址的综合匹配来表达自己的社会价值，代表国家和城市文化的综合博物馆渐渐运用新的建筑文化象征来阐释自己的机构理想，而馆藏也从前代旧识走向新材料、新学术所催生出的多元主义结构。尤其是近些年来，博物馆曾经"因地制宜"利用古建筑的"驻在所"层次的结合已经相对少见。在这种背景下，对于坛庙建筑的"博物馆化"再利用走向了新的历史阶段，问题的焦点就在于如何通过对坛庙内涵的消化、融会和转译，创造出符合时代的价值和精神。这一切，则要从坛庙建筑的遗产化说起。

第三节　遗产时代来了

坛庙建筑由于王朝礼制的废弃而丧失了原初功能，民国伊始的博物馆化，是借用其建筑的空间行公益之事，至民国以后的文物保护规章制度之确定，则为坛庙建筑本体的内容挖掘与开发利用打下了基础。物质本体的古建筑作为"文物"，坛庙音乐作为非物质文化遗产，礼乐文化在实物证史意义之外，也被赋予了时代内涵，被"请回"了坛庙现场。但此礼乐已非彼礼乐，所谓昔日皇家风范之营造早已与皇权无干，而是演化为服务于市民节假日生活的娱乐项目以及社会教育的载体。

一、建筑遗产

进入民国，1916年北洋政府颁布的《保存古物暂行办法》，将建筑史迹同传统收藏器物一起列入公共保存范围。此后，随着1928年南京国民政府《名胜古迹古物保存条例》、1931年《古物保存法》等法规条例的陆续颁布，古物保护的理念逐渐完善。新中国成立初期的20世纪50年代，中央人民政府政务院颁布了一系列保护文物的法令法规，要求在基本建设工程中，重视文物保护工作，社会建设和历史、革命文物的抢救与挖掘不可偏废。中国政府开始着力构建制度性、体系性的文物保护机制，其中最具代表性的就是文物保护单位制度。

有学者将文物保护单位制度的形成划分为1950—1955年的萌芽与酝酿期，1956—1961年的名录体系的建立期和1961—1963年实质性管理制度的确立期。[①]北京城的礼制建筑就是在这一过程中逐渐成为文物保护单位的。1956年，国务院印发《关于在农业生产建设中保

---

① 王运良：《中国"文物保护单位"制度研究》[博士学位论文，2009年]，上海：复旦大学，第42—46页。

护文物的通知》，要求各省、自治区、直辖市提出保护单位名单上报文化部汇总审核，"并且在普查过程中逐步补充，分批分期地由文化部报告国务院批准，置于国家保护之列"。[1]1957年10月28日，北京市人民政府公布了《北京市第一批市级文物保护单位名单》，在坛庙建筑中天坛、社稷坛、太庙、孔庙、东岳庙入选。其中天坛又在1961年被列入第一批全国重点文物保护单位名录。在文物保护的视角下，建筑本体的历史、艺术、科学价值处于特别突出的地位。比如，天坛"在建筑艺术上有很高的评价"，社稷坛"拜殿并为原来建筑，至今已五百余年，是北京现存最古老的建筑之一"，东岳庙"保存元代和一部分明代建筑法式，内有赵孟頫道教碑，极珍贵"。[2]改革开放后，在分批公布的市级和国家级文物保护单位中，其余的坛庙建筑陆续入选。昔日的王朝祀典建筑虽星罗棋布于京城各处，但整体性地进入了国家文物保护制度的梯次体系。

二、礼乐余音

天坛神乐署凝禧殿，是明清两朝演习祭祀礼乐的殿宇。殿上高悬着一幅乾隆御笔匾额——"玉振金声"。玉，指古代八音中的石类乐器磬；金，指古代八音中的金属类乐器钟；"玉振"和"金声"是指敲击这两类乐器时发出的声音。韶乐的演奏有始有终、条理清晰，每演奏一个音符都要敲击金类乐器（钟）作为节奏旋律的开始，以宣声；敲击石类乐器（磬）作为节奏旋律的结束，以收韵，使整个乐曲阴阳平衡、和谐有序。但令人奇怪的是，"玉振"被写在了"金声"之前，这不是把音乐的演奏顺序颠倒了吗？（见图1-9）

天坛神乐署雅乐团团长王玲在一次接受采访时介绍，写成"玉振金声"是皇帝有意为之，希望这里的音乐能够周而复始，代代流传，

---

[1] 《国务院关于在农业生产建设中保护文物的通知》，载国家文物局编：《中国文化遗产事业法规文件汇编（1949—2009）上册》，文物出版社2009年版，第14页。
[2] 《北京市第一批市级文物保护单位名单》，载《新编文物工作实用手册》，经济管理出版社2012年版，第559—560页。

寓意着千年礼乐文化将永远延续下去。但这种皇家礼乐永续的愿望随着王朝的衰落而破灭。1900年八国联军侵华期间，英军占领天坛神乐署，署中人员被逐，乐器、乐谱被掠、被毁，古朴典雅的建筑与昔日的皇家风范荡然无存，中和韶乐就此湮没于历史之中。

图1-9 天坛神乐署凝禧殿"玉振金声"匾额

1914年以后，天坛神乐署先后被林艺试验场、燕乐研究所、传染病院、中央防疫处以及生物制品研究所等单位占用。日本侵华期间，日军"1855部队"更是将总部设在神乐署，在神乐署北院建细菌实验室。抗战胜利后，国民党当局设北平生物药品检定所于神乐署。新中国成立后，神乐署群房被占为民居，私搭乱建严重。改革开放以来，随着神乐署开始腾退修缮，昔日皇家礼乐的整理与挖掘重新提上了日程。

21世纪初，随着非物质文化遗产理论与实践进入中国，坛庙在建筑之外的其他价值开始凸显出来，祭祀仪式音乐最先被世人所关注。在中和韶乐申报非物质文化遗产的资料中，高度评价了它的价值，现整合简述如下：

中和韶乐是明清时期宫廷祭祀及朝会礼仪活动所用的音乐，曾大量用于天坛的祭祀典礼。中和韶乐以金、石、丝、竹、土、木、匏、革8种材料制成的乐器演奏，和以律吕，文以五声，八音迭奏，玉振金声，融礼、乐、歌、舞为一体，气宇轩昂，场面宏大。在明清两朝一直用于坛庙祭祀、朝廷宴享及其他重大的国事活动。

其艺术特点包括：五声音阶的运用；一字一音保存和延续了先秦雅乐的特征；八音具备；有乐必有词，歌词是中和韶乐的重要组成部分；钟声磬韵，体现"金声玉振"特色。

其文化价值体现在：(1)具有极高的历史和学术价值，是中国音乐5000年发展史的重要一部分，伴随朝廷兴亡而发生发展，被誉为"华夏正声"，是中华5000年文明的见证。中国是亚洲地区雅乐文化的中心，日本、韩国、老挝、越南地区现存的宫廷雅乐均传自中国，因而其也体现了中国对世界音乐文化的贡献。(2)实用价值。表示了中国古人对和谐完美的憧憬，其内涵符合儒家传统的伦理道德。中和韶乐演奏使用钟、磬、柷、敔等古乐器，具有独特的节奏、音韵。中和韶乐特有的金石之声，表达了一种深邃宏远的文化理念。[①]

仅有数千字的遗产申报书并不能充分体现国家和社会在抢救保护中和韶乐时历经的艰辛。中和韶乐已绝响百年，发掘、整理、研究古乐谱，并不是件容易的事。国家雅乐"高高在上""深藏宫中"，相对"小众化"，并未下行到民间社会为乐人所接续传播。庆幸的是，关于明清帝王祭天乐舞的古籍、资料在清代乾隆时期宫廷乐书《律吕正义后编》中有较为详细的记录，因而需要将这样的古代乐谱"翻译"成现代人所能识读的五线谱、简谱。古谱都是分门别类的，比如笙、笛、箫、埙使用"工尺谱"，而琴瑟用"减字谱"，钟磬则使用"律吕谱"……只有把这些分谱合到一起，才能有总谱。光有谱还不行，如何掌握演奏的节奏，如何起声、落声，都是有讲究的，但这方面的资料记载更少，专家们只能以同属中和韶乐的祭孔大典作为参考。经过艰苦努力，1989年天坛整理出了部分中和乐曲谱，1990年在祈年殿东配殿布置"祭天乐舞馆"，展出了全套的中和韶乐乐器，并组织录制了22首祭天乐曲。2004年，神乐署被辟为古代皇家音乐

[①] 石振怀主编：《北京市非物质文化遗产项目论证报告集(第一辑)》，北京燕山出版社2009年版，第162—187页。

史馆向公众开放。

据天坛神乐署队老队长李元龙回忆："那时候还没有恢复中和韶乐演出，参观者只是通过眼睛来看这些乐器，听到的是之前我们请专业演奏员用馆藏乐器演奏的中和韶乐的录音。后来，园里有了新想法，希望那些古老的八音乐器能发出真实的声响，进行活态展示，这样雅乐文化展示也会更加立体生动。"2006年正月初一，由神乐署年轻讲解员组成的表演队——神乐署雅乐团正式成立，开始向游人展示中和韶乐。（见图1-10）

图1-10 中和韶乐所用的建鼓、编磬、编钟等乐器在故宫博物院展示

历史上的中和韶乐从乐队规制、乐器使用、人员数量到演奏方法都有严格规定，一场演出的"标配"包括：编钟、编磬、镈钟、特磬、琴、瑟……加上歌生、文舞生、武舞生等，共计205人，相当于近两个大型交响乐团。虽然神乐署雅乐团并不能完全达到人数"标配"，但通过这些青年乐师的努力，已录制了数十首古代乐曲，包括如《关雎》《有瞽（gǔ）》等取自《诗经》的古乐，《玉殿云开》《导迎乐》等清代宫廷音乐，《嘉平之章》《始平之章》等中和韶乐曲目。他们还走出天坛，将雅乐表演带进北京人的生活，带向国际社会。

"八音重奏箫韶乐,金声玉振传五洲",越来越多的国内外友人得以穿越时空,亲耳聆听那传自古人的天籁之音。中断百年的礼乐之声终于得以接续。

与中和韶乐的遗产传承方式相对比,另一种与坛庙典仪有关系的音乐传承方式则更为艰难,依靠河北乡村的农民子弟才得以延续。这就是被誉为"中国古代音乐活化石"的智化寺京音乐。

论者说及智化寺京音乐,一般都认可其来源于古代宫廷礼仪音乐。智化寺乐队的乐器组成,与清朝用于祭祀的"庆神欢乐"和用于朝会的"清乐乐队"编制基本相同。这也是礼乐文化在国家和民间层面流动的证据之一,体现了国家用乐渐沁浸到民间,作为市井、寺庙之吉礼用乐登上历史舞台。智化寺京音乐有内容丰富的工尺谱本以及曲牌、曲目、乐器等,集宫廷音乐、佛教音乐、民间音乐于一体,具有十分珍贵的艺术价值和学术价值。

由于王振曾经担任明英宗时的司礼监秉笔太监,在宫廷中拥有显赫的权势和地位,智化寺作为他的家庙,聘请了许多艺僧进行佛事与祭祀活动,其演出乐队的编制非常严格。王振死后,智化寺无人问津,寺院里的艺僧转而依靠民间佛事音乐谋生。截至20世纪中叶,智化寺京音乐仍然在放焰口等佛事仪式中使用。但从20世纪80年代开始,智化寺京音乐已经停止了佛事仪轨的演出,开始面向社会公众开展赏析或表演,从佛事仪轨型音乐文化转向剧场型音乐文化,成为智化寺京音乐在社会发展过程中的重要转变。[1]

20世纪90年代初,智化寺中能够演奏京音乐的只剩下第26代中几位年事已高、退休在家的老乐僧:本兴、福广、慧明,传承面临困境。在1991年的一次表演活动中,河北固安屈家营音乐会的一些农民乐手被老艺僧们看中,邀请其中的6名农民乐手来接续智化寺的音乐香火。在后来数十年的岁月里,他们中有人离去,但也有人再度回

---

[1] 袁静芳:《近50年来北京智化寺京音乐的历史变迁》,载《艺术评论》2012年第3期。

来,最终扎根智化寺,从学员变成了"合同工",从"演员"变成了"传承人"。无论来自何处,只因有坚守的心,京音乐才得以在历经500多年后的今天仍继续奏响。

三、"复原"的仪式

执其两端,中间为礼。如果我们将坛庙的历史价值用一个形状来表现的话,可以喻为一个U字形。建筑和音乐是承载礼的载体,先后被纳入物质文化遗产和非物质文化遗产,而中间的祭礼仪式部分却由于与王朝意识形态过于密切的关联而成明日黄花,仅仅作为建筑与音乐遗产的历史背景出场。这一状况随着北京城市发展进程的加速,各城区对文化旅游事业的日益重视而得到改变。进入21世纪,北京各个坛庙陆续在各区政府主导下开始祭祀文化活动。这种祭祀文化活动虽然在祭器、祭品、仪程、服饰、乐舞等方面试图接近明清典制,但与明清时期国家祭祀的政治仪式相比,其功能和意义早已相去甚远。当下祭祀更多的是一种复古性质的展演。这样的展演是否具有意义?或者说其如何既能发挥传承文化的作用,又能适应社会发展的需要?让我们以日坛、月坛和先农坛为例,看看其中的变化。

相对于日坛祭日所体现的皇家威严和权力专享,近年来日坛公园的文化活动则使日坛走向了大众化,与市井民俗生活融合在一起,形成了更多元的面貌。从2006年开始,"春分朝阳"民俗文化节在日坛公园至今已经举办了十几届。每年的活动日期集中在春分节气。当代复原的祭日仪式结合现有环境条件和观众心理,改为上午10点20分正式开始,以乾隆三十九年(1774)祭祀为准做了部分删减,演员身着古代皇家服饰,全部仪式由迎神、奠玉帛,初献,亚献,终献,撤馔、送神五部分组成。除了在日坛进行清代祭日典礼展演外,主办方还将春分皇家祭日与民间崇日习俗加以融合,举办竖鸡蛋比赛、发放太阳糕等活动。在场地上还集中了丰富多彩的民俗展卖、美食荟萃、文艺会演、趣味游戏等项目,使老百姓在短短几天的时间内,将"好

吃、好玩、好看"尽享无余。（见图1-11）

图1-11 复原的日坛祭祀仪式

月坛祭祀仪式的恢复则是在2010年。其表演也并非完全遵照帝王时代的安排，而越发凸显它的全民娱乐性。原本于秋分之日举行的祭月仪式，在如今的月坛公园中与"中秋"相合，俨然形成了现代模式的"夕月坛中秋庙会"。除了再现皇家祭月礼仪活动外，月坛公园还设有其他与"月"有关的文化活动。围绕中秋月亮主题，运用现代歌舞、传统曲艺等形式呈现延传千年的"拜月"传统。园中以大大小小数百个泥塑"兔儿爷"搭建起"兔儿爷山"，并设置了非物质文化遗产的展示区，学习兔儿爷绘制，风筝、灯笼扎制，脸谱彩绘等多种民间技艺，供游客感受传统工艺的魅力。

如果说日坛、月坛活动带有鲜明的文娱特征，那么先农坛的"春耕祭先农暨一亩三分地历史景观展示"活动则带有更为浓重的社会教育意味。

明清时期祭享先农和行耕耤礼，作为国家祭典和官方政治仪式，象征着专制国家等级森严的社会秩序，皇帝以亲耕的方式来敦促农耕，来表达"敬天勤民之意"。但北京先农坛"春耕祭先农暨一亩三分地历史景观展示"活动，注重与中小学农耕科普教育的结合，活动分为一亩三分地历史景观展示启动和乐学篇互动两大部分。前者以敬农、春耕为主题，击鼓9通以示活动开始，并伴有童声诵读三十六禾词，由学生向历史景观展示区敬献五谷。学生代表在展示区内扶犁耕地，两位老者持鞭甩6响，意味六六大顺，风调雨顺。礼成后，启动"文化承传统，文明祭先农"全年系列活动，由10组家庭在展示区内进行春耕活动，种下希望的种子，等待秋天的收获。

乐学篇部分包含了科普和互动两个环节，在古建馆内设置了二十四节气诗歌画廊，供观众了解中国农业节气文化。以"五谷"为宣传内容，配合百草集市，让公众了解百草知识，宣传中国传统种植文明。最后邀请现场观众在祈福瓶中写下心愿，待秋收仪式时开启祈福瓶。

无论是文娱活动还是教育活动，其祭祀仪式都并不仅仅是一种"复原"式的表演，而是结合当下观众的需求，找到雅俗共赏的契合点。昔日坛庙典仪虽然具有神权与政权相结合的特点，但同时还蕴含着和谐、敬天、尊祖、重农、崇尚自然等思想观念，是中华数千年文明发展的结晶，其文化价值则更有超越皇权至上之处。

各坛庙活动的主办方通过举办历史展览，演示祭祀舞乐，整理挖掘了传统的坛庙祭祀文化，也在主题策略上取得了共识，就是将坛庙文化中的皇权思想视为一种过去时，将官方祭祀传统延展开来，与民间相关习俗传统相融合，形成围绕太阳、月亮、农耕文化等更广义主题的传统文化的宣传，以此提升人们对于传统文化的认知。

第四节 "再造"文化空间

随着王朝的覆灭，坛庙在政治意义上的空间价值随之消逝。近些年来，代之而起的是文化价值。这种价值的建构是极具层次感的。最基础的是文物价值，无论是建筑本体意义上的历史、艺术、科学价值的认定，还是坛庙文化、帝王文化的具象知识载体，其价值指向都是历史性的。空间意涵的转化并不一定导向知识史层面的客体建构，而同时亦生成新的价值观，与时代思潮互动。这也是坛庙建设博物馆的必然需要，因为任何曾具有重要象征意义的历史遗迹被再利用的前提，都是前朝的政治遗产是否能得到准确清算与解读。因而，这种再生的价值观既体现了对历史延续性的深刻体察，又体现了断裂性的革命再造。太庙、历代帝王庙、孔庙、东岳庙便是其中的典型代表，将遗产价值与新时代的中华民族品格相结合，引导民众感知中华文化，形成文化自觉。

一、艺术空间与北京太庙

北京太庙始建于明永乐十八年（1420），位于紫禁城东南方，是明清两代皇帝专用于祭祀祖先的礼制建筑群，与如今的中山公园（社稷坛）构成"左祖右社"的格局。太庙在国家祀典中属于"大祀"，有每年四季首月祭典的"时享"、岁末祭典"祫祭"及家国大事之"告祭"等祭仪规制。民国伊始，太庙一度被改为公园，后被作为故宫博物院分院使用。

新中国成立后，太庙经过了革命性的转型，从皇家祭祖的禁地转化为普罗大众的"文艺学校和精神乐园"。1950年，经周恩来总理提议，成立北京市劳动人民文化宫，主要服务对象面向广大工农群众。此时太庙的祭祖文化基本被新时代忽略。著名作家赵树理曾为明清太庙改辟为北京市劳动人民文化宫写过一首诗："古来谁最大？皇帝老祖宗。如今谁最大？劳动众弟兄。世道一变化，根本不相同。还是这座庙，换了主人翁。"北京市劳动人民文化宫设有"劳动剧场"、游艺厅、培训学校、图书馆等，发挥了公园和俱乐部的职能，成为新中国成立初期工人职工学习教育和休闲娱乐的重要基地。随着改革开放市场经济的发展和人们娱乐休闲方式的迭进与多元，劳动人民文化宫功能渐受冲击、淡化，开始了定位调整和形象重塑的历程。在之前革命化空间叙事之上，体现出对太庙传统文化的回归。

1988年，太庙被国务院颁布为"全国重点保护文物单位"。作为中国古代皇家宗庙的建筑遗存，太庙对于探究中国古代的宗庙建筑、礼仪制度等民族文化内涵无疑具有重要的学术意义。太庙本体上的文化内涵重新得到重视，历史文化的保护与传承逐渐成为文化宫的工作内容之一。2015年，依托太庙享殿、寝殿、祧庙及6座配殿等明代建筑为基础空间，文化宫与中央美院联手运营，成立太庙艺术馆，旨在打造弘扬中华优秀传统文化、推动中外文化艺术展示互鉴的专业展览、展示场所。"展示首都职工风采"作为艺术馆的主旨之一，在近两年举办的展览中也多次嵌入了劳模、匠人等艺术主题的创作，这体现了对劳动人民文化宫"工会"本位的坚守。

在这种艺术主线的建构中，多侧重本土传统文化与现当代艺术创造时空的交汇和融通。其中，礼制、礼仪意义上的太庙仍然失位，而主要以建筑空间自身的魅力表征出场。这在一定程度上与太庙作为明清两朝帝王先祖奉祀之所的"家庙"性质有一定关联。由于过于具象的王朝指向，使太庙艺术空间的设定并未全然与庙宇敬天法祖的祭祀传统相关联，而主要走向了相对革命性的当代艺术表达。（见图1-12）

图1-12　太庙配殿：中央美院毕业生优秀作品展（闫安　摄）

二、祖先意象、道德文化与北京历代帝王庙

北京历代帝王庙位于北京西城区阜成门内大街路北，属于明清祀典之"中祀"。其庙供奉有自三皇五帝以来历代皇帝及属臣，被视为王朝政统的象征。康熙帝曾颁谕旨，"前代帝王皆无后裔，后之君天下者继其统绪，即当崇其祀典"，"凡曾在位，除无道、被弑、亡国之主，此外尽应入庙崇祀"[①]。至乾隆四十九年（1784），历代帝王庙不断增祀，共祀君王188帝，配臣79人。乾隆帝用"中华统绪、不绝如线"八字，将中华治统概括为传承有序、一以贯之的序列。黄进兴指出，历代帝王庙的祭祀，是统治者为了政权传承而自我肯定的仪式[②]。作为体现王朝政统之承续的祭祀空间，历代帝王庙关乎王朝政权的合法性建构，在礼制建设上呼应了王朝疆域大一统的政治秩序。（见图1-13）

图1-13 历代帝王庙景德崇圣殿

民国以后，北京历代帝王庙经历了香山慈幼院幼稚女子师范学

---

① 乾隆《钦定大清会典》卷四十五，见《景印文渊阁四库全书》，台湾商务印书馆1986年版，第377页。
② 黄进兴：《优入圣域：权力、信仰与正当性》，陕西师范大学出版社1998年版，第144页。

校、"女子三中"、159中学等时期，殿堂皆为教室，木制牌位制成小板凳供开会使用。改革开放后被列入北京市及国家级重点文物保护单位名单。2000年以来，历代帝王庙先后完成搬迁学校、全面修缮文物建筑、复原殿内陈设等工作，当年4月向社会正式开放。近年来，历代帝王庙以博物馆之名开展活动，形成了两个主要的空间内涵：

首先是正殿景德崇圣殿供奉的"三皇五帝"所引申的祖先意象。"三皇五帝"原经由五德终始说等演化为历朝帝统的源头，于帝王庙供奉也是基于其作为"帝王之始"的价值。民国年间，黄帝等上古圣王在越发激烈的民族危机中渐被阐释为"弘惟五族，仰托灵庥"的全中华民族的祖先；民国学术精进中的古史辨意识也使"三皇五帝"在走向传说化认知的同时被解读为具有先民社会生产方式表征的抽象代表。这些都使帝王庙的"三皇五帝"被顺利转绎为中华民族的祖先源头，帝王庙转型成为海内外各界华人的情感纽带和寻根殿堂。

其次是配殿空间从祀诸臣道德形象的树立。如清人秦蕙田言："配享之典，国家所以报功而劝忠也。"帝王庙从祀文臣武将的入选标准主要为功业和忠心，归根结底是服从于皇权需要。近些年博物馆开放陈列以来，多次以道德宣扬为主题举办展览，自2015年起将原供奉群臣牌位的配殿改造为"功在社稷、德协股肱——历代帝王庙从祀名臣"展览，在展览主旨中明确指出，"突出一个'德'字，强调这些官员的德行"，展览的主要宣传取向转化为道德本位。入祀帝王庙的79位官员，被表述为中华传统美德的继承者，体现了"位卑未敢忘忧国"的爱国情怀，"富贵不能淫，贫贱不能移，威武不能屈"的浩然正气，"人生自古谁无死，留取丹心照汗青"的民族气节。

民国以来，一方面是由帝王统绪过渡为以"三皇五帝"为核心的中华民族祖先崇拜，凸显寻根的民族主义意蕴；另一方面由历代帝君名臣的功绩阐述为道德榜样，"君德""官德"转化为先贤的道德文化。博物馆的各项活动主题都将原本祭祀本位的帝王、功臣转绎为纪念教育本位的始祖、圣贤，突出了寻根和道德的意蕴，成为可供弘扬的知识体系。

传统祀典祭仪在这种意义空间的塑造下得到重现。历代帝王庙自恢复开放以来，即多次举行祭祀"三皇五帝"的仪式展演活动。近两年来，则吸纳了一些爱好传统文化的人文社团参与主导相关仪式。学者肖群忠在以献官身份参祭帝王庙后写道，"儒学不仅是一种学问，它也塑造了中国人的价值观与生活方式。《论语》首句曰：'学而时习之，不亦说乎？'儒家学问旨在内圣外王，道德与政治统一，先王如系行道之王，必当礼敬"[1]。他认为，修儒为安身立命之学，对此类活动应持同情理解、积极支持态度。在儒家传统中，祭祀是体现崇德报功的关键礼仪，其功能就在于培养孝顺、忠诚等伦理价值。众多儒家学者都阐释了礼乐在现代生活中的重要性。如张立文以"天下无一物无礼乐"为主旨，从经国序民、教化正俗、培养人格、礼乐善心四个方面诠释了礼乐的当代价值[2]。对一些儒学推广者而言，从某个程度上说，华夏文明即是礼乐文明，而完成礼乐复兴的第一步即是对服章、礼仪的复兴。在这种认识下，坛庙祭仪的恢复在某种程度上和儒家礼乐文明的复兴相联系，被视为一种现代生活礼乐文化的重建和再认同。

　　这种祭仪的重构同时展现了"儒学""国学"与汉服运动的结合。周星观察到，原本旨在为汉服提供登场或露面机会的各种新近"发明"的传统仪式或文艺形式，逐渐程度不等地进入官方或半官方的"仪式政治"及文化艺术体制之内[3]。在历代帝王庙近几年恢复的明代祭礼和大射礼上，都由热爱传统文化的爱好者群体、汉服社团主导。他们对于帝王庙礼仪的复原，忽略了在庙宇历史上更具有开放性和包容性的清王朝，而直接追溯到明嘉靖时期。与帝王庙官方曾举办的祀典展演（清装）不同，这些民间的爱好者突出了明代礼服的符号性。在他们看来，清代是华夏文明的失落期，明代服饰更好地表现了

---

[1] 肖群忠：《清明参祭历代帝王庙》，详见https://www.rujiazg.com/article/7862.
[2] 张立文：《礼乐文明与文化自信》，载《孔学堂》2015年第1期。
[3] 周星：《本质主义的汉服言说和建构主义的文化实践——汉服运动的诉求、收获及瓶颈》，载《民俗研究》2014年第3期。

汉民族特有的文化气质及仪容。中国本有以服饰承载象征意义的文化传统，通过服饰符号和中华礼仪的结合，可以重拾华夏文明在中华的礼仪传统，成为"民族精神文化的传承与延续"的象征。

在历代帝王庙礼仪重建中，为"祖先"与"圣贤"民族象征提供了合法性平台。由官方的帝王庙保护利用促进会主导的海外侨胞、港澳台同胞拜谒"三皇五帝"，彰显了统战意义；汉服亚文化社群，则通过追求服饰与礼仪的文化纯粹性，表现自己的信仰和对传统生活方式的热爱。对于一些儒家学者来说，昔日政统的权谋已如明日黄花，从明清祀典上溯到礼乐传统，更为重视其"转身"之后的儒家文教意义。

北京历代帝王庙的社会历史变迁，由王朝政统象征经由空间价值的调节与建构，逐渐走向以寻根溯源和道德建构为特点的文博场域，有助于社会民众弘扬优秀的传统道德，表达民族国家的认同观。而在"祖先、圣贤"意象的共识中，社会力量的参与和价值构建的多元性又为国家祀典意涵的进一步转化提供了更加丰富的建构资源。

三、国学文化与北京孔庙

北京孔庙是元、明、清三代皇帝祭孔的重要场所，主祀孔子，以孔门弟子及历代著名儒门人物配享从祀。明清两代，孔庙长时期为中祀，至光绪三十二年（1906）转为大祀，是国家祀典的最高级别。在礼仪制度上，孔庙是儒家"道统"的形式化。宋末元初的熊铄即明言："尊道有祠，为道统设也。"黄进兴认为，在传统社会之中，孔庙作为一种祭祀制度，恰好位于道统与治统之间。换言之，孔庙刚好是传统社会里文化力量与政治力量的汇聚之处[1]。治统的意理依靠道统的支持与疏解，道统亦受制于代表治统的人君。"天子之位"和"圣人之教"虽若即若离，但互动甚密且相互支撑。孔庙的另一个特色是庙学结合，与西侧国子监形成祭祀与教学并立的空间形态，将儒

---

[1] 黄进兴：《优入圣域：权力、信仰与正当性》，陕西师范大学出版社1998年版，第142页。

家道统外化为官方的制度形态。正如鲁迅的观察,帝制时期的孔庙是不面向社会大众的,总是一副冷清面孔。它是王朝祀典和精英传统的自我认知。

有学者分析了中国孔庙从古时的庙学合一,到学废庙存、学废庙废、庙退馆进、馆退庙进,及至馆庙俱进的演进历程[①]。这也是北京孔庙的发展缩影。民国肇建后,北京孔庙即对外开放,并曾延续了一段祭祀活动。新中国成立之后,孔庙国子监曾经作为首都博物馆、首都图书馆、北京市少年儿童图书馆等机构所在地。虽然已经初具古建保存、文物展示的功能,但仍限于机构驻在所的层次,孔庙和博物馆的功能发挥彼此制约,孔庙的遗产指向并不明晰,未得到充分的发掘和展示。

2005年,首都博物馆新馆开馆,孔庙和国子监管理处成立,并于2008年正式命名为孔庙和国子监博物馆。这体现了博物馆建设与孔庙价值的直接关联性强化,形成了相互促进的关系,孔庙得以依凭现代科学文化机构多项职能的发挥进一步彰显社会价值。博物馆立足于庙宇遗产的内涵,先后设计了《大哉孔子》《北京孔庙历史沿革展》《大成殿复原陈列》《国子监复原陈列》《中国古代科举制度展》《中国古代官德文化展》等固定陈列;打造了"大成礼乐展演"、"春秋二季祭孔大典"、"国学文化节"以及围绕春节、元宵、端午、中秋、重阳等重要大型节庆的多种文化展示活动,让观众真切地体验中国传统文化的魅力。(见图1-14)

图1-14 北京孔庙祭礼仪式(绳博 摄)

这些实践已经突破了古建历史、艺术、科学价值的弘扬,而

---

① 唐红炬:《文庙的保护和利用:应在冲突中寻求和谐》,载《中国文物科学研究》2007年第2期。

走入了与当代社会价值理念相衔接的文化再生产。在孔庙和国子监博物馆的定位与宣传中，明确了以"弘扬国学文化，打造国学文化基地"为目的。"国学"成为孔庙文化的新名片。国学，原指"中国固有之学术"，为遭遇西方文化冲击之前中国原有的思想文化与学术体系，后扩延至中国传统文化整体[1]。儒家文化作为中国人核心的伦理价值和社会形态，是国学的核心内容。对于孔庙"国学"内涵的阐释，体现了对孔庙社会文化价值的再回归。但这种回归依然是传统的再造。回顾历史，对曾为祀典之所的孔庙而言，庙宇祭祀和从祀制度功能的丧失也意味着原生意义上的庙废。在空间形态上对道统进行回应，是孔庙曾经的生命力。但如今儒学早已失去了昔日政教合一的意识形态的地位与作用，如同黄进兴所言，"政治归政治，文化归文化"，孔庙才能得到新生[2]。庙宇的实践正指向了文化的建设层面。虽然每年都举行祭祀孔子的典礼，但这并不是传统祀典的恢复，而是文化展演意义上的仪式建构。传统礼仪活动的设计还从庙宇祭祀典仪扩展至敬老礼、成人礼等人生仪礼。这便使原有的儒生心系念兹的道统空间，逐渐转化为更具有生活传承性的文教空间。

四、民俗文化与北京东岳庙

北京东岳庙位于北京市朝阳区朝外大街北侧，始建于元延祐年间，由道教玄教宗师张留孙、吴全节出资兴建，主祀泰山神东岳大帝，后经明清两朝不断扩建，逐渐形成了中路正院和东西跨院的建筑格局。由于泰山祭祀始自上古先民的山岳崇拜，至秦汉以后逐渐成为国家礼法实践，并有岳庙等宗教性建筑出现，成为象征王朝正统性的体国经野的文化符号，北京东岳庙在明清两代成为国家祀典之所，被列入小祀（清称"群祀"）。与被列入国家大中型祀典的太庙、孔庙等不同，历史上的北京东岳庙与市民生活联系更为紧密，广泛存在庙

---

[1] 陈来：《中华文明的核心价值》，生活·读书·新知三联书店2015年版，第131—133页。

[2] 黄进兴：《探求孔庙祭典的现代意义》，载《南方周末》2010年3月25日第F30版。

会游神等神诞日庆典活动及道教斋醮科仪、民间香会的组织结社形式及大量民俗性的信仰形态，是香火鼎盛的社会信仰空间。因此，它的开发利用有自己的特色，即关注庙宇文化在民众生活中的意义，以"民俗文化"为类型建构庙宇空间。

"民俗"话语本质上属于现代知识分子的主观建构，由新文化运动诸知识分子"到民间去"的思潮，开启了对民众生活正面意义的重视，到20世纪30年代以后，在抗日根据地、解放区"文艺为工农兵服务"方针的影响下，"民俗"中的民间文学和民间工艺，得到空前重视，成为表现劳动人民文化创造力的重要窗口。随着20世纪末的改革开放，"民俗"的合法性逐渐得到扩延，民俗文化作为中国优秀传统文化的重要组成部分的正面价值被得到广泛肯定。围绕传统庙宇的知识与实践被学术话语转绎为"民间信仰"的概念，庙宇的信仰活动得以被包容在"民俗"这一褒义属性中成为一种合法性的表述话语。这为祀典庙宇的信仰特征向民俗文化转化的社会实践奠定了思想基础和社会基础。

1997年，以北京东岳庙为馆址成立了北京民俗博物馆。庙宇空间通过民俗之名的转化，更清晰地表明了博物馆社会教育的基本职能，体现了以文（化）载道的思路。"民俗"观念有中国传统"风俗"观的渊源，强调风俗对于国家兴衰、社会治乱的重要性，关注德化礼教，以礼驭俗。1937年，博物馆学家荆三林发表了《民俗博物馆在现代中国之重要性》，强调民俗博物馆"是以民俗的材料而用博物馆性质组成的社会文化教育机关"，"可以输入文化知识，可以普及教育，又可供一般学术家的参考。甚而说，可以因人民的生活而改良社会"[①]。这表现了中国的民俗博物馆从创设伊始就将知识性和道德观作为基本标准，将传统的"移风易俗"观念转化为现代社会教育话语，展示了博物馆所试图展现的"科学""理性"的大旗。在空间的文化

[①] 荆三林：《民俗博物馆在现代中国之重要性》，载李淑萍、宋伯胤选注：《博物馆历史文选》，陕西人民出版社2000年版，第58页。

生产过程中，北京民俗博物馆以民俗文化和更具伸缩性的非物质文化遗产为主题，注重将庙会内容融入博物馆的社会教育和展陈功能表达中，并增加了端午、中秋、重阳等节日活动的社教主旨策划，借由节日庆典和公共文化/社会教育活动来呈现多元文化，表述文化传承，使得馆内节日活动越来越表现为一种"文化再现"的知识生产，从而部分化解了博物馆与庙宇的身份差异和属性冲突。（见图1-15）

图1-15 北京东岳庙庙会场景

从我们对上述4座国家祀典建筑的介绍可以看出，百年间它们总体经历了社会价值评判从斥之以否定，到文物知识史意义上的容忍、肯定，及至新意涵的再造与新生的波折历程。如今，祀典建筑在物质载体上成为"文物"资源和"博物馆"空间，在非物质载体上则体现了不同的策略性重构，"艺术""祖先与道德""国学""民俗"等新的身份与形象，以各具特色的价值表述方式建立起与国家意识形态的联系，从不同层面呼应了伦理道德秩序的文教建设。

第二章

四合院里的规矩

四合院曾是相当长的历史时期北京人的主要居住形态。今日北京城的整体人居环境已经发生了翻天覆地的变化。如果我们择一条胡同一路走下来，大多数四合院本身早已变身大杂院。沿街建筑的年代感特别丰富，有王朝时代留下来的三合院、四合院，20世纪50年代的红砖灰瓦苏式楼，还有20世纪六七十年代的简易楼，20世纪八九十年代的商用楼。如果我们从空中俯瞰，二环内的胡同四合院，三环内的大院、单位宿舍楼，三环外鳞次栉比的房地产开发楼盘，已经成为北京城极具层次感和差异性的聚落格局。对于大多数北京人来说，楼居无疑已经是今日最主要的居住形态。

当事情一旦走向回忆，就很容易走向景观性和习俗性的认知。我们与城市的过去作别，在胡同四合院中寻找雕梁画栋的美感，寻找岁月沁浸的旧物，寻找老北京人"遗留"下来的居住传统。我们将胡同四合院讲得诗情画意。

"天棚鱼缸石榴树，先生肥狗胖丫头"，这是一种"理想"的四合院生活状态。民国以后的许多现代知识分子，就习惯于在城市中寻找田园之美。郁达夫寓居北京四合院的时候发表过"一年四季无一月不好"的亲身感受。邓云乡则将四合院里的四季总结为："冬情素淡而和暖，春梦混沌而明丽，夏景爽洁而幽远，秋心绚烂而雅韵。"这里的庭院中，曾寄寓着草木鱼虫的文人意趣；厅堂内，曾充溢着高谈阔论的士人学问与政论。而后来闯入的探秘者，也总喜欢寻找院舍间残留的名人掌故、坊间传说。

但我们在寻觅四合院故事的时候，经常被"院内自住"的标牌挡住了脚步。这也清晰地提示着我们，对于大多数普通的老北京人来说,居住的美学之外,四合院也是他们琐碎的日常生活展开的场所。

每一个围墙内的庭院就是一个家,是中国文明社会最基本的细胞组织。中国人历来对土地及住宅极为重视,"有恒产者有恒心",住宅给人们带来的是生存的希望,是家庭最重要的财富。老北京人对四合院的感情用《四世同堂》里祁老人的思想概括,是最合适不过的了:

> 看着自己的房,自己的儿孙,和手植的花草,祁老人觉得自己的一世劳碌并没有虚掷。北平城是不朽之城,他的房子也是永世不朽的房子。屋子都住满了自家的人,老者的心里也就充满了欢喜。他像一株老树,在院里生满了枝条,每一条枝上的花叶都是由他生出去的!

无论四合院的宅院有多大,这花鸟鱼虫、柴米油盐的小小天地始终是主人情感的交汇处、家庭生活的核心。只有人居,才让四合院有了温度。人们的生活习惯、交往礼数也受到这一居住形态的影响。经过数百年的发展,北京四合院已经形成了一套较为稳定的以家庭关系为核心的礼俗秩序和居住文化。老北京人的节日庆典与人生仪式也发生在这小小的四合院中,清晰地体现着一个家庭的生命律动。

清代以来,北京居民受旗人文化的影响,尊崇家庭"男打外,女主内",妇女在家里的地位比较高,因而女性亲属的"老妈妈论"在家庭规矩的遵循和传承中相当具有话语权。随着今日北京人居住环境的变化,我们再度讲起四合院,不仅仅是说其中的规矩,同时也会涉及规矩的被冲破和重组的过程。这其中,有变,也有不变。(见图2-1)

图 2-1 当代北京多元并存的居住形态

第一节　和合家风

家是中国人的安身立命之所,是人心所系,仁爱所属。在北京,大到皇帝的居所紫禁城,中到王府士绅宅院,小到平民百姓的小独院,都是四合院围合的"家"。物的尺度关乎人的分寸。这些四合院之"合",也折射出人际之"和"。以爱成家、以德立家、以和兴家,是北京人乃至中国人的自觉和使命。四合院中的"和合家风"既是一种凝固的文化传统,更是一种流动的生活轨迹。

一、空间里的文化

四合院是中国传统民居的基本形式,其因多栋单体建筑按东西南北四个方位围合而得名。中国最早的合院式建筑在3000多年前的西周时期就已经出现,是陕西岐山凤雏村的西周四合院。在北京地区,现存最早的四合院遗址为西直门里的后英房元代四合院遗址。后英房遗址符合四面围合、中轴对称的院落布局,前堂、穿廊、后寝采用工字形布局。明清时期,北京四合院在形制上与元代北京四合院相比,取消了前堂、穿廊、后寝连成的工字形布局,代之以东西厢房、正房、抄手游廊和垂花门组成的四围布局。这也是今日北京四合院的基本形制。四合院建筑的规则中也蕴含着精神性的中国文化要素,以砖石瓦为笔墨纸,描绘出中国特有的居住审美理念和家族生活观念。

(一)和谐性

四合院作为中国建筑的代表,是中国人性格的折射。它不似欧洲中世纪教堂尖顶的锐利,都是向地面四处有序地铺开,主次分明、均衡对称、秩序清晰。在空间的组合方式上,四合院的"院"以"进"为单位表示,纵轴线上一个院落为"一进",常以"几进院"表示住宅组合的规模。受北京胡同条件限制,单路四合院最多五进院落,如果住宅规模还要扩大，院落的组合可横向发展，还可在主院落的一侧或两侧再建一进或多进院落，形成多条轴线并列，主轴线称"中路"，两侧称"东路、西路"。这种多轴平行并列组合的合院，称为多进多路组合院。"庭院深深深几许"，这种规模的增大，并不是明显的体量和高度的拔升，而是用"深邃"来表达出来。不同于西方的人居传统，将房子建于中间而四周环以庭院，外界视之一目了然，中国人的四合院是房子在四周，院子在中间，如果不开大门，外人是无法窥见其中的内里乾坤的。四合院是中国人内敛性格的折射，外表素雅但内怀锦绣，有堂奥之美，其性格并不外化于形，而是趋向于内里的深邃进展。

中国南北各地的老式建筑不少都是四面房屋、中间院落的四合式建筑。但北京的四合院有其独特的营造特点。比如江南的房屋厢房、正房连在一起，十分高意，但院子却很小，抬头仰望只能看到一小片蓝天，形同坐井观天，所以名之曰"天井"。与之相比，北京的四合院则四面房子低，中间院子大，四面房子不连着，有缺口。关上大门，自成一统；走出房门，顶天立地；四顾环绕，中间舒展；廊槛曲折，有露有藏。邓云乡将这种特点总结为，好在其"合"，贵在其"敞"。"合"便于保存自我的天地；"敞"则更容易观赏广阔的空间，视野更大，无坐井观天之弊。这样的居住条件，似乎也影响到居住者的素养气质。一方面是不干扰别人，自然也不愿别人干扰；二方面很敞快，较达观，不拘谨，较坦然，但也缺少竞争性，自然一般也不斤斤计较；三方面对自然界却很敏感，对岁时变化有深厚的情致。[1]

北京四合院房屋各自独立，关起门来自成天地，具有极强的私密性，但房屋都向院落方向开门，彼此之间有游廊贯通和卡子墙连接，因而居住在这里的人既有独立的空间又能相互照应，对于大家庭式的合居共食很适用。四合院空间建筑之"合"（围合）的分寸体现了北

---

[1] 邓云乡：《北京四合院》，人民日报出版社1990年版，第111页。

京人相互关系的"和谐"尺度。（见图2-2）

图2-2　四合院鸟瞰效果图（选自《北京四合院建筑要素图08BJ14-4》）

（二）秩序感

北京城可称之为一座"院城"，紫禁城、坛庙、王府、官衙、宫观、民居，基本都是由一个个四合院围合而成。民居是缩小版的城，城是扩大版的院落。放眼望去，规模不等、大小不一的四合院，相互圈合，相互依存。有人统计，《乾隆京城全图》中共计有大小四合院26000多所。这种城与院形态格局上的相似，是世界其他城市所极为罕见的。

但相似性和统一性中又蕴含着差异性和秩序性。这种差异性和秩序性在建筑的格局、用材、做法、颜色、装修等几乎每个方面都十分清晰地体现出来。每座四合院的建造都极有章法。如果细说起来，一本书都难以承载得了。我们简单举几例：

如四合院的色彩法则。中国人的五色体系，以黄色为尊，其下为赤、绿、青、蓝、黑、灰。黄色的琉璃瓦只限于宫殿、陵寝等，王公府邸只能用绿色的琉璃瓦。普通的北京民居相对自然朴素，建筑色彩整体以黑、灰、白等冷色为主，由大面积的灰色（砖墙、瓦顶和墁砖地面)为底,辅以木结构主体的红、绿、黑油彩,配以少量的青(蓝)、绿为主的彩画,构成基本的色彩模式。一般在筑梁枋之墙面所绘制的彩画有和玺彩画、旋子彩画、苏式彩画三种主要形式。和玺彩画以金龙、金凤为主,体现皇家至尊,是等级最高的彩画,构图严谨,图案复杂,大面积使用沥粉贴金,花纹绚丽。旋子彩画是用各色线条旋转盘结而成,最大的特点是在藻头内使用了带卷涡纹的花瓣,即所谓"旋子",整个旋子就像围绕花心开放的花瓣,简洁而富于韵味。旋子彩画主要应用于坛庙、园林、府邸、衙署等官式建筑。更多的私人四合院建筑则采用的是苏式彩画,它源于江南苏州的民间传统做法,内容丰富,包括博古器物、花鸟山水、人物故事、翎毛花卉等题材,带有浓厚的生活气息。(见图2-3)

图2-3 四合院里的苏式彩画

最能体现四合院规格等级的就是宅门。作为一个建筑物的脸面,大门门楼的有无、高矮,门面的阔窄,门钉的多少,都能成为识别其主人的身份、阶层和地位的符号。北京四合院按照等级可以分为王府大门、广亮大门、金柱大门、蛮子门、如意门、随墙门等。

王府大门是四合院大门的最高形制，规模远远超过其他的大门形式，可以做到五开间或三开间，而其他屋宇式大门只能占据一个开间。

　　广亮大门是仅次于王府大门的宅门。这种大门一般位于宅院的东南角，占据一个开间的位置。广亮大门虽不及王府大门显赫气派，但也在胡同里非常突出醒目。

　　金柱大门在级别上略低于广亮大门，也占据一个开间。与广亮大门最大的不同在于，它的门扉安装在中柱外侧靠近前檐的金柱位置，故称为"金柱大门"。门洞不及广亮大门深邃庄严，但也较为宽大，仍能感觉到官宦门第的气派。

　　蛮子门门扉更为靠前，设于两檐柱位置，门扇紧邻胡同街道，大门入口也就没有广亮大门、金柱大门那样宽绰。也有一种说法，古时南方商人到北京来经商定居，为了安全考虑，把门扉安在檐柱位置，以避免门洞中有人藏身，北京人就把这种门称为"蛮子门"。

　　简单地说，广亮大门、金柱大门、蛮子门的主要区别在于其木门在门洞里安装的前后位置不同，决定了门的等级。过去住在这些门内的一般也是非富即贵。

　　在北京的四合院中，更普遍的是如意门和随墙门。如意门在北京中小型四合院采用的大门当中运用得非常广泛，一般是平民使用，形式也很多样。门扉建在檐柱位置，但是和蛮子门不同的是，把门扇给缩小了，只留出0.9米左右的门洞。窄小门扇的门簪多雕刻"如意""平安"等字样。老北京百姓人家多用如意门或者干脆辟墙为门，配上假的屋顶、飞檐，称为随墙门。有的装饰有小门楼，还有模仿外国建筑的西洋门，则是清中期西洋文化传到中国后北京地区老百姓所常用的宅门。

　　我们现代男女婚恋常说的"门当户对"，便是从不同规格的大门建筑装饰中衍生出来的。"门当"指的是大门门口的门枕石，俗称门墩，"户对"指的就是门簪。高规格的王府大门三扇大门有12个"户对"，有的广亮大门、金柱大门有4个"户对"，一般的如意门、随墙门有2个"户对"或没有"户对"。门墩的形制也有说法。常见的圆鼓门墩，一说其是官衙门前的登闻鼓和守门狮子的结合体，本用于官衙，后来成了权力地位的门户象征；一说其是战鼓之形，本为武官宅门的象征。另一种箱形门墩，形似书箱、钱箱，主人家多为文官或商贾。据说，最初箱形门墩带狮子雕饰的是高级文官，配其他雕饰的是低级文官，无雕饰的则是商贾之家。从大门的装饰中可以窥知人们不同的地位、财富。（见图2-4）

图2-4 箱形门墩和鼓形门墩

进入四合院内，秩序感也很鲜明。朝向、质量、面积不同的住房皆按照尊卑、长幼的次序安排使用。正房是四合院建筑中最重要、最尊贵的房间。北京地区冬季盛行偏北风，而夏季为偏南或东南的季节风，因此民居的主导朝向选择为南或偏南。无论院落坐落于街道的哪个方向，院落的轴线一般都是南北方向，始终把正房设置为坐北朝南。这种朝向不仅可以避开冬日寒风，迎来夏日凉风，同时可最大限度地吸纳日照阳光。北京地区谚语称"有钱不住东南房，冬不暖来夏不凉"，即是此意。

其他房屋在开间尺寸、高矮、装饰等各方面皆低于正房。因而，正房往往是家庭生活的核心。老北京人通常是三世同堂或四世同堂住在胡同的四合院里，特别注重居住上的长幼有序。以四世同堂家族来说，正房要给辈分最长的太爷、太奶居住，左右住祖父母、父母。东西厢房则由子侄等晚辈居住。民间常说的"大门不出，二门不迈"的"二门"指的是区分内外院的垂花门，从入口庭院最有公共性的部分，逐渐引入私密性较强的半公共区域，最后达到主人的私房。内眷不轻易到外院，访客、仆役不得随意入内院，仆役等只能住在外院从房内。这些都体现了严格的长幼有序、尊卑有差、上下有分、内外有别的居住伦理秩序。（见图2-5）

图2-5 垂花门

二、环境中铭刻的"价值观"

不过，北京人的性情并不都是"躲进小楼成一统，管他冬夏与春秋"的自守。正如我们每个人都有自己的特性，在每座四合院中也凝结了具体的人的面貌和家庭的理想。建造者和居住者在貌似雷同或千篇一律的建筑空间样态中，将生活的情感通过建筑的细节从时光的缝隙中倾露出来。如今经常游走于北京胡同内的都市寻访者或者摄友，其视线所及的焦点往往就是这些物件，因为其背后所体现的是对生活

的精雕细琢。（见图2-6）

在四合院的建筑雕饰中，大量应用了象征富贵安泰、吉祥如意的图案。这些图案运用寓意、谐音等方式，通过植物、动物、文字和人物等题材，表达了家主对于生活的期待。比如，垂花门木雕上清高且超凡脱俗的"四君子"（梅、兰、竹、菊），隐喻书香门第、品行高洁；墙面砖雕《诗经》中的"瓜瓞绵绵"图案，寓意为家庭和睦、人丁兴旺；墀头砖雕上的《追韩信》《空城计》等戏曲故事人物图案，

图2-6 墀头砖雕

体现着主人的生活雅趣。仅以大门小小的门簪来说，外部多做成六方、六角圆柱形，上面雕刻有福寿、吉祥、平安或一门五福、出入平安等吉词颂语。

按北京的老规矩，街门是不能随便乱写乱画的。街门如同一个院子的"脸面"，人们可以由门楼上的雕饰，门板上的楹联、门环、门墩等，来判断主人的门第和门风。大门的门簪、门扇刻有的对联吉语，也能发现人们所期许的价值观。肖复兴先生在《我所了解的胡同老门联》中说，北京人，一贯是把门和脸放在一起等同看待的。作为老北京的代表——四合院，如果大门上没刻有门联（不是现在用红纸现糊上的对联），一般是不可想象的。可以说，门联是四合院的眼睛，是老胡同勾人的魂儿。

比如当年在前门外铁树斜街的谭鑫培故居门扉上就曾有一副嵌字对联，"英杰腰间三尺剑，秀士腹内五车书"[①]，体现了这个京剧世

---

① 所谓"嵌字"，是指上、下联首字为"英""秀"，而"英、秀"正是谭鑫培的堂号。

家对于艺术的要求，一个优秀的演员必须在"文""武"两方面都有较深的文化修养和扎实的功底。铁树斜街101号是京剧名伶梅巧玲的故居，梅兰芳先生即出生于此，并度过了童年时光。其门前的对联书写着"门庭香且宝，家道泰而昌"，二门还有一副对联"福门吉祥财运好，富贵宝地风水高"，体现了对于家兴业顺、后代光大门庭的期盼。（见图2-7）

世代行医的前门保全堂药铺樊氏家族的居所门联上写着

图2-7　铁树斜街101号梅兰芳祖宅联语

"杏林春暖人登寿，橘井宗和道有神"，上下联分别取自名医治病救人故事，展现医家悬壶济世的医德追求。"芝草瑶林新几席，玉杯珠柱旧琴书"，园内有名花异草，室内有古书宝琴，赞的是自家庭院的雅致和主人的精神世界；"忠孝持家远，诗书处世长"，说的是以圣贤之道教育子孙的治家原则；"里仁为美，长发其祥"，企望里弄有仁风，让吉祥长存于家门；"天开寿域，德洽芳邻"，除个人的怡情养老之外，亦寄希望于"德不孤，必有邻"，叙的是邻里环境的和睦之道。许多门联的内容取自儒学典籍和古典诗词，富于哲理意义，或明示谨严的家训家风，或表达修身立德的人生格言，或传递家庭幸福平安的追求，或凸显睦邻里巷、和谐社区的愿望。

胡同四合院的建筑上铭刻着老北京人的生活理想。这也在提示我们，虽然今天我们常常将四合院拆解为文物和美学，但建筑的终极意义依然只有一个，那就是"家"的哲学。家业有兴衰，门风无曲直。一个好的门风，常常能够影响几辈人的价值观。

三、交往的礼数

我们再将视野从时光遗留下的家门铭言，回转到日常生活中来。四合院的住宅形式和居住秩序形塑着家庭的伦理关系，影响了人们交际的心理定式。老北京人，特别是旗人家庭，规矩比较多，礼数也多。这些老规矩大多是早年间胡同四合院里的三世同堂或四世同堂时代立的。这些老规矩主要体现了家庭成员之间的生活交往礼仪。我们选择一些具有代表性的说一说。

"有大有小"——这里说的是长辈在家里的地位。大，就是长辈；小，自然是晚辈。有大有小，指在家里"大""小"要有区别。老话说："大有大的样儿，小有小的相儿。"当长辈的在晚辈面前不能随随便便。说话办事儿要把握分寸，同时要以身作则，凡是要求晚辈不该说的话，自己绝不说；凡是要求晚辈不做的事儿，自己绝不做。长辈在小辈面前体现"大"，不是靠摆谱、说一不二的霸道，而是靠自身的修养、自尊与自律，对晚辈起着一种示范作用。

"长者先，幼者后"——按老规矩，凡是生活中的各种好事儿，先由长者来挑选受用，之后才能轮到幼者。居家的举止言谈、行动坐卧，都是如此。家里讨论要办什么事儿，在拿主意的时候，晚辈必须要等长辈发表完意见，才能表态。自然，这种表态不能戗茬儿，更不能抬杠，要顺着长辈的意思说。北京人管这叫"顺情说好话"。甭管在什么时候，只要晚辈跟长辈在一起，一定要让长辈先落座，等长辈发话"坐下吧！"晚辈才能找地儿坐下，而且要坐在长辈的下首。

"问起儿"——即晚辈早晨起来，向长辈问安。这个规矩古人称"问寝"。四合院里的老北京人一般都是长辈和晚辈住在一起，但是分着住。由于长辈上了年纪，特别是身子骨儿有毛病的，夜里睡觉容易发生什么意外，所以当晚辈的早晨起来第一件事，就是到长辈住的屋里问起儿，一是表示晚辈对长辈的敬重，这是必要的礼数；二是看看老人夜里睡得怎么样，有什么实际需要。

"出门儿要言语，回家要打照面儿"——即"出必告，返必面"。

出去办事,要和家长长辈打招呼;从外面回家,跟自己家里人当面问声好,报个平安,既是尊重,也问问有什么事要嘱咐的。这就是北京人常说的,"有什么事儿,您言语(yuányi)一声"。

"拘面儿"——是指当长辈的在许多方面对自己要有所约束,要自尊自重。在晚辈面前,许多事都要拘着点儿,不能过于随意,比如在晚辈面前,不能说脏话,不能随随便便评论人,不能赤身露体,不能打嗝、放屁、吧唧嘴,等等。用北京人的话说,当长辈的自己要拿自己当回事儿,别在晚辈面前没德行,也别在晚辈面前散德行。

"拍老腔儿"——是指跟年轻人说话时爱拿范儿,以老前辈自居,自以为有学问,拿腔拿调,或者装腔作势。长辈对晚辈的说教,讲做人做事的道理在生活中是常有的事。毕竟老年人经多见广、阅历深厚、经验丰富,俗话说,"家有一老,如有一宝"。但上了年纪,为了显示自己的学问,有意拿老腔儿说话,是不招人待见的。有"不怕葱不怕姜,就怕您哪拍老腔儿"的说法。

从上面的列举中可以看出,如同建筑秩序严密、构件谨严一样,每个人为人处世也得"可丁可卯",无论老少,都需要找好自己的定位,按照社会或家庭中应该有的角色为人行事。俗话说,上梁不正下梁歪。小辈对待长辈要恭谨孝顺,但同时长辈在晚辈面前一定要注意生活小节。很多老规矩不是"立"出来的,而是"做"出来的。家庭中每个成员都要相成相济,共同塑造家教门风。

除了家庭长幼关系之外,老北京人在日常的邻里、亲朋往来中也讲究礼数。人和人的交往再亲密也绝不勾肩搭背,没个正形儿。散文家纪果庵将北京人的礼貌总结为700年帝都的积淀,"贵族、巨宦、达官、学者,哪一条胡同里没有几个?把这块位置在沙漠地带的北狄之国,涵茹成文教之邦,也是势有必至,理有固然的了"[1]。许多老北京人虽然不知书,但却达理,虽身处市井,却带着几分文雅,或许有

---

[1] 纪果庵:《北平的"味儿"》,载姜德明选编:《如梦令:名人笔下的旧京》,北京出版社1997年版,第530页。

些絮叨，但并不简单生硬。（见图2-8）

老北京人从小就教育自己的孩子，懂得会"叫人儿"。在请人帮忙或麻烦对方时道声"劳驾"。平常说话多用敬称。老北京人"您"字不离口。据语言学家考证，"您"字最早是"你们"的意思，作为第二人称的敬语，最初是在元杂剧里出现的，后来成了老北京人代表性的语言习惯，聊天儿，听去吧，三句话不离"您哪"。问长辈的岁数得说，"您老高寿？"

图2-8 镌刻在门扇上的传家之道

北京人做人做事，讲究含蓄，说话要留三分。讲究当着矬人别说短话。揭短儿，如同揭人家身上的疮疤。即使说别人外行，也不能"实锤"和"扎心"，而会戏谑地调侃，"您这又棒槌了不是！"忌讳说大话，说满话。在一般情况下，自己不能吹嘘自己，一件事，别人都不行，就我行。这是北京人的大忌。跟人谈办事的时候，常说"我跟您可是丑话说在头里"，就是要把不成的这种可能性，也就是"丑"，如实地告诉人家。话说到了，但实际上可着使劲，尽力而为。

到人家串门儿有很多讲究。北京人甭管访问谁，首先得征得被访者的同意。老北京请客有这样一种说法：三天为"邀"，两天为"请"，当天为"提溜"。甭管生人熟人，如果当天请客，当天约人，这叫愣把人"提溜"过来，显然是一种失礼。

作家刘一达曾总结了150多种北京的老规矩[①]。比如，不能踩门槛

[①] 刘一达：《北京老规矩》，中华书局2015年版。

儿,坐有坐相儿,站着要"笔管儿条直",不传闲话,说话要对脸儿,正事儿要坐下说,说话不能打岔,别一惊一乍,外场说话不能大嗓门儿,别当着人"咬耳朵",屋里没人不进门,做客不能坐人家床,吃饭不能吧唧嘴,吃饭别舔盘子碗儿……

就单拿饭桌上使用筷子这一件事,也有"十二忌"之说:忌"竖筷"(仿佛给人上香)、"敲筷"(仿佛要饭花子)、"跳马筷"(手拿筷子越过一道菜奔另一道菜)、"半途筷"(筷子夹起菜又放回去)、"游动筷"(这扒拉一下,那扒拉一下)、"抬轿筷"(拿筷子在菜里翻爱吃的,甚至在盘子里"抄底")、"窥筷"(手拿筷子,两眼来回踅摸)、"碎筷"(用筷子把大块肉撕碎)、"刺筷"(把筷子当叉子使)、"泪筷"(带汁菜滴答汁儿)、"签筷"(把筷子当牙签)、"吮筷"(吮吸筷子上的汤汁)。筷子只能是用来吃饭吃菜的,也需要体现对同桌吃饭人的礼貌!

看着这些规矩,我们心里肯定在悄悄打鼓,琢磨着自己的行为哪块儿又犯了忌讳!它们体现了老北京人习焉不察的礼貌气儿,这种礼貌气儿的背后实际上是友邻之间骨子里的相互尊重,这些都是值得我们传承的正能量。

四、当生活冲破了空间

首都博物馆在2017年策划了极具人气的"读城——发现北京四合院之美"展,从格局形制、色彩装饰、秩序规矩、生活情趣、记录创意等方面展示了北京四合院的景观和习俗。这是一个博物馆对于城市应有的责任与担当。在博物馆的诠释中,北京四合院是一种景观、一种艺术,更是一种理想的生活。它有结构规整、布局合理、秩序严正的布局美,雕梁画栋、油饰彩绘、古色古香的装饰美,情、义、礼、孝的人情美。在这里,四合院被作为一个"文化标本"加以拆解重组,作为知识让我们学习、感悟。

"四合院"成为一种知识形态,是因为在博物馆所展示的"过去"与北京城的现实之间,已经形成了生活的"距离",原本独门独户的四合院变成了多户人家共处的大杂院，使四合院原有的格局和生活形态发生了剧烈的变化。这种变化主要经历了三个阶段：

清末民国时期——因王朝覆灭，内城的八旗子弟生活日窘，加上日本帝国主义侵华，战乱不断，市民经济状况每况愈下，很多原来住独门独院的居民只好将多余的房子出租，以租金来补贴生活。院里的房客越来越多，传统大家庭的居住结构开始解体。

新中国成立以后——国家对私有四合院进行了社会主义改造。很多清代遗留下来的王府不再为昔日的贵族所占有，转而成为国家机关、学校、医院、工厂、幼儿园、俱乐部等公用住房。那些仍作为住宅用的院落，居住者的构成进一步复杂化，加速变为多户居住的"大杂院"。

20世纪70年代以后——1976年唐山大地震后，为避震灾，在已经很拥挤的院子里塞满了"抗震棚"，这些抗震棚后来都成了永久性建筑。四合院被凌乱加建的低质量房屋所分割，其空间形态被严重破坏，大杂院的局面普遍形成。（见图2-9）

图2-9 昔日的王府变身大杂院

大杂院是不同于独门独户四合院住家的居住形式。如果说，四合院主要体现的是家庭或家族内部老少尊卑间的关系，大杂院则表现了不同职业、不同身份、不同经济条件，甚至是不同籍贯的各色人等、"三教九流"共居一院时繁杂多样的人际关系。作家常利民在《大杂院》中写道：

> 够得上大杂院资格的院子应具备三个特点：一大二老三杂。大，是指它占据的空间和气派。总得有上房下房，东西厢房，还得有一座气宇轩昂的门楼。房子虽破旧，架势却一点不软：前出廊，后出厦，磨砖对缝；花窗棂，红梁柱，青

64

石台阶。老，是指它历尽沧桑阅历丰富；见过九门提督的绿呢大轿，八国联军的马队，日本皇军的刺刀，党国权贵的"五子登科"，见过五星红旗的第一次升起……杂，是指住户多，成分杂，是指人多嘴杂手杂关系复杂，是指附加建筑杂，你盖一间厨房，我搭半间居室，你垒一个鸡窝，我砌一个狗圈。找清净，没有，论杂乱，满眼风光扑面来，塞得人脑仁疼。

原本标志等级秩序的四合院规模，反而成了划分大杂院等级的标准：容得下五六户是为小级别，装下十来家，是中等，一二十户以上，为重量级。

大杂院有好多妙处，突出的一点是能锻炼人的精神系统。天生有忧郁基因的人，好悲天悯人的人，住住大杂院，保证发展不成忧郁型精神病。这个环境，不给人发呆犯愣的机会。思想刚要钻死胡同，院里有了响动，上早班的走，下晚班的回，自行车稀里银铛，各屋的门叽里咣当，外加大声咳嗽擤鼻涕。刚消停，做午饭的时候到了，家家户户菜板子山响，震得屋顶上的老土不住往下掉。接下来是此起彼伏的炝锅声，锅铲子碰锅声。炒白菜炒油菜，胡萝卜土豆丝，杂七杂八的菜香，比饭庄子里的还丰富。天还没黑，学生们放学了。小的有人接，大的自己回，呼爹叫娘，童声无忌，都是高八度，大嗓门。谁想两耳不闻窗外事，向隅而泣自悲伤，打死也做不到。

在这种生活格局中，从前的四合院与小家庭的重合，已经变成四合院与众多小家庭的组合。大部分多户混住的杂院，生活烟火气扑面而来，见缝插针地堆满了生活的杂物，局促的过道里随处可见晾晒的衣物、自行车、不用的旧物等，环境堪忧。四合院已经变成了一种半公共空间了！多个家庭屈就于同一屋檐下，旧日礼仪早已失了章法，家长里短的吵闹、矛盾也会时有发生。但正如老话说，"不是一家人，却进一个院门"，大杂院里也有一些市井之间的义气和"以邻比亲"的熨帖。但在这种生活状态下，已经很难瞥见文人笔下的那丝优雅与从容，更增加了生活细琐的一地鸡毛感。（见图2-10）

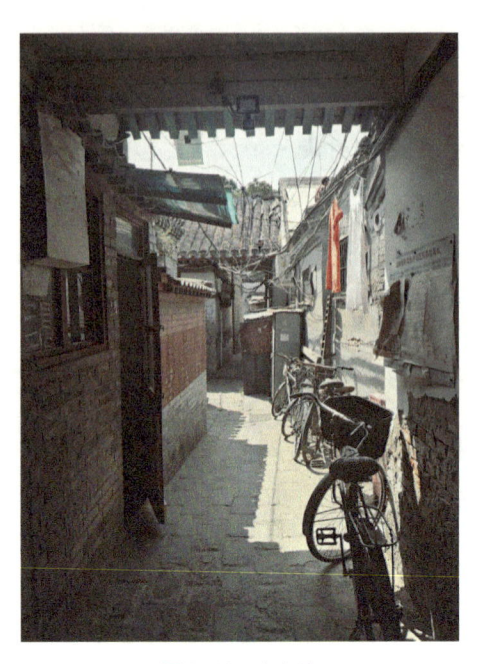

图2-10　大杂院

第二节　年节祭祀

在老北京人的家庭生活中,传统节日是释放内心情感、满足心理诉求、体味人间温情的关键节点。年节祭祀可称得上是传统节日内容的"门面"担当了,作为一种集体活动,它往往是最具有场面感的,因而它不但是历史博物馆里能够见到的最常见的"场景复原",也是电视剧中家庭生活表现的重要情景事件。如今,这项代表性节俗已在北京人的生活中渐行渐远,我们对它产生了陌生感,只有借助博物馆的讲解词才能知道一些祭祀用品的确切含义。我们常说传统节日习俗没有氛围、没有味道了,在某种程度上就是因为一些关键性的仪式环节流失掉了。到底是什么原因,使这种生活习惯走入了过去时,其中又体现了北京人家庭生活怎样的改变呢?

一、香火绵延

祭祖是老北京家庭中的"人生第一吃紧事"。因为人们普遍认为祖先能够保佑赐福后代,维系家庭的安宁、和睦和兴旺。春节祭祀祖先是一项很重要的礼俗活动。明代北京春节"各家祖先,俱用三牲熟食,货草纸细剪者为阡张,供其前,俟三日后焚而撤之"。供奉祖先除了木制牌位"神主"以外,还有列祖遗像,简称"影",就是画像。新年来临时在祠堂悬挂称为"悬影",子孙祭拜,叫作"拜影"。"家堂"则是春节时大幅祭祖图画,因挂于正屋中堂位置,所以画像本身又被称作"家堂轴子"。

"家堂"画面表现的内容一般具有模式化的特点,所画的内容分为两部分:顶部是两位微笑端坐的老年夫妇,其下左右为方格网,每个方格内有先辈姓名,代代相继。老年夫妇面前摆放一个供桌,供桌上一般有鸡、鱼、猪头等供品。下部是传统社会大户人家的房屋建筑风格的庭院。门上贴有类似"祖德宗功千载泽,子承孙继万年春"这样的对联。门外左右是几个身着明代、清代官服的中年人,手持朝笋、谈笑风生，幼儿穿红着绿、玩耍嬉戏，老幼神情各具风格。整个画面层次分明，一目了然，营造的是人口兴旺、团圆吉祥的气氛。（见图2-11）

旗人也格外重视祭祖仪式。旗人以西为上，将西墙作为供奉祖先的神圣部位，居室西墙上一般设有"祖宗板"，板上木匣被称为"祖宗匣"，里面装有数条绫条或布条代表祖先，祖宗板前还贴有草纸剪刻出的挂签（掛籤）。[①]过年祖宗板下置桌焚香设供。一些京郊旗营还会有拜索罗杆祭天、祭佛托妈妈（繁衍后代的女神）等风俗。

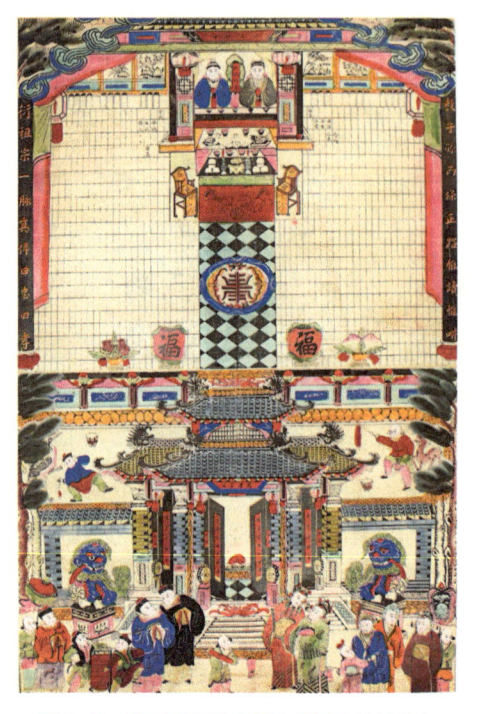

图2-11 祭祖图画（中国农业博物馆馆藏）

我们经常将一个家族的不断壮大、繁衍生息称为"香火绵延"。费孝通指出家族通过"香火"来延续，"香火"象征了传宗接代的信念，父辈以"不孝有三无后为大"为训，子辈以"光宗耀祖"为奋斗目标[②]。对祖先的祭祀礼拜，共同感念老祖宗对子孙庇护保佑的恩典，同生育一样，是延续家族血脉的主要方式，在仪式上贯通了父辈和子辈。

作家刘一达想起自己小时候看到姥爷履行庄重的祭祖仪式时说："在姥爷看来，没有他的老祖就没有他，当然没有他，也不会有我妈。没有我妈，哪来的我？所以他认为过年祭祖，是让晚辈不能忘了自己

---

① 王纯信：《满族掛籤》，载《紫禁城》1988年第2期。
② 费孝通：《江村经济：中国农民的生活》，江苏人民出版社1986年版，第22—24页。

的祖宗。"①同样，如果你的家庭有一张已经泛黄的全家福，你爷爷那时候还是其中最小的孩子。这张照片传到了你的手里，你是否会把它继续保存并传给你的子孙？我相信，至少有一半的人会这样做。虽然因年代久远，你已经无法与照片上的人物产生记忆上的情感关联，但它最重要的功能，在于传递了一种个体意义上的历史感，你知道你是来自哪里，似乎个体有限的生命通过血脉的绵延获得无限的永恒。祖先祭祀的意义，就在于将这种超越个体的记忆通过仪式表达出来。

二、祭灶与拜月

各种神祇是老北京人节日祭祀活动的另一类对象。过去老北京大多数家庭都有常年供奉的神龛和神像。《燕京岁时记》记载，"京师谚曰：'男不拜月，女不祭灶'"。在这样的节日传统中，两个祭祀仪式仿佛一个硬币的正反面，分别体现了男性与女性在家中的角色和地位。

（一）"女不祭灶"

春节的接神祭祀是老北京人心中最重要的时刻。改岁之际，即使世间正神也得回归上界述职，对于这些神灵自然不能驱赶，而要礼送出境，供其返回天庭，然后再恭迎回来。届时人们都要恭谨行事，不得妄言妄行。大年三十晚上至初一凌晨要设临时性的供桌，称"天地桌"，为举办接神仪式使用，结束岁末人与诸神隔离的日子。

这送神迎神的先行者就是主管咱一家老小伙食吃喝的灶神。从腊月二十三的祭灶仪式开篇。祭灶是中国古老的习俗，原为纪念让人用火熟食的先灶者，后改为祭祀灶神。传说后汉有一个叫阴子方的人，当腊日早上做饭时，忽见灶神显灵，便以黄羊祭祀，此后家运兴旺。祭灶的目的是通过灶神上天述职，祈求家庭顺遂，"上天言好事，下界保平安"。（见图2-12、图2-13）

---

① 刘一达：《胡同范儿》，北京十月文艺出版社2017年版，第240页。

图 2-12　灶神牌位（首都博物馆馆藏）

图 2-13　灶神位（选自《亚细亚大观》）

在老舍的小说《正红旗下》中，说起自己降生的时候正赶上小年节，"我是腊月二十三日酉时，全北京的人，包括着皇上和文武大臣，都在欢送灶王爷上天的时刻降生的呀！"他在小说中生动地描绘了老北京人在腊月二十三过小年的夜景：

> 从五六点钟起，已有稀疏的爆竹声。到了酉时左右（就是我降生的伟大时辰），连铺户带人家一齐放起鞭炮，不用说鬼，就连黑、黄、大、小的狗都吓得躲在屋里打哆嗦。花炮的光亮冲破了黑暗的天空，一闪一闪，能够使人看见远处的树梢儿。每家院子里都亮那么一阵：把灶王像请到院中来，燃起高香与柏枝，灶王就急忙吃点关东糖，化为灰烬，飞上天宫。

不过他还说道，因为父亲在皇城里值班，他居然是家里唯一的男丁，"还不堪重任"，"全家竟没人主持祭灶大典！姑母发了好几阵脾气"。这就是因为过去老北京有"男不拜月，女不祭灶"的说法。金受申先生在《老北京的生活》中略述了北京祭灶的仪式。[①] 在腊月

[①] 金受申：《老北京的生活》，北京出版社2016年版，第171—172页。

二十三日傍晚一更左右，由家中男人主祭，女人绝对不许参加。祭时将家中原有灶神供祀案中，供上香烛钱粮全份，供品是：关东糖、糖瓜、南糖，另外备凉水一碗，草料一碟，为灶王所乘马匹的刍秣。上香以后，只祝"好话多说，不好话少说"的简单祷词，然后用关东糖在灶口上一抹，表示将灶王尊口粘住，不致报告本宅所行恶事，甚至灶王龛的对联都写"上天言好事，回宫降吉祥"，虽属神话迷信，但能给人一种怕说恶事的猛醒。俟香烬后，将灶神和钱粮草料一同焚化，凉水泼于地上，便算礼成。嗣后待除夕后夜再迎回灶神。

众所周知，家里的厨房自古以来都是由主妇操持，但祭灶却排斥了女性的参与，这看似没有道理，却是有着社会历史的原理。据专家考证，灶神早期是多种形象的，在先秦时期也有女性神的出现，不过随着儒家文化的影响日深，作为一家之主的神灵被认为是应为"王者所祭"，于是男性神灵逐渐成了主流。[①]虽然老百姓出于世俗心理有时将灶王爷配上了灶王奶奶，但在祭仪中女性被剥夺了"祀灶"的资格，以至于清代出现了"女不祭灶"的民谚。

（二）"男不拜月"

拜月则是中秋节的事儿。一过了农历八月初十，各家纸店的门前就会摆出木版水印的"月宫码"。这是一种大型的神纸码，上面印着银脸的太阴星君，以及金色的玉兔在广寒殿前捣药的图案。到了八月十五这天晚上，等月亮升起来以后，就以"月宫码"做神位，家家在庭院里望空设祭。

供桌的设置充满象征意味，有许多民间俗信的讲法。供桌上供有神码和兔儿爷，石榴、盆葡萄、夹竹桃、西番莲、仙人掌、霸王鞭等果木盆花放在供桌两侧，供品有各种月饼（"自来白"除外）和鲜果，如苹果、柿子、葡萄、石榴、晚桃、九节藕和切成莲花瓣形的西瓜等。其中柿子、苹果成对供，寓意"事事平安"；桃和石榴成对

[①] 萧放：《岁时：传统中国民众的时间生活》，中华书局2002年版，第233—235页。

摆，意为"桃献千年寿，榴开百子图"，象征长寿多子；枣和栗子则撒于苹果、柿子之间，取"早早平安""利市"之意。在祭月摆供时不能放梨，因"梨"与"离"同音，此乃团圆节之大忌。供桌中间摆一张白面红糖馅大圆蒸饼（称为团圆饼），供桌外层设香炉、蜡扦、花瓶，蜡扦上插红烛，下压敬神钱粮（黄钱、元宝、阡张）。花瓶内分别插上带枝的毛豆和红色鸡冠花。据说因鸡冠花象征月亮里的婆娑树，而兔子最爱吃的是毛豆。撤供以后，把月宫码在院中焚化，在院子里摆上瓜果酒菜，趁着满院子的清辉，全家人一起分食祭月的大月饼，喝上一顿团圆酒。（见图2-14、图2-15）

图2-14　复原的拜月场景（北京民俗博物馆）

图2-15　儿童拜月（选自《燕都》杂志1989年第5期）

一般家庭供月时，由家中的女性长辈（女家长）主祭，先向神位（月亮）上香，三叩首，然后全家女性成员按辈分，再行三叩首礼。在老辈儿观念中，因月亮称太阴星君，男性属阳，故不拜月。

小男孩可以拜月，但只是玩月的一种游戏。跟在大人身边的小孩子非常喜欢模仿大人的行为，因而产生了专供儿童祭月用的造像——兔儿爷。明人纪坤《戏题》诗小序谓："京师中秋节，多以泥团兔形，衣冠踞坐如人状，儿女祀而拜之。"这是目前所见关于兔儿爷的最早记载。这说明，至少到明末，兔儿爷的形象已经独立出来，供儿女们祭拜。到清代，家中儿女祭拜兔儿爷已经蔚然成俗。乾隆年间《都门竹枝词》中描述："团圆果共枕头瓜，香蜡庭前敬月华。月饼高堆尖宝塔，家家都供兔儿爷。"兔儿爷形象为泥塑彩绘，兔面人身，无论什么仪态，手必握捣药杵，明确其月宫捣药者身份；衣着华丽威武，身穿金甲，脚蹬朝靴，背插靠旗；多以神兽为坐骑。兔儿爷的称谓应是清代才得以确定的，"旗人男称爷，女称奶，乃极尊贵之名称"，明显受满族文化的影响。

兔儿爷是健康平安的象征。月亮因其阴晴圆缺，被先民们视为不死的象征。东汉以来，在道仙文化的影响下，人们认为在月亮中有不死之药。《乐府诗集》载东汉《相和歌辞·董逃行》："采取神药若木端，白兔长跪捣药虾蟆丸。奉上陛下一玉柈，服此药可得神仙。"这里所说的采于若木端而捣制的神药"虾蟆丸"不是普通的神药，而是长生不老之药。制造不死之药的职司由蟾蜍和玉兔承担，它们也成为长寿的象征，《抱朴子》中即有"蟾蜍寿三千""白兔寿千岁"的说法。这种出于古老不死神话而衍生的对于健康的需求，实际上就成了兔儿爷诞生的文化渊源之一。人们由团圆而祈子，进而衍生出求子嗣平安的主题。在这样的心理需求下，月宫玉兔也从对月崇拜的附属物中逐渐分离出来，成为独立的兔神。近世中秋节礼俗色彩淡化，游乐性质突出，尽管兔儿爷在祭月仪式中作为俗信神像使用，但一旦脱离了祭祀情境就转化为儿童的玩具（见图2-16）。从庄严神秘的坛场走到了百姓身边，中秋节祭兔儿爷实属庄重不足而游戏有余，

图2-16 兔儿爷

兔儿爷在近代百姓那里已经可触、可摸甚至可以把玩，成为一种世俗观念的表达。

三、从习俗到知识的"仪式"

老北京人面对传统节日曾有着非常丰富的习俗表现，并有严密的行事程序。从腊月初八到正月十五，春节一整套的过节模式早已随着民谣传述久远。端午节，虽然如今人们多半只知道吃粽子，但过去却并不是这么单调，吃五毒饼，食樱桃、桑葚、石榴，饮雄黄酒，身上系五彩丝、佩香囊，穿五毒背心，孩子穿虎头鞋、戴虎头帽、虎头围嘴，门前房檐插艾草、菖蒲、贴神符，去天坛避灾等。中秋节，人们祭月、拜月，玩兔儿爷，请"神祇"。重阳节登高野游、佩茱萸、饮菊花酒、赏菊花塔。

如今，节俗形式发生了变化。昔日严整的行事程序日趋简化，过节的"礼儿"也多不为人所知，代表性的祭祀仪式性习俗已不见。在慢慢流逝的岁月里，许多传统习俗渐渐流失、消散并上升到知识性的层次，昔日的生活场景日益碎片化。我们曾耳熟能详的许多节日习俗模式以一种零碎的态度嵌入我们的日常生活，成为我们所面对的"文化"。

归根结底，许多民俗样式脱离了人们的生活，是因为人们的生活本身在发生变化。就节日里的祭祀仪式来说，主要有两种原因，使它们走向过去时。

首先，祭祀仪式被视为一种过时的"迷信"。20世纪50年代，提倡科学主义，破除迷信，当时新创作的好几段相声都是讽刺灶王爷的，大家最熟悉的可能就是侯宝林先生的《买佛龛》了。相声绘声绘色地描写了一个北京老太太请灶王的虔诚，内里妙语迭出，"灶王爷是一家之主，可户口上没他。你多会儿看见警察来查户口，说：'大娘，灶王爷在家吗？请出来我跟他谈谈。'"尾声最经典的包袱是，"您这灶王爷多少钱请的？咳！就他妈这么一玩意儿，八毛！"从相声的台词里显示出由于社会价值观的调整和演进，大众神佛信仰心理的弱化，旧有的诸多驱邪厌胜形式已失去了存在的空间。

其次，代际家庭关系发生了重心偏移。对祖先和神佛的祭祀是家里长辈主导的仪式，最终目标都是血缘家族整体的安全与繁荣。这种祭祀仪式是以传统家庭中以老为重、长幼有序的内部关系为基础的。新中国成立后，几代人共存的主干家庭正在被越来越多的由一对夫妇及未婚子女组成的核心家庭所取代，带来了家族意义上的活动减少。在阎云翔的研究中，认为在中国广大的城乡地区，家庭代际亲密关系已经出现了下行式的变化，从晚辈对长辈的服从和恭顺的期望，逐渐达成新的共识——家庭将精神和物质层面的重心向第三代转移，孩子的个人幸福成为老年人生活的目标。[①]这种代际亲密关系的重心偏移，也使得长辈家长权威衰落，成年子女权利增大，在家庭生活中处于中间层的年轻父母主导着习俗的节日模式，曾经主要属于老辈人的生活习惯被边缘化。（见图2-17）

图2-17　拜长辈（选自《旧京史照》，北京出版社1997年版）

让我们再将视野拉回到习俗本身。我们所认知到的绝大多数家庭生活中的祭祀仪式，都发生在传统节日期间。这就涉及在普通民众心中，我们应该如何面对节日，如何在节日期间表达自己的生活态度的问题。

许多人都有这样的经历，虽然每个节日带给我们当代人的情境强弱有别，但是当一个传统节日要来临的时候，总有一种想做点什么的

[①]　[美]阎云翔著，杨雯琦译：《社会自我主义：中国式亲密关系——中国北方农村的代际亲密关系与下行式家庭主义》，载《探索与争鸣》2017年第7期。

感觉。这种感觉，不仅仅是说要策划旅游出行，大吃大喝，而是说，在心理层面对这个节日情境有所情感期待。就像在中秋节我们所有人都会不自觉在某一时刻，看看天上的月亮。我想，这就是骨子里国人的文化传统。

这也是节日与假日的区别，节日是有核心情感的，是有自己的"人生理想"的。这种节日理想，是无论居住在四合院、大杂院，还是楼居的人们都可能会坚持的生活习惯，并在家中数代传习相承。春节虽然不再有聚族而居的祭祀典礼，却有着个体家庭张贴"福"字的坚持。对一些年轻的家长来说，书写春联不仅增添了节日的喜庆，还成为下一代练习书法、表现家庭责任的契机。

如果我们不纠结于具体习俗形式的变化流转，就会发现一些传统节日的精神意蕴还在人们的心底涌动。人们对于传统节日依然是有所期盼的。比如，春节让我们感念家庭的和睦与温暖，清明让我们去怀念逝去的亲人，端午让我们去关爱生命、热爱国家，七夕让我们欣赏爱情，重阳让我们尊重老人，甚至西方的节日圣诞节也会给我们一个个体狂欢的机会，并懂得去尊重他者的文化。节日都是一个提示，提示我们去热爱生活，善意地对待自己和他人。如果你通过这个节日表达了自己的情感价值，这个节日也就变成你自己的了。这样，这才是你的节日，而不是你的假日。

虽然家庭里的节日祭祖祈神的习俗内容渐渐消失，但是人们对于吉祥幸福的精神追求还是共同的。从这个角度上看，祭祀仪式的最大意义，不在于具体供祀的对象，而在于通过一种看似烦琐的仪式让每个人都能参与进来，共同表达某种心理期待或节日理想，这或许就是提高文化凝聚力的一种生活传承的方式。

第三节 婚书之礼

老北京民谣中说,"大姑娘大,二姑娘二,二姑娘出门子给我个信儿。搭大棚,贴喜字儿,龙凤围桌红官座儿"。这说的就是四合院里办喜事的场景。办喜事用的大棚简称"喜棚"。老北京人要面儿,早年间胡同里讲究的人家逢喜事都要把亲戚朋友和胡同里的左邻右舍邀过来,这是基本的人情来往。但那会儿大饭庄或不接这活或略显铺张,小饭馆又没条件,于是只能由主家在自己家的院子里支灶、搭棚、摆席。老北京人生活中的势派、排场均在婚娶仪式里集中地表现出来。

婚礼形态的变化也在许多细节中折射出来。中国人对文字、笔墨、纸张始终心存爱惜与敬重之情,人们对于作为家族和人生大事的婚嫁的重视,在一定程度上就体现为婚礼的主要环节都有文书为凭。因而婚书的形式变迁也折射出北京人对婚礼的态度。正如很多人认为婚礼如果只是领证不办事,就等于未完成一样,办喜事才是中国人心中婚礼的最完整表达。无论婚礼习俗如何变化,在办事流程中总有一种深谙礼仪的角色在场,无论是过去的送亲太太,还是今日的司仪,他们将婚礼中的多环节组织在一个充满寓意的流程中,既展示出了婚礼在人生关键节点的特殊意义,也体现了婚礼在宣告与协调新型人际关系上的积极价值。

一、从传统婚礼到新式婚礼

不同时代的婚礼形态有所差异。民国年间徐珂在《增订实用北京指南》中将北京人的婚礼分为旧式婚礼和新式婚礼。所谓旧式婚礼就是由明清传习过来的传统婚礼,新式婚礼则是清末民初在中西方生活习俗的交流融会下产生的中西合璧婚礼。

(一)遵循"六礼"的传统婚礼

传统婚礼的一个重要特点就是程序细琐、名目繁多,体现了婚姻作为家族头等大事的重要性。繁文缛节最主要的表现就是施行传自儒家《仪礼》的"六礼"。男家请媒人至女家提亲称为"纳采";男家请媒人问女家姓名和出生八字以卜占吉凶,称为"问名";男家卜得吉凶后备礼告知女家央求缔结婚缘,称为"纳吉";男家给女家送聘礼,是为"纳征";男家决定婚期备礼告知女家求其同意,是为"请期";新郎至女家迎娶,是为"亲迎"。所谓"六礼行,婚姻成",未婚男女必须经过这道门槛,夫妻名分才算正式获得社会认可。(见图2-18)

图2-18　首都博物馆民俗展厅复原的婚礼仪式

北京的传统婚礼即大体遵循"六礼"的仪轨。

纳采,就是说媒,也称之为保亲。由中老年妇女担当的媒婆两边撮合,征得男女两方的初步同意。媒人,也称之为"执柯",民间俗称月老、红娘。《诗经·国风·豳风》中说,"伐柯如何?匪斧不克。娶妻如何?匪媒不得"。意思是,怎么砍取做斧柄的木料?没有斧子砍不成。怎么迎娶到妻子?没有媒人娶不成。许多婚书的面页中书写"天赐良缘""天作之合"等吉语,从侧面喻示了媒人在婚姻中的地位。父母之命、媒妁之言在男女婚姻的缔结中起着至关重要的作用。

如两家初步同意,即可过帖合婚,相当于六礼中的"问名"。帖有两种。先送门户帖,两家于帖上各自书写姓名、籍贯、三代名号、官职相交换,需询访属实。因为"门当户对"很重要,选择生活状况与社会层次相近的家庭,不仅符合双方家族的经济利益,而且在夫妻双方相处的共同语言和生活习惯等方面容易相通,对家庭的稳定与

78

和睦有一定的好处。再过八字帖。八字帖上书写有男女双方出生年、月、日、时辰，请星命家推算勘定。当时有所谓"十二属相相合"的说法，即"青兔黄狗古来有，红马黄羊寿命长，黑鼠黄牛两兴旺，青牛黑猪喜洋洋，龙鸡更久长……"另外，还有所谓"十二属相相犯"的说法，即"白马怕青牛，羊鼠一旦休；蛇虎如刀错，龙兔泪交流；金鸡怕玉犬，猪猴不到头"。[①]如合婚得吉，由星命家开出合婚帖（龙凤帖），就可进入下一步流程——下聘礼。

下聘礼要先放"小定"，再放"大定"。

"纳吉"的礼物可对应为"小定"，意味着双方有了正式的婚约。这一婚约是以男方付出财物的方式约定的。一般多是首饰。"小定"是把婚事初步定下来，但是如果有非常特殊的情况，还是可以解除婚约的。"纳征"的礼物可对应为"大定"。大定的礼物比小定丰富。北京童谣唱，"小姑娘，做一梦，梦见婆婆来下定；真金条，裹金锭，桃红裙子扎金凤；绣花鞋，蝴蝶儿梦……"如果放了"大定"，就意味着婚事已成定局，男女两方必须恪守婚约，不能更改。

迎娶前两月，需行通信礼请期。男方家持龙凤帖书写娶期给女家，并同时送上鹅、酒、衣物等。如果是汉族婚娶，还要准备龙凤饼、茶叶、果品等。女方家则送以靴帽、文具、糕饼点心答谢。娶前一日，女方家请男宾四人、六人或八人送嫁妆，男方家也请人迎嫁妆。嫁妆物品按照抬数计算。富有者数十抬至百余抬，中等之家多半是二十四抬、三十二抬、四十八抬，贫苦家庭也有备十二抬或十六抬者，再不济者就只是准备些女子常用之物便宜从事了。（见图2-19）

图2-19 过嫁妆（选自《旧京史照》，北京出版社1996年版）

[①] 常人春：《北京人的风俗》，北京出版社2019年版，第218页。

婚嫁当天，需要接受"通书"的指导。"通书"是对婚礼过程具体指导性的文书，里面记载了整个婚礼礼仪过程中需要注意的内容。比如上轿的方位、祭祖时的朝向、婚礼的吉时等。婚礼的主要流程如下：

第一，男方家请女宾一人，男宾二人、四人或八人至女方家迎亲。女方家也请女宾一人，男宾二人、四人或八人至男方家送亲。喜轿往还，导之以礼乐仪仗。新郎去女方家拜见女方父母，称为"谢亲"。谢毕，即可归家。

第二，新娘下轿后，就由两家迎亲、送亲的人引导着与新郎拜天地，行合卺礼，俗称交杯酒。同时庭中奏乐。合卺，原意是把匏瓜割成两个瓢，以之盛酒，夫妇共饮，表示从此成为一体，后世改用杯盏来饮酒。礼毕，新郎退，新娘坐新房中，称之为"坐帐"。汉族习俗有撒果于帐中，称之为"撒帐"。

第三，次日晨，新妇要盛妆出拜祖先及公公婆婆，一家人按照长幼的次序拜见。然后拜见亲友。夫妻同拜，称之为"双礼"。是日，男方家要请女方家会亲，搭棚结彩，置酒设宴。自过妆迎娶，到会亲结束，共需三天，也可简化为一天。

第四，如果有家庙的话，要行庙见礼，无家庙者，则拜墓。四天或六天后，女方家接媳妇归宁，即回娘家，女婿也随同前往，称之为"回门"。然后必当天而返。此后，凡九日、十二日、十八日，女家必馈送食物给女方，称之为作单九、双九、十二天。娶后一月，媳妇要回娘家，一月后返回，称之为"住对月"。此后，每逢年节，女方才能回娘家。

一些具有特殊象征意义的物品在传统婚礼中发挥着重要的功用：

鹅——彩礼中的头一抬讲究要用六角形的笼子抬一只鹅，称为"鹅笼"，鹅头要用胭脂染红，象征新郎，也代表儒家"奠雁"之礼中的大雁。雁南北往来，顺乎阴阳，守时守节，以劝诫男女不违婚时。又因大雁飞行有序，有助于婚后明长幼尊卑。后因大雁难得而代之以鹅。

水——古人认为水象征财运，两家结婚应当分享财运。在大户人家会由一名男童，专门负责从女方家的水缸里打一壶财水，将水倒入男方家的水缸，再打一壶水带回女方家。此举谓之"带金银水"，有借水得财、互相带财发家、人财两旺的意思。

火盆——新人下轿前，轿子要从男方院内事前设好的炭盆（盆中烧炭）上徐徐抬过，象征烧去一切不吉利的东西，日后夫妻越过越红火。

箭、马鞍——新娘下轿时，手抱宝瓶（内装大米、小米，谓之"金银米"，上蒙红布，用花红线扎系）。由新郎官象征性地射三箭，谓之"桃花女破周公"。然后，新娘跨过木质金漆的马鞍，因"鞍"与"安"同音，象征平安。

（二）民国时期的新式婚礼

民国时期，是新与旧的习俗传统、东方与西方文化剧烈碰撞的时期。新旧婚礼的仪式是并行的。新式文明结婚与传统结婚的主要不同点在于，既尊重父母家长为自己子女主婚的权利，也尊重子女个人的志愿。有的婚书上已出现"今以双方意志相投，性情相契，堪与偕老""经双方同意"等词语，同时在程序上简化了"六礼"，双方各自量力而行，并不拘泥于传统。

据《增订实用北平指南》称，旧礼过于烦琐，进入民国的新式婚礼更为简洁。结婚之前，男女交换戒指，即为订婚证物（也有于结婚日交换者）。婚礼仪式多设在公园、会馆、饭庄等处，门前悬旗结彩，富有者还会有花坊。与传统婚礼不同的是，迎娶不用喜轿仪仗，而改以花车。还有的奏军乐，以彰显仪式感。仪式现场，新郎一般身穿黑色大燕尾服、白衬衣，系黑色领花，戴白手套；新娘身穿白色礼服长裙，肩披白色罩纱，头戴花冠、花环。庭院设有礼案，新郎新娘与主婚人、证婚人介绍出席者。在仪式上，证婚人读颂词证婚、用印，夫妻交拜，致谢主婚、证婚、介绍人、来宾种种，并拜见各位家族亲属。在尊敬的长辈面前叩首或三鞠躬，其余的人则

一鞠躬。其基本程序已与当下无异。(见图2-20)

1950年4月,《中华人民共和国婚姻法》颁布,规定"结婚须男女双方本人完全自愿,不许任何一方对他方加以强迫或任何第三者加以干涉"。直接带来了家庭内部婚姻主导权的转移。旧婚姻常以家族利益为前提,婚姻的决定权取决于家长。《大清律例集解》"卷十"载"男女结婚嫁娶,必有主张其事者,谓之主婚,由祖父母为孙,父母为子,伯叔、姑为侄,兄姐为弟妹,外祖父母为外甥;此皆分重义尊,得以专制主婚,卑幼不得不从者也"。这种并不完全尊重个人意志的包办婚姻在新中国成立后得以转变。父母在婚姻上要询问年轻一代的意见,男女双方当事人的个人想法得到重视。这也可以从对婚姻方的称呼上反映出来。过去市井人家常常将择偶称为"说媳妇"或"找婆家",媳妇可以用来称呼妻子,也可以称呼儿子的妻子;找婆家,也是从父母的角度出发为女儿找落脚之地。这说明其行为的主体依然是双方的家长相互商讨。但新中国成立后,"找对象"逐渐成为择偶的主要说法,这就已经转换到双方家庭适龄子女的视角。

图2-20 笔者祖父母民国时期的新式婚礼

二、婚书样式的演进见证时代变化

在我们梳理了北京婚礼演变历程之后,再将视野回到婚书。婚书虽具有一定的程式化特征,属于应用文体,但其形态和内容的变化也体现了清晰的时代变迁痕迹。如果以婚书形态为分期的话,我们可以将北京人的婚礼分为"信笺式"、"奖状式"和"护照式"三个时期。

（一）"信笺式"时期

现存的清代传统婚书，无论是男方的致意或是女方的拜答，婚书的形式基本上是信笺式，因此被称为"婚帖"。其形式一般都是以红纸（或印有龙凤花纹）叠六折或八折，内文墨书，有的封页会装饰有烫金图案，加封套，封面一般都用木刻版印刷（或书写）"鸳鸯礼书""鸾凤和鸣""璧合珠联""和合如意""天作之合""天长地久"等吉祥图案与吉语。其行文亦是文雅非常。比如清光绪年间的《酬世锦囊家礼集成》中附有一些婚礼的帖式范本，其中可见男女方"纳采"的文书帖式：

⊙男家纳采启款式
　婚礼帖式·男家纳采启款式
　　　　　　　　悉眷侍教弟某顿首拜
　　敬启
　大德望某翁某老亲翁老先生大人门下
　　伏承
　尊慈不弃寒陋曲从媒议许以
　令长（次）爱贶室仆之长（次）男某兹遵成典敬
　　筮良辰用修
　纳采之敬以定百年之盟所有菲仪具
　　如礼目伏惟
　亲慈俯赐
　鉴纳不宣
光绪某年岁次某甲某月谷旦某载顿首
　　　　　　　　裕后

⊙女家复纳采启款式
　女家复纳采书式

伏承

尊慈不弃寒陋过听媒言择仆之长（次）女

　　作配

令嗣兹当纳采更辱

盛仪永偕伉俪之盟愧乏琼瑶之报所

　　有庚帖菲仪具如礼目伏惟

亲慈俯赐

鉴念不宣

　　姻教弟姓名顿首拜①

这是一来一往的纳采文书，此外尚有合婚帖、请婚帖、允婚帖、聘财礼单等各种文书。这一系列的程式文书，几乎贯穿婚礼仪式的每一个流程。（见图2-21）

图2-21　清代的请婚帖（北京民俗博物馆馆藏）

从传统社会早期到清末的漫长时间，婚礼始终属于"礼"的范畴。男女之间婚姻的婚书，并不需国家做"公证"签印红契，但民间的婚书因有双方父母具名，已经具有了社会契约性质，在法律意义上是有效的。凡民间婚姻纠纷需状告官衙者，必须出具婚书方准受理。

由于过去社会识字率偏低，有时女方一经收下聘礼，婚姻就算成立。在国家的律书中，也提到了婚姻可以聘财为依据，如《明律》中

---

① 郭松义、定宜庄：《清代民间婚书研究》，人民出版社2005年版，第41—43页。

84

规定,"虽无婚书,但曾受聘财者亦是"。鉴于广大平民老百姓很难书写出像样的书仪,地方官员常推行"刻婚书、颁礼式"的活动,寻常百姓只要去市集上买来木版印刷的统一格式的婚书,在空格中填上姓氏、世居等内容便可。

直到清宣统年间,才有地区正式出台了经政府审定颁发,内书三代、年貌、籍贯,领取时需加贴印花税票的结婚证明,表明国家已经将婚嫁行为正式纳入法的轨道,由官府来保障婚姻的合法性了。

(二)"奖状式"时期

民国以来,除了一些老派人物依然采取传统婚礼仪程,采用信笺式婚书,绝大部分已经按照政府要求采用了统一彩色印刷的订婚证书、结婚证书等。男女结合先领订婚证书,再领结婚证书,各执一份。证书内容包括男女籍贯、姓名、生日、举办婚礼的地点、证婚人、介绍人、主婚人等内容。这时的证书形制已经不是信笺式,而多是4开的奖状式。

在证书的装饰上,也绘有吉祥图案应时应景,图中吉祥物事或单

图2-22 民国年间的订婚证书

独呈现或搭配出现，表达对于婚礼的吉祥祝福（见图2-22）。最常见的是牡丹，作为富贵花，寓意新人雍容华贵，新娘端庄漂亮。玉兰有冰清玉洁之质，搭配海棠、牡丹，寓意"玉堂富贵"。梅开百花之先，被视为传春报喜的祥物，竹亭亭玉立，有君子之风，常见梅与竹并置一图，以梅喻妻，以竹喻夫，有青梅竹马之意。再如莲花在婚书中也有许多应用，它与莲蓬结合，寓意"连生贵子"；二枝莲花生于一藕，象征"并蒂莲开"；莲花与芦苇、鹭鸟并置，称为"一路连科"；莲花（荷花）与梅连缀，寓意"和和美美"；荷花与鸳鸯构图，象征夫妻和美，双飞双栖，形影不离。

除了用双喜字之外，婚书上有时用两只喜鹊的纹饰表示双喜；用长寿仙兽"鹿"寓意新婚夫妇白头到老；双鱼图案寓意连年有余；孔雀开屏图案寓意吉祥太平。多种姿态的彩带和结象征永结同心。在婚书纹饰中，最具有年代感的是神仙图案，其中最具代表性的是掌管婚姻的喜神"和合二仙"。在西方文化的影响下，也有以"天使"为图案的婚书，寓意天赐良缘，早生贵子。

新中国婚书中双方父母、媒人、证婚人均不再出现，一般只载明双方姓名、年龄、性别、结婚日期，并写上"自愿结婚"的字样，盖有政府的印章（见图2-23）。新中国成立后相当长的时期，虽然各地的结婚证式样图案、尺码均不统一，但结婚证书依然普遍为奖状式，尺码一般为8开（约长38厘米，宽26厘米）。婚书图案的吉祥寓意渐弱，政治色彩渐浓。图案一般为五星

图2-23 新中国成立后的结婚证书

红旗、红五角星、齿轮、镰刀斧头、大红花、棉花、稻麦、玉米、和平鸽等，少数亦出现领袖毛泽东半身头像。它们象征中国共产党的领导、世界和平、工农联盟、生产丰收等宏大的社会主义理想主题，民国时常见的和合二仙、富贵满堂等俗信图案相对稀少，但一些动植物类吉祥图案如牡丹花开富贵、石榴果实累累等象征生活红火、丰收圆满的意象仍不时出现。

（三）"护照式"时期

改革开放后，婚书逐渐步入"护照式"时期。自1986年5月10日开始，结婚证均由各省区市人民政府统一印制，并统一颁发。婚书正式从"奖状式"时代走出，进入对折式或订本式证件时代。1994年，结婚证由中华人民共和国民政部统一监制，2004年，结婚证再次"变脸"，封面变为枣红色，使用了定向定位安全防伪水印纸。如今的结婚证为64开的护照大小，共8页，正面正中均印上中华人民共和国国徽，内有男女合影照、发证机关公章及发证日期。虽然仍会有吉祥纹饰出现，但已经属于视觉上相对边缘性的装饰，结婚证书在形式上更为谨严。（见图2-24）

图2-24 当代的结婚证书

从百年间婚书的小小变迁，我们可以看出时代的变化：婚书内容从双方的父母、媒人等人都要写入，到只写婚姻双方；其文书文体从文雅的古文逐渐过渡为简约的白话文；婚书样式经历了从清代的"信笺式"，向民国时期至20世纪80年代初的"奖状式"，到1986年以来的"护照式"的变化；婚书装饰则从生活层面充满象征寓意的吉祥图案走向民族象征和国家主义的"背书"。相对应的是，婚书从清代的民间契约文书性质也转变为民国以来法律意义上的证书。这说明，结婚登记属于个人"私事"的观念逐渐深入人心，婚礼从延续香火的要义转为两相情愿的爱情表征，仪式的象征意义减弱。

三、"送亲太太"的规矩

在我们熟知的今日婚礼中，总少不了一个跑前跑后、熟知礼节的人。这一角色多是由年长的女性眷属担任。这种串场可是少不了的，她们是婚礼"规矩"礼数的代言人，似乎有了她们的较真儿，这婚礼才有点人生中过渡仪式的意味！

作家刘心武的《钟鼓楼》通篇用一个20世纪80年代的胡同大杂院婚礼，生动再现了当时北京市民生活的百态。其中有一个人物"七姑"，就是充当女家的"送亲姑妈"的，不但外表上收拾得极为利索，还站在女家立场作为"挑眼"的角色。对"七姑"来说，当"送亲姑妈"是极为重要的角色，"大有戏曲舞台上的名角儿出演'封箱戏'的气派"。在小说中，从在女家等待接亲一直到婚礼全过程，她处处讲究"礼数"与章法：

> 迎亲的人别找着三不着两的人物来，得是"全可人"！①
>
> 男方迎亲的"小轿子"（小汽车）别在胡同外等，要开

---

① "全可人"，也可称为"全合人""全福人"，指的是父母、公婆、丈夫俱在，儿女双全的妇女，请这样的妇女协助筹办嫁娶事宜，象征着吉利如意。

进胡同家门口，车要倒着进，正着出！

门口放鞭炮别挑着一挂炮，该大门两边一边一挂才对头！

迎亲的"小轿子"中途不能随便停下！

果盘倒挺是样儿的，但每个盘里都各有梨和苹果，无意之中竟隐含着"离分"（梨分），要调整！

喜宴上"四四到底"（十六个菜），请的是同和居教出来的红案师傅，肯定谁也挑不出碴儿来！

赶上有人突然端来了一盘四川泡菜，七姑不免吃惊——"泡菜也能往喜宴上端吗？而且原来桌上的冷盘恰恰是九份，九九归一，是个吉利的数儿，你这么胡乱端来一盘，破了'九'，岂不坏事？"

七姑心里很不痛快。她想这节骨眼上，非给薛家指明礼数不可……她放眼一望，恰有一个老大的题目好做文章，于是便嗽嗽嗓子，故作惊疑地扬声说："哟——秀娅连对门的邻居都敬过了，怎么还不给大伯子敬上一杯呀？"薛永全老两口一听这话，脸就红了——大儿子薛纪徽也真是现眼，亲兄弟办喜事，怎么这时候还不见影儿呢？

在"七姑"看来，婚礼上每个人的行为做派、言谈话语，每件物事的摆放与调整，都是影响婚礼"完美性"的细节，不可不重视。

"七姑"这一角色可是北京人的老传统了。旧时北京婚俗，女子出嫁时，需有娘家人随送亲花轿送其到婆家，陪送者，一般请体面的，懂得礼仪习俗，善于张罗、应酬的人。早年有一首童谣就形象地说："娶亲太太两把头，送亲太太大拉翅儿。牛角灯二十对儿，八团褂子大开气儿。四轮马车双马对儿，箱子匣子是我的事儿。"娶亲太太是婚礼中男方的主持者，送亲太太是婚礼中女方的主持者。这两个角色并不是什么人都可以充当的，比如要当娶亲太太，必须满足以下三个条件：一、必须是"全福人"，因此，亦有"全福太太"之称，即上有丈夫，下有孙男弟女；二、懂得迎娶礼节，会应酬的外场人；三、属相不准与新郎、新妇相克。[1]正因为这么讲究，所以在《钟鼓楼》中女方的"送亲太太"七姑对于临时冲上来救场的"娶亲太太"——热心邻居詹姨不是"全福人"很是不快。

当上送亲太太或娶亲太太是个很荣耀的事。在老舍小说《正红旗下》中说，母亲最怕亲友家请她做娶亲太太或送亲太太，虽然这是一种很大的荣誉，但同时也意味着要花钱，为了显示出排场与气势，必须坐骡车，有女仆跟随（平时没有女仆的话就得雇个临时的），还要穿得珠光宝气、富丽堂皇，才能压得住台。到了这个时候，母亲就不得不求助于姑母，向她借几件成龙配套的衣裳和首饰。

在中国国家博物馆的一幅馆藏老照片中，可以窥见其时的娶（送）亲太太的形象。从照片中贺喜宾客的服饰可明显看出此照摄于民国时代，但喜堂前的两位娶（送）亲太太却与众不同，她们的袍褂之上都披有大红袍罩，头戴大红钿罩，这是清代"满礼"的装扮（"汉礼"娶、送亲太太衣着为绣八团红青褂、百褶大红裙子）。由此看出，晚清的某些旧式迎娶仪式到民国年间仍在流行。（见图2-25）

图2-25　喜堂前的两位旗装妇女（中国国家博物馆馆藏）[2]

---

[1] 常人春：《老北京的风俗》，北京出版社2019年版，第233页。
[2] 中国国家博物馆编：《中国国家博物馆馆藏文物研究丛书·历史图片卷》，上海古籍出版社2006年版，第108页。

娶亲太太和送亲太太是北京市民旧式婚嫁风俗中不可少的重要角色。比如迎娶仪式快开始，要先由娶亲太太到喜房给天地爷上香，然后由茶房托着铜盘，里面放着历书、苹果、红灯花、小镜子、芝芭香，请娶亲太太到门外"照轿""熏轿"，意为驱逐妖邪。有的还要在轿子里撒桂圆、荔枝、枣儿、栗子、花生之类的"喜果"。然后，娶亲太太盘腿坐在轿内，不放轿帘，谓之"压轿"。喜轿到女方家后，男方娶亲太太与女方送亲太太寒暄接洽，由送亲太太扶新娘上轿，娶亲太太、送亲太太分乘坐轿车或四轮马车跟随其后。到男方家后，娶亲太太要给新娘略施粉黛，称为"开脸"，并主持拜天地仪式。喝交杯酒时，娶亲太太和送亲太太分别将红线拴在一起的酒杯递给新郎新娘，各饮半杯再交换，说是"千里姻缘一线牵"。吃"团圆饭"喜宴等环节也由娶亲太太和送亲太太奉陪，还要说一些吉祥话，比如吃馒头说是"满口福"，吃丸子则说是"圆圆满满"，吃四喜肉则说是"喜喜欢欢"，等等。

娶亲太太和送亲太太串联起整个婚礼流程中的仪式性环节。她们的形象是体面、圆满、吉祥的，角色定位与喜庆场面相符合。她们的行为充满了象征意义，嘴里时刻吐露出吉祥话，交道中处处彰显着周全的礼数。家庭生活的规矩，借由娶亲太太和送亲太太的"老妈妈论"，在婚礼仪式中得到集中表现。虽然今天的婚礼中，我们已看不到这两个角色名称在场，但婚礼中年长女性眷属对于规矩的讲究却仍是我们经常能见到的。仪礼的传承有时恰恰是通过"老妈妈论"这种习焉不察的生活经验传递得以实现。

第四节　吉祥姥姥

图 2-26　首都博物馆仿制的"吉祥姥姥"招牌

吉祥姥姥，是一个很特殊的人物。对如今的我们来说，这个词汇已经很陌生，但对于过去的北京人来说，这却是一个在胡同邻里中再熟悉不过的人物。她们就是接生婆和生育仪式"专家"。在自家门口挂个小木牌，上书"快马轻车，某氏收生"字样，下边缀以红布条，当作幌子。（见图2-26）其工作基本流程如下：第一是"认门"，临产前三四个星期，去产妇家认门，并且对产妇进行简单的健康检查；第二是"接生"；第三是"洗三"。吉祥姥姥中的大多数人并不识字，她们对于生育的知识和接生手段主要来自自身的生育体验和从业经验。但对于老北京人来说，却曾对吉祥姥姥有过慈祥、稳重、能干的认识。当历史步入民国，这一职业突然经历了拐点，并最终消亡，接续她们的是现代医疗体系。从吉祥姥姥到妇产医院，并不仅仅是助产方式的转变，也映射着这一身份背后生育仪礼的演变过程。

与如今助产的环节多由外人参与不同，传统"坐月子"的习俗则更多是家庭内部的事儿，而且是女性长辈"老妈妈论"的"主场"。这一情况到当代也发生了变化，"坐月子"成为新老规矩博弈的典型事件，也反映了北京人家庭关系的变化。

一、生与育的"仪式专家"

生育一个男性后代，是一个年轻妻子婚后首要和最大的义务。德国学者罗梅君将老北京人为受孕以及生育儿子的目的所采取的手段总结为三种："利用星相的力量"，在特定的日子或时辰采取某些行为以获取效果；"利用某些言语、东西和事件本身所拥有的力量"，如通过言语的谐音来联想受孕、占有象征多子的东西；"神的力量"，去朝拜北京各庙宇中供奉的子孙娘娘（尤以北京东岳庙和西郊妙峰山等场所为灵验），通过祈祷和拴娃娃等方式祈求愿望实现。①

怀孕之后，则进入了妇女们另一种忧虑不安的状态。这体现在众多的禁忌和行为规范上。这些禁忌的主要目的是要保证母子平安。元代《饮膳正要》的"妊娠食忌"中明确提出了对后世有一定影响的胎教之法，如今看来似乎很难理解。妇女怀孕期间，不能侧身睡觉，不坐坐具的边缘，不一只脚站立，不吃气味不正的食物，食物切割不端正不吃，座席摆得不端正不坐，眼睛不看不正的颜色，耳朵不听淫靡的声音，夜晚就让盲人朗读诗词，讲述符合正道的事情。这样生下的孩子则形体容貌端正，才气品德一定超过常人。这种"胎教"的理论是"感生"，即胎儿会受到母体以外的事物的影响，那自然要用好的事物去影响胎儿。换句话说，也可有意识地利用外在事物对胎儿的未来进行塑造。这些外在事物对婴儿产生影响的重要方式之一就是视觉与图像，其途径则是怀孕母亲的双眼。于是，要子嗣多智，母亲就要观看鲤鱼、孔雀；要子嗣美丽，母亲就要观看珍珠美玉；要子嗣未来雄强，母亲就要观看画有"飞鹰走犬"的图画，即骑马射猎的图画。与当代的孕妇几乎全程被现代医疗检测手段监控不同，古代"理想"中的孕妇被笼罩在"传统"规矩的氛围中，如果说前者的判断标准是科学，那么后者则是一种道德化的训诫。

当孩子出生之后，同样有一些礼俗仪式在等待着这个幼小的生命。

---

① ［德］罗梅君著，王燕生等译，周祖生审校：《北京的生育、婚姻和丧葬——19世纪至当代的民间文化和上层文化》，中华书局2001年版，第9—13页。

民俗学者常人春曾经在《老北京的风俗》里详细介绍了诞生礼的诸多流程与细节。现综述如下：

按照旧俗，孩子出生三天后，必请吉祥姥姥（又称收生姥姥、稳婆）来家里主持婴儿的洗礼，名叫"洗三"。当日，通常只有近亲来祝贺，惯常送给产妇一些油糕、桂花缸炉、破边缸炉、鸡蛋、红糖等食品，或者送些小孩儿的衣物作为礼品。主人要设宴招待客人，主食必定是面条，俗称"洗三面"。

"洗三"仪式通常在午饭后举行，首先在产房外厅正面设上香案，供奉碧霞元君、琼霄娘娘、云霄娘娘、催生娘娘、送子娘娘、豆疹娘娘、眼光娘娘等13位神像，摆好供品和敬神钱粮。叩拜完毕，"洗三"典礼就算正式开始了：

第一步是"添盆"。本家将盛有以槐条、艾叶熬成汤的铜盆以及一切礼仪用品摆在炕上。产妇本家依尊卑长幼带头往盆里添一小勺清水，再放一些钱币，就是"添盆"，此外还可以添一些桂圆、荔枝、红枣、花生、栗子等具有吉祥意义的喜果。亲朋也随之尊礼如仪。吉祥姥姥作为礼仪的主持人，有一套固定的祝词，比如添清水，就说"长流水，聪明伶俐"；添桂圆，就说"连中三元"；等等。

第二步是由吉祥姥姥给孩子洗澡，孩子放入澡盆后受凉一哭，不但不犯忌讳，反而吉祥，谓之"响盆"。姥姥一边洗一边念叨成套的吉祥祝词：

先洗头，做王侯；后洗腰，一辈倒比一辈高；洗洗蛋，做知县；洗洗沟，做知州。

随后，把艾叶球儿点着，以生姜片做托，放在小孩儿脑门上，象征性地灸一灸。再给小孩儿梳头打扮一下，用鸡蛋往孩子脸上滚滚，同时说着：

三梳子，两拢子，长大戴个红顶子；左描眉，右打鬓，找个媳妇（女婿）准四衬；刷刷牙，漱漱口，跟人说话免丢丑。

鸡蛋滚滚脸，脸似鸡蛋皮儿，柳红丝白的，真正是爱人儿。

洗罢，把孩子捆好，用一棵大葱往身上轻轻打三下说：

一打聪明（"聪"与"葱"谐音），二打伶俐。

随后叫人把葱扔在房顶上（有祝愿小孩将来聪明绝顶之意）。接着拿起秤砣比画着，说：

秤砣虽小压千斤。（祝愿孩子长大后在家庭、社会有举足轻重的地位）

拿起锁头三比画，说：

长大啦，头紧、脚紧、手紧。（祝愿孩子长大后稳重、谨慎）

再把婴儿托在盘子里，用产妇家事先准备好的金银锞子或首饰往婴儿身上一掖，说：

左掖金，右掖银，花不了，赏下人。（祝愿小孩长大后，福大禄大财命大）

最后用小镜子在婴儿屁股上一照，说：

用宝镜，照照腚，白天拉屎黑下净。

把几朵纸制的石榴花往烘笼儿里一筛,说:

栀子花、茉莉花、桃、杏、玫瑰、晚香玉,花瘢豆疹稀稀拉拉儿的……(祝愿小孩不出或少出天花,没灾没病地健康成长)

最后一步是由吉祥姥姥将神码、敬神钱粮统一焚化。

"洗三"是诞生礼中最重要的礼仪,其各个环节所用的物品都具有明显的象征意义,对孩子的相貌、智力、性格、健康、命运等的祈愿无一不通过代表物品和吉祥话的组合搭配表达出来。

"洗三"之后的重要仪式,是"满月"和"百天"。其仪式规程相差不多,都是摆宴席邀请亲朋、供神佛焚香祷告等事。但也会有一些老的讲究,比如要给小孩儿剃去胎毛,防止"压运气",还要剃掉眉毛,好让小孩子长大后别"没(眉)高眼低的",等等。

"抓周"则是小孩儿满周岁的习俗。抓周就像是人生的第一次预测,通过小孩儿与物品之间建立的关系来预测一个人未来在社会中的职业。有钱人家往往陈设大案,上摆满各色物品,一般人家则仅用一铜茶盘而已。小孩儿抓什么,凭其所想,并不能有意诱导,常设的供抓取之物各有寓意:印章——官运亨通、文具——文章锦绣、算盘——精于理财等。如女孩则抓取缝纫或炊事用品。

从洗三,到满月、百天和抓周,我们能看到,传统社会一个婴儿的诞生作为一个家庭传宗接代的大事,是一个连续的仪式过程,这一过程体现了家庭中的长辈父母对于孩子健康成长和生命发展的不断精神护佑。(见图2-27)

图2-27 麒麟送子纹洗三铜盆(北京民俗博物馆馆藏)

但这些仪式同时也是一种围绕新生儿而产生的社会关系的重新认定和调整的过程。杨念群在研究中认为,接生的过程在整个婴儿的出生典礼中只处于次要地位,婴儿落地后在家庭与社会中的价值必须通过"洗三"仪式才能加以认定。[①]

老舍在《牛天赐传》中写道,牛老者一生无子,该着老来得福,捡了个孩子,而且是个男孩,这可乐坏了牛老者和牛老太太。虽然说天赐不是自己的亲骨肉,但牛老太太要像亲生儿子那样待他,决定为天赐洗三,一是为天赐消灾祈福,二是让天赐在牛家的地位得到亲族的认可。牛老太太可是知道舆论的厉害,对着有些文化的亲戚,特别是他们的太太,招待得尤其周到,先是送红蛋,次是送东西。结果这一招还真灵,天赐的存在面子上是被大家承认了!

接生实际上只是生理上人的诞生,而只有经历了洗三才能作为一个新的家庭成员被接纳。吉祥姥姥既是过去的"接生专家",同时更是"洗三"的社区"仪式专家"。正因为她们在"洗三"中发挥着核心作用,在仪式毕后坐席吃饭时,照例让吉祥姥姥坐在正座,仪式中所用的钱财和东西也不吝让其取走。

当时间步入民国,吉祥姥姥遭遇到了很强烈,甚至是根本性的身份危机。随着现代科学的传入和普及,西方医学观念对中国人的生活方式带来了极大冲击,产生了与一些传统生活实践的直接冲突。在新的卫生网络中,吉祥姥姥作为接生婆的身份被放大,其接生环节的行为在现代医学标准的审视下,被认为并不符合生理卫生健康的要求。未经科学系统训练的传统接生婆身份被认定为"非法",而在胡同里频繁举行的"洗三"仪式也被视为装神弄鬼的举动。

从1928年开始,当时的北平市卫生局在北平卫生示范区开办了接生婆讲习所,前后共计10班。正式训练合格的有150人。后来又成立了保婴事务所,负有监管全市产婆的责任。对于已经培训合格的

---

① 杨念群:《再造病人:中西医冲突下的空间政治(1832—1985)》,中国人民大学出版社2006年版,第132页。

"姥姥"们，事务所要求她们每月提交接生业务报告，并在事务所的指定地点购买脐带敷料、消毒药品。每月药品的消耗量会与接生人数对照比较，从而检查她们是否按照规定接生。"接生姥姥"的主要任务不再是接生，而是将产妇引入以现代助产方式为特征的西式医疗体系。

吉祥姥姥逐渐被并入现代社会医疗体系，其作为"洗三"仪式主持人的身份也渐渐退出生活舞台。在北京由接生婆操持的"洗三"习俗基本无存。迎接北京人的，是更为先进的生育文化。新中国成立以来，随着现代预防医学体系的建设和严格的人口管理政策，生孩子有办准生证、医院建档、妇产科诊治接生、产后上门随访等一系列程序，产妇与出生婴儿面临安全风险的概率大大降低了。孕育过程的每个环节也都对应医院一套科学的检查和治疗流程。出生婴儿的"洗三"仪式被纳入新生儿保健的程序中。

习俗的变化是一个新旧观念参差交融的过程，并不完全是彼此替代。吉祥姥姥主持的接生与"洗三"仪式因与科学医疗体系的过于重叠而失位，但这种期盼新生儿健康成长和被亲属朋友圈接纳的心理需求仍然存在，只不过习俗重心顺延至满月、百日、抓周等仪式中。

二、"月子"里的观念博弈

民国开始，曾在生育仪式中扮演着关键角色的吉祥姥姥在严密的社区和医疗管理体系中逐步走入历史，至新中国成立后，整体生育环节被医院接管也已成为常态。在这种背景下，新老习俗冲突的焦点就集中到家庭内部。代表性的案例就是作为家庭事件的"坐月子"习俗。

"妇人百病，莫甚于生产。""坐月子"是指产妇在产后1个月左右时间内要遵守一系列有关身体行为、饮食以及居住环境等方面的规范和禁忌。在此期间，衣食住行皆由他人照顾。"老理儿"讲究，要卧床静养，注意不劳动、不洗澡洗头、不过度用眼，需食用满足产妇身体恢复并能下奶水的食品，如猪蹄花生汤、鲫鱼豆腐汤等，在环境上注意空间相对密闭，不要受风。月子期间是否行为得当，甚至被认为影响到女性日后的身体健康。有观点认为，在中国的父权制社会，由于分娩被认为是污秽且充满危险的，"坐月子"也有隔绝产妇的意义，所考量的大多是家庭或集体的利益。①因而，"坐月子"不仅仅是一种健康意义上的养护，更是一种家庭事件。

在当代，遵循或部分遵循传统"坐月子"规矩的女性并不在少数，而且还可能是女性主动选择的结果。其原因主要表现在以下两个方面：

首先，传统月子观念对于女性健康的深刻影响。

产妇在生孩子过程中元气大伤，必须通过"坐月子"进行恢复，否则会落下终身难以治愈的"月子病"。"月子病，月子养。"伺候月子的婆婆、妈妈往往用切身经历言传身教，如果月子没坐好，没有机会弥补，等老了会有一些毛病。比如月子里干了活、洗了尿布，以后有风湿、手腕疼。现代女性由于害怕老了以后会落下"月子病"，抱着"宁可信其有，不可信其无"的谨慎态度，认为忍一忍就好了，积极配合家里的要求，对某些具体禁忌稍作调整后耐心"坐月子"，一些体弱的女性甚至把"坐月子"当作调整体质的重要机会。

有学者曾对北京高校的女教师群体进行了调查访谈，了解其"坐月子"的观念与行为，发现即便是在这些接受了现代西方科学和医疗卫生观念普遍教育的知识女性群体中，仍有绝大部分人认为有必要"坐月子"，而且很认真地"坐"满了"月子"。大多数受访者相信"坐月子"是有"元气""气血""虚"等中医学根据的；欧美产妇不用"坐月子"也是因为西方妇女的体质比中国妇女的强壮；还有人表示"坐月子"是老传统，能流行这么久自然有它的道理。②

其次，"坐月子"是维系代际家庭关系的方式。

近代以来，随着社会经济结构的变迁，大家族走向消亡，由年轻

---

① 《北京的生育、婚姻和丧葬——19世纪至当代的民间文化和上层文化》，第32—39页。

② 章梅芳、刘兵：《"坐月子"传统及现代意义——以北京某高校女教师群体为例》，载《广西民族大学学报》2018年第2期。

夫妻组成的核心家庭逐渐成为社会上主要的家庭模式。但分家后的核心家庭与原生家庭在保持经济独立的同时，延续了代际合作的分工关系。子辈与父辈在功能上彼此依赖，子辈需要父辈带孙辈，父辈需要子辈养老。伺候"月子"也是代际合作中最重要的家庭分工表现之一。妇女产后身体处于极度虚弱状态，家中女性长辈进入子女的核心家庭，帮助伺候月子、照看孙辈、料理家务，也体现了互惠性质的交换关系。阎云翔指出，对子代来说，代际间的相互报答与其他形式的报答相同，需通过不间断的互动来维持。如果父母对儿女不好，或者父母没有尽责，儿女也就有理由减少对父母的相应义务[1]。通过照顾"坐月子"的代际互动与情感交流，再生产了家庭内部的人伦关系，形成了"姑慈妇孝"的社会理想的家庭愿景。在许多年轻一代的女性看来，"坐月子"有利于产妇逐渐适应新的个人身份，明确自己在家庭中的地位，为继续工作奠定基础，这也可以理解为一种福利和"休息"。"坐月子"和伺候"月子"，虽然蕴含了家中长辈含饴弄孙的情感报偿，但也是维系和重塑家庭关系的契机。

可见，"坐月子"因涉及家庭情感关系的处理和维护，它还是超出医学和健康保健之外的一种文化传统和生活方式。

如今获取"月子"知识的渠道变得更加多样，相比旧时的"婆婆妈妈论"，现在主要源于书本、网络、产科医生和老辈人。如何运用这些知识，往往取决于个人判断，以及产妇和家中女性长辈之间的协商。大多数的"月子"禁忌依然在很大程度上得到了遵守，但体现了新旧知识的交替，有融合也有冲突。一些女性认为，自己不是传宗接代的机器，孩子只是生活的一部分，不愿盲目地遵从传统月子饮食禁忌，变成大腹便便的"奶妈"，希望能以科学的方式促进乳汁分泌，恢复身材。不过在现实中，很少存在完全"听老人的"或完全"听医生的"的绝对模式，而都是在新旧观念的相互交融中，形成了自身

---

[1]［美］阎云翔：《私人生活的变革——一个中国村庄里的爱情、家庭和亲密关系（1949—1999）》，上海书店出版社2006年版，第197页。

"坐月子"的方式。"坐月子"也成为虽然在观念上存在一定的分歧和冲突，却又能在日常生活实践中顽强坚持下来的、为数不多的中国传统生活实践之一。

对传统"坐月子"习俗带来最深刻冲击的是月子中心或月子医院的产生和盛行。虽然目前来看，在家"坐月子"依然是最主流的选择，但现在有越来越多的人选择在月子中心"坐月子"。月子中心通常拥有专业的护理团队、精心设计的饮食搭配、产后美容、形体恢复指导、育婴指导等服务项目，从分泌初乳到喂养新生儿的过程都配备了专业医生、催乳师、育婴师、护理人员等多个职业角色，体现了制度化、体系化、专业化特征。有学者在调查北京一家月子中心后研究认为，商业化的"坐月子"，保留了传统月子知识的"补养"理念，去除了传统月子的卫生禁忌，符合现代人们的生活习惯，满足年轻女性健康时尚和科学育儿的需求，但指出这势必也冲击了传统家长的知识权威[①]。

由于老一代人的知识和经验只能在家中"坐月子"的过程中发挥出更多的能量，月子中心的产生其实是对传统"坐月子"习俗的最大冲击。虽然可能由于现代卫生观念与生活条件的提升，许多年轻女性在传统"坐月子"以及育儿方式上会与家中的女性长辈产生分歧，但在家中"坐月子"本身，就是一种遵从与协商的过程，是年轻一代人与老一辈人代际关系的调适与互动。而月子中心提供一个有可能回避家庭矛盾的产后服务场所，意味着产妇身体知识和技术的提供者由家中的老人变成了陌生的医生和卫生团队，亲人关系转变为契约关系。有偿的商业化月子护理取代了无偿的家庭支持，从而使本来是家庭关系和情感联系范畴的"坐月子"事件，变成了一个女性健康问题的标准化、流程化的产品过程。

"坐月子"习俗的流变，不仅仅是经验和科学的前后更迭，而更体现了家庭礼仪重塑和调试家庭关系的纽带作用。

---

① 赵芮：《新老博弈：商业化坐月子与家长权威的式微》，载《思想战线》2016年第4期。

第五节　姑奶奶

无论是婚礼，还是生育礼，我们都看到了女性亲属在其中的重要位置。在这些礼仪中，少不了"姑奶奶"的身影。老舍在《老张的哲学》里说到赵姑母谈起她侄女的婚事，"只要是你的主意，明媒正娶，我只等坐红轿作送亲太太！你要是不做主呢，我可就要给她订婚啦！你是她叔父，我是她姑母，姑奶奶不比叔父地位低"。老北京的规矩，姑奶奶坐月子，也需由娘家人来服侍。姑奶奶，一般来说是从孙辈的视角对祖父的姐妹们的称呼。然而，在北京的家门内亲属关系中，它却包含着更多含义，以至于如今我们一谈起姑奶奶，既有股子尊敬，又有些忌惮。这又是怎么一回子事？

一、姑奶奶的称谓

姑奶奶有两个基本含义：

已出嫁的女儿。清代徐珂在《清稗类钞·称谓类》中说："北方有称姑娘者，旗人尤多，揣其意义，实较小姐为尊也。然南方之妓女亦称小姐，北方之妓女亦称姑娘。既嫁，则称姑太太，或姑奶奶。"[1]在这里，姑奶奶即被用来称呼已出嫁的闺女，而姑娘则是对未婚女性的尊称。如《红楼梦》第六回："刘姥姥见平儿遍身绫罗，插金带银，花容玉貌的，便当是凤姐了。才要称姑奶奶，忽见周瑞家的称她是平姑娘，又见平儿赶着周瑞家的称周大娘，方知不过是个有些体面的丫头了。"老北京"二月二迎姑奶奶"的习俗也是从这个意思得来。正月里姑奶奶不能住在娘家，拜了年也得当天赶回婆家。到了"二月二"，才是姑奶奶归宁的日子。俗谚云，"二月二，接宝贝儿，接不来，掉眼泪儿"。姑奶奶被接回来后，多以春饼招待。

未婚女儿。八旗人家把没有许配的姑娘看得十分尊贵，无论父母

---

[1] 徐珂：《清稗类钞》，中华书局1984年版，第2186页。

兄嫂，都尊称其一声"姑奶奶"。一个人未嫁之前，于家中晚辈是姑母，对于长辈是待嫁的姑娘，婚嫁后则是升格为姑奶奶。将未婚女儿称为姑奶奶是对其婚后家庭身份的前导。

二、姑奶奶之尊

《红楼梦》中有一回讲，贾母要商量着给凤姐过生日，有这么一个场景：

> 众丫头婆子见贾母十分高兴也都高兴，忙忙的各自分头去请的请，传的传，没顿饭的工夫，老的，少的，上的，下的，乌压压挤了一屋子。只薛姨妈和贾母对坐，邢夫人王夫人只坐在房门前两张椅子上，宝钗姊妹等五六个人坐在炕上，宝玉坐在贾母怀前，地下满满的站了一地。贾母忙命拿几个小杌子来，给赖大母亲等几个高年有体面的妈妈坐了。贾府风俗，年高服侍过父母的家人，比年轻的主子还有体面，所以尤氏凤姐儿等只管地下站着，那赖大的母亲等三四个老妈妈告个罪，都坐在小杌子上了。

从书中排座次的规矩中，贾家的儿媳妇都只能坐到门前的椅子上，而宝钗姊妹却坐到炕上。这一场景体现了满族重小姑习俗的影响。北京的满族姑奶奶在家里有地位。"旗俗，家庭之间，礼节最繁重。而未字之小姑，其尊亚于姑。宴居会食，翁姑上坐，小姑侧坐，媳妇则侍立于旁，进盘匜，奉巾栉惟谨，如仆媪焉。"[①]在吃饭时，公婆居上座，小姑在侧座，儿媳妇只能站立一旁，伺候一家人用餐。（见图2-28）

据一个胡同里的旗人姑奶奶回忆：

[①] 徐珂：《清稗类钞》，中华书局1984年版，第2212页。

图 2-28 清末家庭中祖孙三代的合影（中国国家博物馆馆藏）①

亲戚都是有区别的，叫上等亲、下等亲。要是你有儿子，你的儿媳妇娘家到你这儿来，就叫上等亲。要是你的女儿嫁出去，你上你女儿那儿，这是下等亲。过节过年送礼，大事小事来客人，都是有规矩的。比方我的大爷来了，像我的父亲就都得出去迎接、请安，弟媳妇就更得出去迎接了。再比方我的姑姑结婚了，要回娘家看看，来了，我的妈妈都得出去迎接，不能到大门，得到二门那儿，垂手立正地等着。姑奶奶回来了，得请安。②

京师旗人重"姑奶奶"的习俗也体现在嫁女的重"陪奁"风气中，"满礼是男家糊好了屋子就得，一切陈设，桌椅板凳，直到炕席毡条，都归娘家这头陪送。汉人净管桌面上的摆设，不管桌椅木器，所以汉人的嫁妆比满洲的省俩钱儿"③。在子弟书《鸳鸯扣》中，生动

---

① 中国国家博物馆编：《中国国家博物馆馆藏文物研究丛书·历史图片卷》，上海古籍出版社2006年版，第85页。
② 定宜庄：《胡同里的姑奶奶》，北京出版社2017年版，第78—79页。
③ 侍余生：《燕市积弊》，转引自常人春：《红白喜事——旧京婚丧礼俗》，北京燕山出版社1996年版，第40页。

描写了旗人家庭的婚礼习俗，从中可见到家庭中女儿的重要地位。在整篇子弟书里，父亲称呼女儿从不称名，甚至不说"你"，只称"姑娘""姑奶奶"。在旗人官宦家庭儿女成亲的过程中，女婿要给女家亲戚——磕头请安。"男客们围随家人提溜着坐褥，祖宗拜过又拜过佛爷。自然是姑爷姑姑双双受礼，……其次该舅舅舅母还有姨儿姨爹。……然后才姑舅两姨挨次儿磕过，本家的叔叔婶婶还礼不迭。大姨儿连襟儿与阿哥嫂嫂，吃亏是小姨小舅不能巴结。"拜亲戚先拜姑妈，这体现了旗人家庭重视女儿的风气。

满族姑娘在家庭中的崇高地位在京郊八旗营房里也很明显。清代中叶以后，清廷在京城西北郊地区陆续建起圆明园护军营、香山健锐营和蓝靛厂外火器营以拱卫京师，号称"外三营"。据金启孮介绍，这些营房中的父母兄嫂对"姑奶奶"都十分尊敬。早晨哥哥遇见了妹妹，得很客气地招呼："妹妹您早起来啦！早喝茶啦！"嫂子、弟媳怕大姑、小姑比怕公、婆尤甚。伺候得稍不周到，头上马上就挨一"烟袋锅子"。①

为何旗人家庭对"姑奶奶"格外地重视呢？

第一，被认为是清宫选秀女的原因。

乾隆朝《会典则例》载，挑选秀女原为王阿哥等拣选福晋，八旗所有官员兵丁乃至闲散之女，须一律参加阅选，如未经阅选便私行聘嫁，该管各官从都统到本人父母族长都要治罪。八旗选秀如一经选中，即可作为皇帝嫔妃或皇室子孙福晋，此外尚有包衣选秀，内府三旗（镶黄、正黄、正白）秀女选中者多为宫女。定宜庄指出，清朝宫廷为皇室挑选秀女活动"在清中叶以前，所有的八旗女子都被囊括在阅选秀女的范围之内。中叶以后随人口增长，范围也日益缩小，依据从外到内（外省到京旗）、从下至上、从汉军到满洲的顺序，一批批旗女被排除在阅选范围之外"②。虽然如此，八旗中以未婚女儿为尊的

---

① 金启孮：《金启孮谈北京的满族》，中华书局2009年版，第33页。
② 定宜庄：《满族的妇女生活与婚姻制度研究》，北京大学出版社1999年版，第234页。

习惯并未完全改变。（见图2-29）

图2-29 正白旗包衣秀女（选自《旧京图说》，北京日报出版社2016年版）

说到选秀女一步登天，人们都会提到慈禧太后的故事。据野史记载，她幼年家中贫寒，但天生丽质，每一出游，旁观者皆喃喃做欢喜赞，谓天仙化身。她因秀女为阶，步步高升，终至垂帘听政。既然清宫中的"秀女"都在旗人家中选取，谁知待在闺中的少女将来会不会是皇后嫔妃呢？一位叶赫颜札氏家族后人曾回忆说："有一辈的姑奶奶吧，那会儿就叫姑奶奶了，不知道是哪一代的，因为选上秀女了，她自己不愿意去，就带着一个剪子，在轿子里边自尽了。这个事呢，等于整个家族获罪，给降入内务府。"[①]虽然这已经属于久远的传说，但这种根深蒂固的家族记忆恰恰说明了姑奶奶的位置之重，会影响到家族的命运。

无论是宫廷选秀女，还是门第之间的联姻，未出嫁的女性因未来命运之不可期，常常在家中拥有较高的地位。所以，那时候北京城里的"姑奶奶"是惹不得的。

第二，被认为与旗人重内亲的习俗传统有关。

金启孮认为，旗人妇女的社会地位较高与旗人重视内亲的习俗有一定关系。营房中的旗人群体因远离城区，保留了较多早先旗人社会

---

① 杨原：《内务府旗人在京旗社会中的影响——以叶赫颜札氏家族为例》，载赵志强主编：《〈满学论丛〉第四辑》，辽宁民族出版社2014年版，第206页。

的传统。他在民国初年到北京西郊营房去探亲，家中的亲戚都是外祖母娘家一边的，甚至有外祖母亲戚的亲戚，也都来了。相反外祖父一边的亲戚反倒是以后才慢慢来[①]。北京人在自嘲不被人重视时，常说，"姥姥不疼，舅舅不爱"。这种以姥姥、舅舅做比喻的谚语，是否也是"重内亲"现象在口语中的表现呢？

三、扛事儿的"姑奶奶"

"鸡不啼，狗不咬，十八岁大姑娘满街跑。"这是流行于清代的北京谚语。在我们惯常的认知中，传统社会的妇女在未出阁前秉承"大门不出，二门不迈"的原则，总有些娇羞。但旗人妇女在出嫁前，很少受到汉族家庭观念和宗法制的束缚，有较大的行动自由，也常与男孩子们游戏、练武，甚至摔跤打架。

老北京的"姑奶奶"们是有点儿"离经叛道"的，尤其到了清朝末期，更是明显。这些旗人"姑奶奶"在生活上十分豪放、泼辣，甚而有些娇惯、放纵。清代南城云集了娱乐场所，茶楼、酒馆、戏园、球房等处都有"姑奶奶"的身影。每到年节，厂甸、香厂、白云观等地方也可见"姑奶奶"们穿梭其间，盛妆艳服，到茶棚中男女杂坐。清末，京师警察厅还贴出告示，谕令茶棚中"男女必须分座"。时人写打油诗说："警察巡逻也太勤，

图2-30 旗人妇女逛街（选自《旧京史照》，北京出版社1996年版）

[①] 金启孮：《金启孮谈北京的满族》，中华书局2009年版，第5页。

茶棚男女座须分；目中各有阴阳电，空向晴天激雨云。"（见图2-30）

受旗人骑射传统的熏陶，旗人男子和女子的生活环境并无严格的界限。旗人女子骑马持鞭，与男人同样，甚至有些旗人妇女直接走上了战场。努尔哈赤曾称赞旗人妇女，"系裙之妇女能驱敌，乃天佑英明汗，借妇人之力败敌耳"[①]。这种传统或许也影响到承平时期的"姑奶奶"们。她们常常极其能干，对家务事敢拿主意，敢做主。

《啸亭续录》里说，乾隆皇帝的小女儿和孝公主在下嫁和珅之子丰绅殷德前，"性刚毅，能弯十力弓。少尝男装随上校猎，射鹿丽龟"。下嫁之后亦持家甚严。一天下了鹅毛大雪，童心未泯的丰绅殷德不由得童心大盛，情不自禁"偶弄畚锸作拨雪戏"。和孝公主看到自己的丈夫居然像小孩子一样在玩雪，立刻责备他说："汝年已逾冠，尚作痴童戏耶？"丰绅殷德见公主生气，连忙跪求公主原谅。公主持家政10余年，虽经历和珅之败，但其家仍不失小康。

父亲在外，母亲主内的家庭结构里，旗人家的姑奶奶们都得帮着母亲当家，顺便学学以后嫁了人持家的本领，时间长了，自然见世面、会管事，早早练就了一套能耐。父母为之订婚了，"姑奶奶"们就进入了"小定"阶段，不能再乱跑了，美其名曰"收收性子"。等婚事儿办完，"姑奶奶"们升为当家奶奶，可就累了，各项家务事均需操持。但旗人女子无论是出嫁前还是出嫁后，在娘家的地位都是不可动摇的，娘家有需要商量的事都会想到她们。

四、"姑奶奶"与北京文化

北京礼俗在满汉文化的兼容中孕育，"姑奶奶"就是很典型的一例。它已经成为更广泛的北京土语，除了常被称呼家中的女性长辈之外，还有一种释义，"表示对女性不寻常举动的惊叹"[②]。比如老舍先生《龙须沟》第一幕中的台词，"我的姑奶奶，别给我惹事啦！"这种称

---

① 中国第一历史档案馆、中国社会科学院历史研究所译注：《满文老档》，中华书局1990年版，第634页。

② 高艾军、傅民编：《北京话词语增订本》，北京大学出版社2001年版，第315页。

呼中带着一种埋怨、责备的戏谑情绪，或许是从旧时旗人"姑奶奶"们的豪放脾气中延伸出来的感知。

旗人"姑奶奶"甚至影响到了北京地区女性的生活做派。作家石康在《北京姑娘》中说：

> 北京姑娘以说话讨人喜欢见长，这种见长，绝不表现在会说什么励志话、温柔话等话上。一般来讲，你从北京姑娘嘴里很难听到夸奖，更多的是令人泄气的打击，那种打击是那么地准确，那么地断根儿，那么地惟妙惟肖，以至于你不得不发自内心深处地感到被她们说对了。……别看北京姑娘嘴上用北京话灭人灭得凶，现实生活中的品质却相当地高尚。……北京姑娘做起事来有点蛮横，不讲道理，喜欢跟着自己的感觉走，可你看她们做的事吧，一般来讲，再蛮横也透着点仗义，她们不会吃亏，但也绝不占便宜。……一谈起北京姑娘，我的话就有点收不住，事实上，要谈多久也可以，但限于篇幅，我得赶紧总结，那就是：独立、平等，外加干脆利落。

说到底，北京姑娘身上有着一种特别的气质。

生在皇城根、长在天子脚下的北京姑娘，甭管是高门大院，还是胡同杂院，最讲礼数，最懂规矩，讲究有里儿有面儿，从不跌份栽面儿。北京姑娘大气，这一点毋庸置疑。这和从小到大的成长环境有关，生活在这座底蕴深厚的城市，谁都能说上几句场面上的话。北京姑娘普遍都很麻利，里里外外是一把好手。北京姑娘不爱夸人，还特爱挑理儿，这可能让好多人感到很不舒服。她们不吃亏，丁点的亏也不能吃！刀子嘴豆腐心，那说的就是她们！北京姑娘很真实，喜怒哀乐挂在脸上，藏着掖着是她们最受不了的，她们看不顺眼，自然会表达出来，但如果真有场面难堪的时候，出来规劝的，一准儿是北京姑娘。北京姑娘有点随性，有点"傲"，就是通常人们说的"劲儿劲儿的"，但真的跟北京姑娘处长了、处久了，就会发现这些北京大妞不做作、仗义，不惹事也绝不怕事。我认你这事或者认你这人，那怎么都行！

　　王朔说形容北京姑娘最高级的词语就是"飒"。这种"飒"，可以理解成潇洒、泼辣，不拘一格，与众不同，还可以是仗义、敞亮。但不管怎么形容，从这北京姑娘的身上我们依稀能看到旗人"姑奶奶"的特点。本来源自旗人特有风俗习惯的"姑奶奶"文化如今已经成为北京女性地域化的人格特征了！

第三章

找乐与脸面

按照词典里的解释,"爷"除了指称"父亲"、"祖父"或者"神灵",还常用于"对有身份和一般男子的尊称"[1]。在北京这地界,能叫作"爷",起初也与对旗人贵胄的尊称分不开,后来则是对落魄旗人的抬举,里面既有尊敬,又带着戏谑。作家刘一达说,"爷"在老北京人的口语里,还有另外一层意思,就是那种桀骜不驯、鳌里夺尊、傲视群雄、七个不服八个不忿儿的派头,北京人也称之为"爷劲儿"。"爷劲儿",是"天子脚下"的老北京人所独有的。[2]我们在这里介绍的三类人物,都有些北京"爷劲儿"的特征,他们都是极讲规矩,为人或"脆道",或较真儿,或达观……但无论何种状态,始终保持着自己"爷"的派头。

在老北京人看来,他们都是"外场人"。换句话说,在外场有面子。北京老规矩的有外面儿,并不是要您改变性格,非要追求那种性格开朗、能说会道、爱张罗事儿、见什么人说什么话的所谓"外场",而是要您在待人接物时,有热心和诚心,按老规矩做到礼数周全,就算有外面儿了。有时您的礼数到了,话没跟上,也没多大关系。他们或许虽然仅得温饱,却体面而自尊;虽做事精明,却不失善良厚道;在与人交际中既爱面子,也给人面子。

在北京的胡同街巷中,他们算是少数,是平常市民百姓中爱拿事儿的"异类"。但恰恰因为他们将规矩把守得异常坚决,在他们身上往往特别集中地体现了传统礼数与现代社会的矛盾冲突,这也使他们成为了当代京范儿人格浪漫想象的主角。

---

[1] 《北京话词语增订本》,第939页。
[2] 刘一达:《北京老规矩》,中华书局2015年版,第315页。

第一节　老炮儿

北京这地界，不论哪个地面儿上的，都有一两个戳得住的头面人物。北京人称之为"老泡儿"，寓意其不是省油的灯。"老泡儿"，其实是一种俚语，指无正经工作，不安分守己，调皮捣蛋的人。[1]作家刘一达在《胡同范儿》里说，世相之复杂如"水"，在"水"里泡透的人，做不到人情练达，世事洞明，也会对世态炎凉有超于常人的敏感。这种难以名状的生活嗅觉和处世旷达淡定，就构成了"老泡儿"的基本人生态度。用姜是老的辣来形容"老泡儿"，再恰当不过了。[2]"老泡儿"的准入资格是进过局子，磕过碰过、经过见过，因而在所在的胡同或所在的地面儿，无形中就成了"人物"。

随着2015年底电影《老炮儿》的上映，"老炮儿"成为较"老泡儿"更为大众熟知的词儿。虽然"老炮儿"在北京土话里没有找到什么更早的渊源，但常见的说法是，北京原来的看守所在炮局胡同（见图3-1），经常犯事被关进去"蹲号"的人，都会说自己是从"炮局"里出来的，因此得名。可见这种称呼，与"老泡儿"一样，实际上是带有一定贬义的，都是指深谙黑白道规则的"老江湖"。在新的时代语境下，昔日的"胡同串子"——"老炮儿"又被赋予了新的含义，

图3-1　王府井和平菓局中打造的炮局胡同场景

---

[1] 《北京话词语增订本》，第507页。
[2] 刘一达：《胡同范儿》，北京十月文艺出版社2017年版，第202页。

成为有义气、肯担当、重礼数、讲规矩的老北京代言人。

在关于北京的文学著作中，对这种生活中具有豪侠气质、江湖大哥形象的人物刻画相对较少。但从清人笔记中的京旗"游侠"，再到新中国成立后在胡同和大院文化交响中的"顽主"，这种带着浓厚江湖气息的身影始终在北京的市井间在场，并在不同的时代背景下表现出不同的特点。较之相对循规蹈矩的市井平民，"老炮儿"常常表现出更为活泛、更为刚烈、更爱打抱不平、爱管闲事的为人行事风格，或许称得上是人群中的少数甚至异数。但时过境迁，"老炮儿"却因为其在群体中的突出行事和江湖草莽的做派，极大地彰显了旧传统与新时代的反差，反而成为胡同老理儿的"捍卫者"了。

一、京旗"游侠"

北京市井阶层的豪侠之风在一定程度上受到了北京旗人文化的影响。清代，京旗下层社会有一类逞强好胜的游侠。

清礼亲王昭梿在《啸亭杂录》中回忆了自己家族祖上在康熙时期的一个包衣奴才张凤阳的故事。当时有句谚语，"要做官，问索三；要讲情，问老明；其任之暂与长，问张凤阳"。索三、老明指当时的权相索额图和明珠，由此可见这个张凤阳权势之大。一日，张凤阳在京郊休息，遇一官员带着随从仪仗来到，呵斥他起立闪躲。张凤阳睨视说，是什么龌龊的官员居然如此气焰熏天！未到一月，该官员即遭弹劾。其时，张凤阳广为交结王公大臣，当时著名的索额图、明珠、高士奇请客，张凤阳都能成为座上客。后来，因与礼亲王岳父有矛盾，他气焰熏天，竟然拆毁其住宅。礼亲王也唯有上奏康熙皇帝才敢将张凤阳处死，而张凤阳刚刚处死，太皇太后的赦免旨意就到了！

对于张凤阳其人，昭梿评点认为其人有郭解、朱家之风。汉武帝时的郭解、秦汉之际的鲁人朱家都是当时著名的游侠。昭梿将其与二人作比，强调了其使气任侠的一面。与清前期的张凤阳以下层社会身份干预朝政不同，清中后期京旗下层的"游侠"只是逞强好胜于京旗市井社会之中。代表者如乾隆年间的三官保。

据清人和邦额《夜谭随录》中记载，三官保是旗人，十七八岁时，好勇于市井间。如与人有矛盾，常械斗于市，但无论被人怎么殴打，也从不在口头上服软，并有谈笑自若之态，有先秦勇士北宫黝之风。时人称其为"花豹子"，以形容其相貌俊朗而性格暴烈。后三官保先后战败了"佟韦驮"和"张阎王"，以自己的勇武和坚忍折服了他们，形成了自己的势力。但三官保后来终于在一次与人争斗中幡然醒悟，不再以武力逞强，而转以谦虚恭顺的态度见于邻里之间。他最后从军，殁于阵。

金启孮先生总结说，京旗的游侠自入关以来不断进行新旧交替。顺治时期的阿里玛，康熙时期的张凤阳，乾隆时期的三官保，同（治）光（绪）时期的小崇、邓家五虎，宣统时期的溥十奶奶，每个游侠登上北京土霸的地位后，都要不断地接受新的挑战，要"卫冕"。这种性格虽勇武流于粗暴，重武流于轻文，却也保留了些逞强好胜、临危不惧的勇敢气魄和尚武精神。

当清朝末年，王朝摇摇欲坠，如残灯末庙、日落西山之时，虽然一些旗人饱食终日、不干正事，眼不见战火，耳不闻喊杀，整日纠缠于鸡毛蒜皮、繁文缛节，但面临庚子事变、国破家亡的危机，依然会有大量旗兵豁出去杀敌卫国，体现出壮烈与果敢。旗人一辈子就要这脸面！这话平时说来多为贬义，但在特定的情况下，却表现出一个民族的高贵与自尊。勇武、侠义和好礼、风雅，是脸面的双重表现，这种旗人个性也逐渐沉淀为北京人独特的地域文化性格。

二、京城"老炮儿"

在我们说完了京旗"游侠"之后，接下来就来谈谈曾因同名电影而火爆一时的"老炮儿"。影片的主角六爷和他的兄弟老友们是处于社会底层的胡同子弟。六爷年轻时并不是一个守法良民，曾进过局子，以掐架暴力作为其解决问题的方式，在市井江湖上闯荡出自己的声名。但另一方面，他为人仗义，率性而为，快意恩仇，能为朋友两肋插刀。六爷凭着年轻时的辉煌历史在这片胡同确立了毋庸置疑的权威，虽然年过半百，生活贫苦，开个小卖部讨生活，但他依然脱不了积习，所管闲事庞杂，小到问路，大到如何做人，甚至黑道如何行事，等等，事无巨细都要指导一番，颇有静居闹市，坐看风云变幻的侠隐意味。

六爷讲究"盗亦有道"，他夜遇小偷，说话毫不含糊、步步紧逼，令小偷将没有钱的钱包还给失主。小偷反问："我要是不还，你能咋？"六爷说："不听话是吧，你试试。你出得了这条胡同吗？"小偷气势顿衰，将垃圾桶里的钱包捡了回来。六爷见状，心满意足地回应："哎，讲究。"

曾经的老哥们儿无照经营，在六爷看来，该接受处罚。摊煎饼的车和工具可以没收，但城管得道歉。被城管打的嘴巴子必须打回来，因为打人不能打脸。

对方说话嘴里不干净，六爷自重身份没发脾气，却也没忍气吞声，撅人手指以示小惩大诫。他认为，"茬架"可以，但别像"生瓜蛋子"没轻没重，惹出什么大事。

这些事例，或许让我们有些困惑。面对扒手将钱包扔进垃圾桶的行为，六爷并没有将扒手抓住，消灭犯罪，而是让他认厌，把偷的证件寄回去；接受无照经营的惩戒，但必须还小城管一巴掌；面对小混子骂人并不隐忍，用特别老到的手法使其服软。这些规矩并不是官方甚至普通老百姓认可的规矩，而是一种街面的规则。这正邪混杂的江湖气儿就是"老炮儿"的做派。

（一）与人脸面

六爷的规矩在日常生活中首先体现为对做事分寸感的把握。这种分寸感是北京世代相承的胡同文化所沉淀下的。

在一条条蜿蜒曲折的胡同和一座座方正的四合院中，无论是王公贵胄还是贩夫走卒，都在各自的范围内守着自己的规矩过日子，人们守望相助，有限度地相互依存，共同形成了并行不悖、相互默契的礼数，塑造了风格鲜明的胡同亚文化。在这个亚文化的共同体里，"老炮儿"和胡同、杂院里其他人，都是一起长大的发小和街坊，知根知底，彼此之间维系着乡土中国式的亲情和人情。即使是市井生活秩序中的"越轨行为"，个体之间也没有你死我活的冲突，而是"你敬我一尺，我敬你一丈"，抵牾间也讲求体面，言语和行为都留着分寸。六爷的规矩就是建立在这样的胡同文化的基础上，注重人与人之间留脸面。

（二）做事仁义

"仁义"，是民间对一个人的很高评价。"仁""义"都是儒家文化的道德标准。但在民间社会的江湖风习中，"仁义"的意思简单明了，人与人之间要相互照应，不管有没有本事也要为朋友两肋插刀。当"老炮儿"看到昔日的老哥们儿生活困难时，就算自己生活再困难，也会偷偷给他留下几百元，只因为他们是兄弟，不是亲兄弟胜似亲兄弟。他借钱去保释因为犯事而进看守所的朋友，"单刀赴会"之前把自己的房产证隔窗扔进了曾经卖房借钱给自己的话匣子家中。"老炮儿"的世界是一个江湖，六爷心中的"仁义"是江湖的侠义，这一直是他做人的基本准则。

（三）一码归一码

汪曾祺曾说："北京城像一块大豆腐，四方四正……大街、胡同都是正南正北，正东正西。北京人的方位意识极强……老两口睡觉，老太太嫌老头子挤着她了，说'你往南边去一点'。这是外地少有的。"这种城市空间的规矩也形塑了北京人性格方正的特点，虽然有时"耍贫嘴""油腔滑调"，但骨子里是很注重规矩的，丁是丁，卯是卯。所以，六爷并不是一个靠着威信横行霸道的人，遇事的时候他首先会判断是非曲直，总是强调"一码归一码"，如果真的是自己的儿子或兄弟做错了事情，那么六爷也不会只护短，反而体现出做事的原则性。

当他知道儿子与别人发生冲突被拘后，首先想到的不是报官，而是用自己习惯的方式解决，独自找到那帮小混混，试图以江湖规则来处理矛盾冲突。可一旦事情变了性质，他发现事情涉及贪污腐败的大线索，就义无反顾地寄举报信给纪委。他虽然倾向于以暴制暴的非常规手段，但家国正义的大原则却是不能突破的底线。

在北京的历史与现实中，在这座城市的许多角落里，有很多已近暮年的人，他们或许非善非恶，但他们有血性、懂规矩、敢担当，在街面上仗义、拿事儿。在他们看来，钱财乃身外之物，物质生活可以差点，抽最便宜的烟，喝最低档的二锅头，但作为一个男人的尊严劲儿没了不行，他自有他的法则约束。与人脸面、做事仁义、一码归一码……这诸般种种，就是胡同"老炮儿"的理儿，心心念念的规矩。

三、身份的混响

电影《老炮儿》中的人物设定，既有现实的依托，也有一些角色的想象和塑造。这里面杂糅了胡同和大院的身份混响。20世纪六七十年代，出身草莽的"胡同串子"与聚居在部队、机关大院的"大院子弟"的械斗和群架，是特定时代的北京社会风习。但老土著与新移民之间也在互相影响，逐渐作用于新北京人风格的形成。随着大院出身的王朔的系列小说的流行，这种有些江湖气、有些玩世不恭的言语也成为人们对北京整体认知的一部分。这种言语是和老舍小说中所反映的清末民初的北京人的言语不同的。有人说，这种种所谓以"调侃"冠之的语言风格和态度，是全北京街头瞎混的小痞子，打麻将打扑克的赌棍，饭馆里喝酒聊天的"侃爷"们集体创造的。可以说，在小说文学的影响下，如今的北京市井范儿既带着昔日"胡同串子"的江湖风格，又夹杂着"大院顽主"的优越感，并影响到新一代北京人的生活言行。（见图3-2）

图3-2 史家胡同博物馆里复原的20世纪六七十年代生活场景

在电影文学中，角色的想象和塑造即是由这种杂糅的文化风习而来，像"老炮儿"这样的边缘人士成为了故事的主角。六爷在"单刀赴会"前拿出了珍藏许久的将校呢大衣、日本指挥刀,配上二八大杠,这是20世纪70年代"老北京顽主"的标配。那时候的胡同与大院共同缠绕进了一种茬架的亚文化。军大衣和军刀并不是很常见的东西。六爷只是个平民老百姓家的孩子,这显然是他年轻时茬架的战利品,代表着"老炮儿"当年的辉煌和荣耀。

六爷和他的那帮老哥们儿操着王朔小说风格的满口"不正经"的语言,粗糙而真实,似乎体现了"大院顽主"文化的孑遗。但骨子里,"老炮儿"又潜移默化地受到了胡同市井文化的影响,这不仅是说六爷手持旱烟,提笼架鸟的生活习惯处处彰显着昔日旗人的范儿,而且是说他的精神和老舍小说中老北京人的精神是相通的。

《茶馆》里的常四爷说自己,"一辈子不服软,敢作敢当,专打抱不平",一生都保持着满族人耿直倔强的性情。《四世同堂》里,布铺展柜祁天佑受了日本人的侮辱后选择投护城河自尽。农民常二爷虽然只是个看坟的,但当他被迫给日本人下跪后感到了奇耻大辱,回家后绝食而死。即使在小说里最为老派持重的祁老者,虽然会被人认为是循规守旧的人,但也有堂堂正正做人的品行,这不仅体现在当同胞和亲人受到侵略者侮辱时在汉奸的枪口下毫不退缩,也体现在京城危若累卵时还张罗着过八十大寿。这种看似矛盾的两种事实都体现出北平百姓在艰难度日中的刚直和坚忍。这是京城文化熏陶的老北京市井阶层所具有的精神气质和人格尊严。

我们再看《老炮儿》。因为六爷的儿子晓波沾惹了官二代小飞的女朋友,划了他的豪车而被扣留,一直生活在胡同里的六爷不得不重出江湖,但脱离了胡同里的"熟人社会"和彼此心照不宣的规矩,在以顶级名车"法拉利恩佐"为代表的社会价值、以官二代小飞为代表的江湖帮派、以飞车党为代表的现代江湖面前,六爷的道义规矩、行为模式沦为被嘲笑、被侮辱、被损害的对象,在小飞的父辈那里则引来阶级性蔑视。但即便如此,六爷依然没有对现实妥协,不对权贵高层势力屈服,依然坚守自己的做人规则和老理儿。影片最后是一个英雄末路的结尾,六爷将自己一整套珍藏取出,骄傲而悲壮地赴约。他带病挥舞着军刀,在冰面上孤身奔跑,直至死于湖上,整体场景很有仪式感。

导演管虎说:"所谓'老炮儿',其实就是一类人,是每个时代都会留下硕果仅存的人。他们有情有义有担当,有血性,有底线,尊严不可践踏,有些不合时宜,跟不上时代,但不会被时代淘汰。"[1]这本质上是一个关于人的尊严的故事。

在影人影评中,大都认为"老炮儿"身上残留着侠与义的中国文化传统精神,体现了一种原本拥有却被高速发展的社会环境逼退蚕食的人性本真。其"讲究""规矩""仁义"都被升华为一种生活态度,甚至成为一种理想人格的代表。但与其将"老炮儿"的时代价值用一种精神的提炼来普世化,还不如用电影里主人公自己的话说得确当。

小飞把六爷看作从书中走下来的侠客。

> 六爷,没碰上您之前,我以为这样的人都是书里写的,碰上您,我信了。

但六爷说:

> 我什么人也不是,就是一个小老百姓。

不论从事什么营生,身处什么境遇,都不能失去生而为人的底线,得把自己个儿当个人物。"人家不拿咱当回事儿,咱自己得拿自己当回事儿。"——这恐怕就是"老炮儿"带给我们的生活启示。

---

[1] 谢晨星、管虎:《电影应该表现不合时宜的人》,载《深圳商报》2015年12月23日。

第二节　玩主儿

京城有谚："会玩的叫'主儿'，特会玩的叫'爷'，玩成精的就叫'虫儿'了！"在京味儿小说或影视剧中，总少不了对这样角色的刻画。可见，"会玩"，在某种程度上，几乎成了老北京人的集体特征了。

说到"会玩"，得从北京的旗人群体说起。清代北京旗人被圈定在兵民一体的人生模式中，除了外出作战，就要在驻防地域听候调遣。即便是王爷贝勒，也不能擅离京师。但社会承平日久，旗人生齿日繁，无仗可打，又有着国家俸禄的保障，就个个成了"富二代""富三代"，游手好闲的纨绔子弟。由于有钱、有闲，八旗子弟全身心地投入到了生活全层次的讲究中，"一口京腔，两句二黄，三餐佳肴，四季衣裳"，在闲适中寻求精致与细腻。

这种风习也渐渐沁浸到其他的城市居民群体。文学家赵园曾说，这古城风雅在相当程度上系于晚清贵族社会的习尚。北京人的闲逸，他们的享乐意识，他们的虽不奢侈却依然精致的生活艺术，直接或间接地源自清末上层社会的奢靡之风，与旗人文化在市井中的漫漶。[①]《正红旗下》中的老王掌柜在刚入京的时候，对于旗人的服装打扮、规矩礼节以及说话的腔调，都看不惯、听不惯，甚至有些反感。他也看不上他们的逢节按令挑着样儿吃，赊着也得吃的讲究与作风，更看不上他们的提笼架鸟、飘飘欲仙的摇来晃去的神气与姿态。可是，到了30岁，他自己也玩上了百灵，而且和他们一交换养鸟的经验，就能谈半天儿，越谈越深刻，也越亲热……

票戏曲艺、花鸟草虫、文玩清供……玩着活，活着玩。从各府王爷、朝廷重臣、文苑名士到贩夫走卒，由古稀老翁、壮年大汉、翩翩少年乃至黄口小儿，关注于市井的乐趣，沉醉于人间的烟火。这些京

[①] 赵园：《北京：城与人》，北京大学出版社2002年版，第118页。

城八旗子弟闲暇时"玩物丧志"的游戏，居然演绎成了北京人代表性的自娱与消闲文化，沉淀为"生活艺术化"的地域民俗品格。

一、玩票儿的旗人

从制度对于生活的禁锢中冲出一条"玩"路来，这就是有钱有闲的旗人们。

清政权迁都北京后，在朝廷"岁管钱粮月管银"的供养下，八旗子弟只需履行保卫的责任，其他经商种地一律不用做。随着国家的安稳，尚武的旗人日益懈怠，逐渐形成了养尊处优的习惯。为了保证旗人的朴素习俗，清廷严禁在旗人居住的北京内城开设戏园。但到乾隆三十九年（1774），还是有九座戏园开设。清廷只能规定今后不准加增，并申明"嗣后无论内、外城戏园，概不许旗人潜往游戏"，谕令步军统领衙门严加访查，如发现有擅入戏园者，照律治罪。嘉庆十一年（1806），满洲御史和顺奏称风闻旗人中竟有演唱戏文者。皇帝对此大为不满，怒斥八旗子弟"不务正业、偷闲游荡，屡经严旨训谕，若果掺入戏班，登台演剧，实属甘为下贱"。但有趣的是，后来的调查中发现这位御史本人也是经常去戏园的戏迷，因而被革职查办。旗人如果被发现登台演戏，甚至会被削去本身户籍，发往伊犁等地充当苦役。

但禁令下的旗人们，并没有就此失去了"玩"的心劲儿，他们挖空心思大量地创作岔曲、快书、鼓词等曲艺，还另辟蹊径，直接粉墨登场、自娱自乐地演起了戏曲，因为这不算正式演戏，不在禁例之内。如果有足够的财力，就自己组建一个票社，逢上哪个亲友家孩子满月或老太太生日，车马自备、清茶恭候地唱那么一天或一夜，就为个耗财买脸、鳌里夺尊、誉满九城。没那么多钱的普通旗人们则只能加入别人组织的票社，时不时去消遣解闷。清中期以后，北京内城的票房组织，涌现出了大量技艺超群的旗人票友，其中包括日后成为京剧舞台上早期名伶的龚云甫、庆春圃、黄润甫、德珺如、汪笑侬和金秀山等人。这也算是玩出专业的典范了。

与喜好琴棋书画等雅趣的汉族士大夫不同，旗人子弟更关注市井俗趣。他们不但喜欢听京戏、曲艺，还驯鹰、遛鸟、养鸽子、斗蟋蟀、养金鱼，在这些微不足道的生活事物中寻求享受与刺激。据《旧京琐记》记载："贵家子弟，驰马试箭，调鹰纵犬，不失尚武之风，至于养鱼、斗蟀、走票，风斯下矣。别有坊曲游手，提笼架鸟，抛石掷弹，以为常课。"如果说驰马、驯鹰尚能找到一些游牧民族的遗风，票戏以至花鸟鱼虫的种种，则已经是纯为玩乐而玩乐了。用老舍小说《正红旗下》里的话说，"旗人嘛，八旗入关以来，马上得的天下，自是高普通老百姓一等。军职世袭，铁杆庄稼不倒，既是衣食无忧，自然要琢磨点有趣的好玩的，方显得出自家风范"。在小说里，就生动地刻画了这样一个寄生于八旗制度之下的悠游旗人小官的形象：

  无论冬夏，他总提着四个鸟笼子，里面是两只红颏，两只蓝靛颏儿。他不养别的鸟，红、蓝颏儿雅俗共赏，恰合佐领的身份。只有一次，他用半年的俸禄换了一只雪白的麻雀。不幸，在白麻雀的声誉刚刚传遍九城的大茶馆之际，也不知怎么就病故了，所以他后来即使看见一只雪白的老鸹也不再动心。

  在冬天，他特别受我的欢迎：在他的怀里，至少藏着三个蝈蝈葫芦，每个都有摆在古玩铺里去的资格。我并不大注意葫芦。使我兴奋的是它们里面装着的嫩绿蝈蝈，时时轻脆地鸣叫，仿佛夏天忽然从哪里回到北京。

  在我的天真的眼中，他不是来探亲家，而是和我来玩耍。他一讲起养鸟、养蝈蝈与蛐蛐的经验，便忘了时间，以至我母亲不管怎样为难，也得给他预备饭食。他也非常天真。母亲一暗示留他吃饭，他便咳嗽一阵，有腔有调，有板有眼，而后又哈哈地笑几声才说："亲家太太，我还真有点饿了呢！千万别麻烦，到天泰轩叫一个干炸小丸子、一卖木樨肉、一中碗酸辣汤，多加胡椒面和香菜，就行啦！就这么办吧！"

亲家爹虽是武职，四品顶戴的佐领，却不大爱谈怎么带兵与打仗。我曾问过他是否会骑马射箭，他的回答是咳嗽了一阵，而后马上又说起养鸟的技术来。这可也的确值得说，甚至值得写一本书！看，不要说红、蓝颏儿们怎么养，怎么遛，怎么"押"，在换羽毛的季节怎么加意饲养，就是那四个鸟笼子的制造方法，也够讲半天的。不要说鸟笼子，就连笼里的小磁食罐，小磁水池，以及清除鸟粪的小竹铲，都是那么考究，谁也不敢说它们不是艺术作品！是的，他似乎已经忘了自己是个武官，而把毕生的精力都花费在如何使小罐小铲、咳嗽与发笑都含有高度的艺术性，从而随时沉醉在小刺激与小趣味里。

小说里还说到一个嗜好养鸽子的旗人，不管去办多么要紧的公事和私事，他的眼睛总看着天空，万一遇见那么一只掉了队的鸽子，飞得很低，十分疲乏，急于找个地方休息一下。见此光景，就是身带十万火急的军令，他也得飞跑回家，放起几只鸽子，把那只自天而降的"元宝"裹了下来。能够这样俘获一只别人家的鸽子，对他来说，实在是最大最美的享受！

可以看得出，这种趣味几乎成了旗人生活的全部追求。他们是"闲人"，有的是时间把精力投到生活细琐处，寻找一些精神的愉悦与解脱。他们将自己的爱好发展到技术的极致，处处存了个"讲究"的心，到头来"有钱的真讲究，没钱的穷讲究"！（见图3-3）

清中后期由于社会危机加重，旗人的俸禄已满足不了生活

图3-3 北京人遛鸟（选自《旧京史照》，北京出版社1996年版）

的需求，旗人生活普遍贫困化。1911年辛亥革命后，旗人们更是被断绝了当兵吃饷的经济来源，只能自食其力谋生存。因生活日窘，以往用来消遣自娱的物事反而充当了谋生的手段，业余爱好者们纷纷下了海，旗人票房居然也成为孕育京剧名角的摇篮地之一了！如今看来，旗民人生境遇的大起大落，反而成就了北京文化史的发展契机，其行为做派和生活旨趣由此沁浸到普通市民的生活中，使社会中上层的旗人文化与京城市民文化得以交流融会，进而衍生为京派文化的特色。

二、闲人不闲

花鸟鱼虫与琴棋书画居然可以并肩为伍，和文化发生密切的关系，这是旗人对北京文化的重要贡献。在这些"小玩意儿"上，旗人是肯用脑子，肯花精力，倾其财力的。其中的"学问"不是因一时兴起，而是透出北京人处事有板有眼，为人有里有面的传统。我们从下面一些"小玩意儿"的玩乐习俗中，就可以看出北京人的讲究不仅是针对人，就连手里的玩物都得训练出同等的规矩来，人与物的关系早已超出使用价值的层面，而进入了人物一体的精神层面。（见图3-4）

图3-4 胡同里的老北京人依然存在的养鸟习惯

（一）养鸟之乐

话剧《茶馆》里，松二爷和常四爷第一次出场就是一人拎着一个鸟笼子。松二爷是个文墨之人，手中拎的是黄鸟，属于小型的文鸟，遛起来就得一步三晃，慢条斯理的；常四爷身材魁梧，高门大嗓儿，好练两下子，拎的是画眉，属于大型的武鸟。走路的时候就得昂首挺胸，笼子要甩起来，讲究亮笼子底。

文鸟一般都是听叫的，比如百灵、黄鸟、靛颏；而武鸟虽然也会叫，还好斗，比如画眉鸟。由物窥人，松二爷和常四爷虽说都是旗人，但是性格做派全不一样，所以玩的鸟也不一样！

遛鸟曾经是老北京旗人每天的必备功课。不是什么鸟都能遛，所谓"画眉满街走，百灵不离手"，能遛的多数都是鸣禽。为什么要遛鸟？是因为不遛不叫。鸟习惯于与人相处时，它就会尽情鸣叫。这样的驯化过程，叫作"压"。一只生鸟，至少得"压"一年。让鸟学叫，最直接的办法是听别的鸟叫，因此养鸟的人经常会聚在一起，把他们的鸟揭开罩，挂在相距不远的树上，此起彼伏地赛着叫，这叫作"会鸟儿"。

养鸟的人能从鸟的叫声中咂摸出滋味来。话剧《鸟人》中有一段是三爷分析"东路红子"和"南路红子"的优劣，山东产的叫东路红子，河南产的叫南路红子。东路红子音儿快、沉；南路红子音儿慢、娇。您听河南梆子就比听山东吕剧过瘾，为什么？东路不如南路。再如"靛颏"，最拿手的就是学伏天儿叫。如果进了寒冬，老北京的街上万物凋零，天上飘着鹅毛大雪，主人在家里吃着涮锅子，屋里热气腾腾，这时候把鸟笼子罩撩开，里面的"靛颏"叫着夏天才能听到的伏天儿叫，那是何等的悠哉啊！

要说听叫，那首推的还得是百灵。真正的行家养百灵讲究"净口十三套"（按固定的顺序模仿十三种其他鸟或昆虫等的叫声）为上品。这"十三套"叫的时候一定要按顺序叫，叫乱套了鸟就不值钱了。百灵鸟鸣叫的十三套，内容次序因地而异。就北京来说，南北城要求都不尽相同，一般来说都先从麻雀叫开始，依次是母鸡下蛋、猫叫、沙燕或雨燕、狗叫、大喜鹊或灰喜鹊、红子叫、油葫芦叫、鹰叫、小车轴声、水梢铃声、苇诈子叫、虎不拉叫。在没有录音设备的年代，要想让百灵学会十三套大口，可需要主人奔波劳碌！比如学喜鹊叫，那得早晨天还没亮就起床，拎着鸟笼子出城，找树林专门等喜鹊让百灵学它。等到天光大亮，回到城里找个茶馆喝茶吃早点。人的整个生物钟得按鸟的时间调整。一般禽鸟见猫和鹰都得惊喽！可是养鸟人偏要百灵去学它害怕的东西！看得出过去的北京旗人养鸟下的功夫极深！谁家的百灵要是学会了十三套大口，当众来上这么一出，那是极其露脸的事！

除了遛鸟，与鸟相关哪样都粗糙不得。京城"百灵张"说："养鸟的把式，就是'把食'，喂食最重要。小百灵吃软食，把绿豆煮开，焙干后过筛子，再搓上鸡蛋，一斤鸡蛋一斤豆面，搓定再焙干。喂时少许放点茶水。换过毛的小百灵再喂硬食。小米搓蛋黄，凉凉放干，冬天可焙干。小鸟不喂水，喂食一定得干净，温度也要适当。另外，百灵最怕炝锅油烟。"预备鸟食虽然费事，但都是养鸟人爱鸟必须下的功夫。

（二）熬鹰之境

"你熬鹰哪！"这是北京人说晚上老耗着不睡的人的口头语。其来源即北京人养鹰的习俗。

满族入主中原后，把养鹰的爱好带入北京。在北京玩家种类繁多的游艺之中，最高境界就是玩鹰。鹰可不是那么好玩的，至少要"过五关斩六将"。据王世襄先生总结，这五关是打鹰、相鹰（判断鹰的好坏）、驯鹰、放鹰和笼鹰（人工饲养以待鹰脱换羽毛、长出新爪）。第三关"驯鹰"最有特色，北京人俗称"熬鹰"。汪曾祺曾经介绍了熬鹰的方法：

> 北京过去有养活鹰的。养鹰为了抓兔子。养鹰，先得去掉它的野性。其法是：让鹰饿几天，不喂它食；然后用带筋的牛肉在油里炸了，外用细麻线缚紧；鹰饿极了，见到牛肉，一口就吞了；油炸过的牛肉哪能消化呀，外面还有一截细麻

线哪；把麻线一抽，牛肉又抽出来了，还抽出了鹰肚里的黄油；这样吞几次，抽几次，把鹰肚里的黄油都拉干净了，鹰的野性就去了。鹰得熬。熬，就是不让它睡觉。把鹰架在胳臂上，鹰刚一迷糊，一闭眼，就把胳臂猛然一抬，鹰又醒了。熬鹰得两三个人轮流熬，一个人顶不住。干吗要熬？鹰想睡，不让睡，它就变得非常烦躁，这样它才肯逮兔子。吃得饱饱的，睡得好好的，浑身舒舒服服的，它懒得动弹。架鹰出猎，还得给鹰套上一顶小帽子，把眼遮住。到了郊外，一摘鹰帽，鹰眼前忽然一亮，全身怒气不打一处来，一翅腾空，看见兔子的影儿，眼疾爪利，一爪子就把兔子叼住了。①

"熬鹰"指的就是只有经过不间断的熬驯，生鹰才能驯服。鹰习性凶猛，为了消除它的野性，养鹰人需要昼夜轮流熬驯。训练天数都是"紧七慢八，十天到家"，如果过了这个日子，证明驯鹰的人技术没到家，早于这日子则鹰没驯到家。熬鹰，非身体好不能玩，可称为"武玩"的代表，一般人鹰未熬成，人先垮了。王世襄先生年轻时也驯养过鹰，而且喜欢值夜班，曾六七宿不打盹，最后鹰服了。至于放鹰，也很锻炼人的身手，可谓是"鹰追兔子，人追鹰"。他晚年曾说："放鹰有意思，刺激性强，百放不厌，是极好的运动，对锻炼身体大有好处。我现在已过79岁生日，赶公共汽车还能跑几步，换煤气还能骑自行车驮，都受益于獾狗大鹰。"②（见图3-5）

图3-5 鹰帽（北京民俗博物馆馆藏）

---

① 汪曾祺：《人间草木》，山东画报出版社2016年版，第195页。
② 王世襄：《锦灰堆（合编本）贰卷》，生活·读书·新知三联书店2015年版，第607页。

(三)鸣虫之趣

北京人好玩鸣虫。隆冬腊月，大自然中的一切昆虫几乎被肃杀得一干二净；而那些在深秋经人工孵化出来的蝈蝈、蟋蟀、油葫芦等，却仍然生机勃勃，鸣叫之声不绝于耳，给人带来无限的乐趣。王世襄先生回忆，他在就读燕京大学时，邓文如先生授《中国通史》，某日椅近前排，室暖而日暄，怀中蝈蝈声大作，屡触之不止。先生怒，呵斥道："你给我出去！是听我讲课，还是听你蝈蝈叫！"只得赧然退出。同学皆掩口而笑。

不同的鸣虫其畜养之器并不相同，因其生活习性、身材大小有别。故言葫芦当自言虫始。王世襄先生有一次在接受采访时说，国产电视剧《末代皇帝》有个镜头，表现溥仪从怀里掏出一只葫芦，一只蝈蝈儿从里面跑了出来。这个镜头设计得挺合理，表现了溥仪的玩物丧志，可是他拿的那个镶象牙口的葫芦不太对头，那不是养蝈蝈儿的，而是养油葫芦的。

在王世襄先生笔下，人工孵育之虫使鸣于冬者，可分为两类，有餐风饮露于丛草之间的"缘枝类"，如蝈蝈、札嘴，有夏末蜕衣于乱草瓦石之底，秋凉栖身于土穴石隙之中的"穴居类"，如油葫芦、蛐蛐、梆儿头、金钟。蝈蝈、札嘴乃日间鸣虫，油葫芦、蛐蛐等则鸣于夜。缘枝之虫，高离地面，按照其习性，需有充裕的空间，因而其葫芦腰多偏上，且口处只安体质极轻的有孔瓢盖，以防头重脚轻。而穴居鸣虫不离土壤，其所用葫芦均垫土底，腰多偏下，重心在下，因此口处可安装框子及蒙心。两种类型的葫芦样式很不一样。即使穴居鸣虫葫芦也有不同，因虫之大小，油葫芦的葫芦粗于蛐蛐葫芦，而奔儿头葫芦视蛐蛐葫芦细而高，是为了防止善跳跃的奔儿头逃逸，而养金钟的葫芦又粗于油葫芦的葫芦，因为金钟喜群居，每养必双。王世襄先生指出，许多书籍甚至博物馆刊物，都常混淆葫芦之区别，常常张冠李戴，可见其昧于虫之习性，缺少养虫常识。（见图3-6）

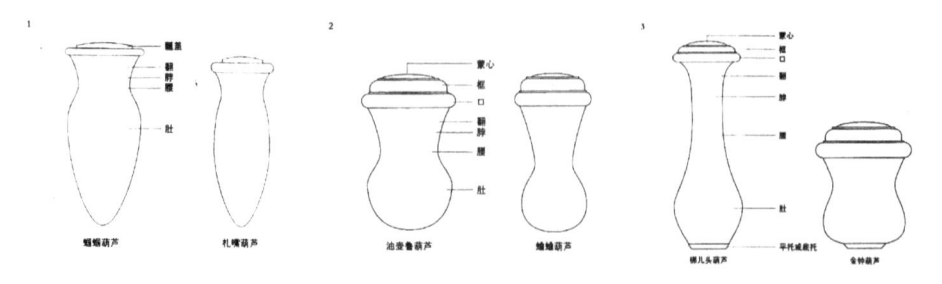

图 3-6　蝈蝈葫芦、札嘴葫芦、油壶鲁葫芦、蛐蛐葫芦、梆儿头葫芦、金钟葫芦（选自《锦灰堆（合编本）·贰卷》，生活·读书·新知三联书店 2013 年版）

好虫与好器相得益彰。据说京剧著名花脸演员金少山畜养油壶鲁的葫芦器即是佳品。葫芦颜色红中透紫，光滑细腻如锦缎，象牙葫芦盖上雕刻着关羽封侯挂印的精细图案。更为特殊的是，牙盖下面镶着一个 6 层镂空的象牙小球，只要油壶鲁一声长吟，那互不连接的 6 层小球便被震动得同时旋转起来，产生共鸣，那声音如编钟而圆润，似环而转，满堂客听罢如痴如醉，就连巧嘴百灵与画眉亦是自愧弗如了。

除畜虫之器的讲究外，还要看技法。王世襄先生在《冬虫篇》中介绍，为使虫鸣，可选兔须之长而有锋者一茎，用蜡粘于长针针鼻端，称之为"鞭儿"。两指捻针，针转须动，须锋拂虫身，虫以为雌来相亲，或雄来进犯，遂振翅而鸣。这时虫发出的声或柔或急，与其平时声不尽相同。

还有专门的"粘药"手法。欣赏虫鸣，有天然鸣声，可称为"本叫"，而粘药则点药翅上，变其音响。粘药之目的在借异物之着翅以降低其振动频率，于是虫声原本高的会降低，声音尖的会柔和。所谓"药"，是用松香、柏油（或白皮松树脂）、黄蜡加朱砂熬成，色鲜红，近似缄封信函的火漆，遇热即融，凉又凝固而酥脆。等到虫的翅膀长成干透，声音就定型了，这时就可下药点之。

粘药的方法不知始于何时。相传清末宫中内监悬笼于松树下，一日忽鸣声大变，苍老悦耳，发现原来是松脂滴到了虫翅上，自此悟出点药法。其方法虽为经验之学，但符合声学原理，一定是玩者殚精竭虑所得。

古琴国手管平湖善养鸣虫。鸣虫中大翅油葫芦,身长翅大,名贵难求,但如果其翅动却不能鸣,任品类多好也身价掉落。有一回,有个养虫家从市场重金买到一个大翅,回去后发现翅动而不出声,就又愤愤退了回去。管平湖听到消息,赶到卖家那里细看了一番,出手重又买了去。过几天,养虫的人在茶馆相聚,忽有异声如串铃沉雄,忽隆隆自先生葫芦中出,四座惊起,争问何处得此佳虫。得知居然是"倒拨子"(售出之虫因不佳而被退还)都极为诧异,纷纷请教其粘虫之法。管平湖之绝在于,他选的点药位置竟在翅尖,这在行家看来极不合常规,甚至被视为大忌,他却偏偏这么做了。他解释道:"观虫两翅虽能立起,但中有空隙,各不相涉,安能出音!点药翅尖取俗谓'千斤不压梢'之意,压盖膀而低之,使两翅贴着摩擦,自然有声矣。"众人于是叹服。

(四)玩出包浆

有句俗语称,贝勒手中三件宝——扳指、核桃、笼中鸟。老北京旗人也精于文玩器物的玩赏。如果说伺候活物的本事在于玩出"规矩",对待文玩的主要评判标准,就是玩出"包浆"。

"包浆"这个词汇,随着改革开放以来全民收藏的热潮,几乎成为市民大众广为皆知的热词。这个词儿至少自清代古玩商就有,在《儒林外史》中就已有相关的描述:"你看这(炉)上面包浆好颜色!""包浆"作为古玩行的一个专业术语,指金、铜、玉、瓷、竹等质地的器物在悠悠岁月中因烟尘、雾水、光照的自然浸染与把玩者的经久摩挲而在器物表面形成的幽然光泽。

一般认为,包浆最初是指旧时洗衣的上浆,后来延伸至竹木牙角等,后再至金属玉石类也有包浆之说,但由于材质硬难于自然生成,需人为产出包浆者,称之为"盘"。有文人总结道:"一般年代远者包浆厚重,年代近者包浆清浅,常擦拭者包浆明显,无擦拭者包浆隐蔽。"包浆是鉴定器物年头的重要标准。实际上,包浆的深浅厚薄代表着时间的久远，但更代表着器物与人的关系，因而它既有"新""老"之别，又有"他""我"之分。

为什么行内人讲究"新核桃上手三年之内，不能让他人碰"？从新货到盘出包浆，其对玩赏的器物所灌注的人力，使得器物脱离单纯的物质层面，融入了人的生命气息。人类学视野下的理解认为，包浆使器物被赋予了一种灵力，体现的就是人对于自我存在的差异性的追求。人借此将自己的存在感和独特性凝结在器物之上，通过器物在空间的流转与时间的留存实现生命意义的延续。[①]

这也是把玩的一种社会意义，通过身体（主要是双手）在外物上留下个人的气息和痕迹，形成人与物的交融，从而塑造了这种器物的文化属性。包浆里面有人的价值，既有个人在岁月中的痕迹，也有把玩者在爱好者群体中的脸面。

北京的玩主儿们将自己最大的热情灌注在所喜爱的物事上。人们常常称他们为"闲人"，一是有生活的闲适之意，另一个恐怕还有一种从"玩物丧志"的角度去理解的"闲"，把玩当成正事来干——闲得慌。但从前面的描述中，我们看得出，闲人并不"闲"，他们整日"闲"得很"忙"，将全部的心血精气都注入精神自娱中。赵园说，北京人以其教养，把自己的内在境界客体化、对象化了。[②]人即是物，物即是人。

三、不冤不乐

王世襄先生曾记述一位养虫家"金疯子"，性执拗而好胜，年老犹气盛，凡事不甘居人下。茶馆有人粘得佳虫，他一定要粘一更佳者与对方较量。如果较量没有取胜，就每天白天巡游各庙市，出入罐家，夜间燃烛捻针，重粘已粘之虫。翅上之药，续而撤，撤而续，所有葫芦，一一试过，兔须鞭儿，一捻再捻，不知东方之既白。故日日

---

① 赵旭东、孙笑非：《器物之灵：作为文化表达的包浆与意义的再生产》，载《民族艺术》2017年第1期。

② 赵园：《北京：城与人》，北京大学出版社2002年版，109页。

夜夜，竟无宁刻。有人问他："岂不以为苦？"他笑而答曰："不冤不乐！"

不冤不乐！这是老北京人在日常细琐事物上的热情与专注的最好注脚。老北京人善于在日常生活中找到乐子。这种找乐，无论是遛弯儿、遛鸟儿，还是下棋、听戏，既是个人的兴趣，也是同好者的群集。找乐在精神上的满足，不仅仅是个人的欢喜无状、悠然自得，更是嗜好者彼此的感应、共鸣。

这找乐未尝不是市井平民的小小计谋，小公园里搭班唱戏，是对未能成"角儿"的补偿；酒缸沿儿上神吹海聊，是对于卑贱社会地位的补偿。在社会并非"人人顺心，个个顺气儿"，故要找乐。乐子之值得找，也因可借以摆脱某种社会角色所引起的缺陷感，获得心理补偿，忘掉忧虑与痛苦。因而，这种找乐也是一种"找补"。作家陈建功在《找乐》中调侃道：

  混得不怎么样吧，还老想找点什么"乐子"找找齐，这不瞎掰吗？大概因为这个原因，"找乐儿"者流就难免不被人引为笑柄了。其实，你再往深里想想，这有什么可笑的呢？混得不怎么样，再连这么点儿乐和劲儿也没有，还有活头儿吗？据奥地利心理学家阿德勒的说法，拿破仑因为个儿矮且有牛皮癣，不顺气儿，所以才有了振长策而驱宇内，君临天下之举。北京的平头百姓们还没想着往拿破仑那份儿上奔呢，只求哥儿几个凑到一块儿，或位卑言高，称快一时，或击节而歌，乐天知命，又算得了什么呢？

昔日八旗子弟衣食无忧下的执着细物，反而成就了北京人人生中的一点变通，不失为简朴易行的精神补偿和身心调节的方式。

但这种找乐一旦过了度，反而成为负累的枷锁。

在当代剧作家过士行的话剧《鸟人》中，北京养鸟人将养鸟的好处概括为"修身养性"，鼓捣着初来乍到的孙经理养鸟。

孙经理：我还以为咱们得干一架呢，没想到您真有涵养。

胖子：顶数养鸟的人有涵养，提鸟笼子的没有打架的，为嘛？怕把鸟儿吓着。一个鸟笼子好几百，不躲着点儿行吗？

孙经理：养鸟儿真能养性吗？

胖子：不信你就试试，先买只好养的，爱叫的……

这看似是修身养性的爱好，到最后居然夺了一个资深养鸟人的性命。孙经理养的玉鸟在一群百灵中叫出了声，犯了玩鸟的人的忌讳，引得"百灵张"肝火大盛，竟然摔死了自己精心侍候数年的百灵，本人一口气上不来也就此气死。

这修心养性和愤慨至极看似形成了行为的矛盾，但从养鸟人群体的心境上说，却是可以理解的。百灵鸟的特长本是灵于学百鸟叫声，无所谓脏口与否，但养百灵的人却需要在鸟儿的自然叫声中分出净与脏，分出贵与贱，分出三六九等，并以此来分出养鸟人的高低。鸟已经不再仅仅是一种动物，而且是他们人生价值的符号。百灵染上脏口，相当于对养鸟人生命的贬损与辱没。

过士行创作的"闲人三部曲"中的"生活闲人"几乎都是传统雅趣的追逐者、京味文化的沉醉者。但他们并没有想象中的"闲适"心态，而是把个人爱好等同于生命价值，全情投入其中，以至于从自恋走向自戕。《棋人》里，一个痴迷于围棋的棋人何云清，一辈子专注于黑白世界，心无他物。到了晚年，决定从此再也不下棋了。他将多年的棋友赶出家门，并将陪伴他多年的棋盘劈了烧火。何云清后来同意与新的围棋天才司炎下棋，希望通过战胜他阻止他成为棋人。但是意想不到的结果发生了，司炎虽然失败了，不得不离开了棋，但不下棋，毋宁死，他也自杀了。《鱼人》写了一个"钓神"的故事，他为钓上一条巨大无比的大青鱼丢了孩子，老婆也弃他而去。"钓神"为再次邂逅大青鱼，费尽了精力和心血，而一直在大青湖护鱼的老于头则以自身代替大青鱼被"钓神"垂钓，帮助一方水灵逃过一劫，展现了悲壮的人"鱼"较量。

可以看出，对这些闲人来说，爱好已不再是辅助性的精神修养和身心放松，而是生活的全部。他们玩得认真，玩得精致，玩得疯魔，在物上投入了全部价值，本来是人驾驭物，但人又被物所改变，为物所控制，成为物的奴仆，以致形成一套思维桎梏，陷入痴迷的、不可摆脱的困境。过士行说："这些人的存在就是对现代的一种嘲讽。但是不能把他们当作英雄来写，那样就写不出陌生化来。他们生存的年代不是竹林七贤的年代，他们比忙人更尴尬，更找不到自己的位置，但是他们却依然执迷不悟。他们的困境在玩本身。"[①]

这些故事的主人公虽然在各自的爱好圈子中都处于中心的位置，但并不是在大都会生活中如鱼得水、紧跟得上时代节奏的人。这些爱好中精妙的讲究、繁复的仪式，代表着特别的生活方式，成为他们在社会群体中标识和言说自我的一种媒介。鸟人、棋人、鱼人对某一类知识有深刻的认知和无法自拔的热爱，但他们也爱自己在同好群体中的声望。老北京人见过世面，在数百年来的帝都从来不缺乏等级感的体会，这种现实中的秩序感渗透到"把玩"的世界中，也使物事有了等级之分。他们在现实的社会关系之外，也在器物中寻找到新的精神寄托，凝聚一种理想的社会关系，打造出一个爱好的秩序世界与现实世界相对立、相抗衡，而自己的生活就平衡于两者之间。这种生活方式既可能是无关乎他人的自我内心的满足，也可能是通过在特定的群体趣味中寻找社会的平等感和优越感的一种方式。

过士行的戏剧通过三个极端的案例描述北京人对于爱好所可能的偏执心理与行为。可以看出，这玩意儿不见得修身养性，而另是一个江湖。

林语堂在《论趣》一文中曾说，世人活着大多为名利所驱使，但是"还有一种知其然而不知其所以然的行为动机，叫作趣"。人生快

[①] 过士行：《我的戏剧观》，载《文艺研究》2001年第3期。

事莫如趣。但对于一些老北京人来说，一面是无功利的休闲，一面是过于庄重的游戏，既有平等精神，又彰显等级秩序，既是消遣，也饱含竞争，这或许是其追求趣味心态时所包含的悖论。

王世襄先生曾讲述了自己养百灵的心理变化历程：

> 北派十三套，可以把活鸟变成录音带，一切服从人的意志。老北京玩得如此考究、到家，说出来可以震惊世界。不过想穿了，养鸟人简直是自己和自己过不去，没罪找罪受，说句北京老话就是"不冤不乐"。南派的绕笼飞鸣，也终不及让鸟儿在晴空自由翱翔，自由歌唱。对百灵的欣赏由抑南崇北到认识南北各有所长，未容轩轾，直至最后觉得可爱好听还是自由自在的天籁之音，这也算是我的思想感情的一点变化吧。[①]

讲百灵，先是北派的十三套，讲究规矩，再到南派的绕笼飞鸣，已有境界的不同，可听到天际的百灵之声，才恍然领悟，原是游戏人生之精神桎梏。玩主儿之规矩，到头来还是规训的自己。

[①] 王世襄：《锦灰堆：王世襄自选集（合编本）》贰卷，生活·读书·新知三联书店2013年版，第526页。

第三节　前引

如果你生活在清末民初年间的北京城，每逢农历四月，在一些街道上就会出现许多黄纸书写的"会启"。这些是每年妙峰山庙会朝顶进香的香会的告知书。所谓香会，就是祭神修善的民间社团组织。在会聚了天南海北的人群的北京，这些天子脚下的本地社群习俗未必尽人周知。比如顾颉刚就说："我在北京住了也有八九年了。这些会启年年张贴，但以前的七八年中竟毫没有投入我的意识。"①但等他带着对民众文化自觉意识的反思，重新审看这个生活事象时，却突然像发现了一片新天地。1925年，顾颉刚一行人专程前往妙峰山调查香会。顾颉刚认为："朝山进香的事，是民众生活上的一件大事。他们储蓄了一年的活动力，在春夏间做出半个月的宗教事业，发展他们的信仰、团结、社交、美术的各种能力，这真是宗教学、社会学、心理学、民俗学、美学、教育学等的好材料，这真是一种活泼的新鲜材料！我们想来，在现在的时候，谁也不该摆出从前学者的架子，说这种东西是'不入流品'

图3-7　庙会期间妙峰山上的会启

---

① 顾颉刚：《妙峰山的香会》，载叶春生主编：《典藏民俗学丛书（中）》，黑龙江人民出版社2003年版，第1022页。

的，傲然的不屑瞧它一眼了！"① （见图3-7）

由于过去朝山进香所涉及会众的交通、伙食、杂务、保卫等工作都需要专人负责，除了技艺表演人员外，香会里往往设置有"引善都管"（负责人）、"催粮都管"（收取会费）、"请驾都管"（掌礼）、"钱粮都管"（采办供品）、"司库都管"（财务）、"车把都管"（伙食车辆等）、"中军哨子"（巡查）等各种管理职位。顾颉刚在对香会各个角色进行调查整理时，就曾夸赞其组织极为精密！如果说这一组织中的其他岗位我们都可以凭自己的经验知晓理解其功用，但唯有一个角色"请驾都管"会令我们有些困惑，为什么单要设定这样一个掌礼的职位？在现代香会中，人们将执掌礼仪的人称为"前引"，他不但被认为是香会中不可或缺的角色，而且被奉为"首要人物"②。

无独有偶，在顾颉刚一行调查妙峰山的前一年，红寺村的香会——太平永乐秧歌圣会举行了隆重的贺会仪式——众多京城香会参与的宣告仪式，因为只有经历了这个仪式他们才能被其他的香会接纳，才能前往妙峰山朝顶进香。在这次仪式之前，太平永乐秧歌圣会只是在村落内部活动的社区组织，直到在一次机缘巧合中，被当时京城香会的总头把子陈永利发现，才被带动引领进入了村落之外丰富、繁密的京城香会秩序世界。但这只是个开始，直到太平永乐秧歌圣会的会首拜了当时京城"四大前引"之一的景荣为师，才正式得以窥其门径。

这些都使我们头脑里产生了一个问题——"前引"是什么？

用通俗的话讲，"前引"就是最懂香会规则的人。那么，在香会中为什么要单设这么一个角色？这就需要从井字里的会说起。

---

① 顾颉刚：《妙峰山进香专号引言》，载叶春生主编：《典藏民俗学丛书（中）》，黑龙江人民出版社2003年版，第1018—1019页。

② 隋少甫、王作楫：《京都香会话春秋》，北京燕山出版社2004年版，第19页。

一、井字里的会

京城香会历来分为"井字里"和"井字外"。北京"四九城"被形象地比喻为"井字"。住在内城的旗人香会被称为"井字里"的会,而其他区域的则被称为"井字外"的会。关于这种区分的由来,有一个传说故事。据说过去的香会都由皇宫里头的两个太监负责管理,但是因为性格不合,两人总是因为香会的事情吵架,今天这个参那个一本,明天那个再参这个一本,一来二去就把皇上给惹恼了,"得了,你们俩啊,进入民间吧,别跟皇宫里头瞎捣乱了。"然后皇上顺手将一块布撕成了两块,作为他们以后走会的手旗。斗口朝上的布,赐给了姓卢的太监;斗口朝下的布,则赏给了姓童的太监。于是,两人带着自己的布离开了皇宫,走入民间。最后,姓童的太监在"井字外"安家落户,而姓卢的太监则在"井字里"将香会发展起来。老北京玩会的人总说"卢家门的杆子,童家门的锣",就是从这个传说得来的。[①]

当我们从生动的传说故事,回到社会史中去审视这两者的分化,则会发现其中有着深刻的社会原因。其实,如今我们所说的香会规矩,其形成与发展都和清代的旗人有很大关系。

对于北京民众而言,秧歌、高跷、中幡等社火表演,不仅是进香时酬神的表演,同时也是市井间撂地卖艺的表演内容。社区的红白喜事中也常见香会文场的身影。但这一现象到清代发生了改变,接受了碧霞元君信仰的北京旗人定期发俸,衣食无忧,生活丰裕,拒绝参与其他的社会活动换取报酬,认为打把式卖艺会对娘娘不敬。在这种认识下,旗人的香会变成了单纯的信仰组织。《旧京风俗志》这样直白地说,"八旗子弟,职务上之相当于工作已了,饱食终日,无所用心,于是相互集聚,而为排会之游戏……各会常因细故,而演成凶殴,按此等娱乐,虽无关生计,然若辈视之,直同生命"。在这些有钱有闲的旗人"抢洋斗胜、耗财买脸"玩会争斗的过程中,格外看重信仰的

[①] 孙庆忠主编:《妙峰山:香会志与人生史》,知识产权出版社2013年版,第67页。

虔诚性和相互关系的秩序性，从而逐渐形成了约定俗成的理想化交往礼仪。（见图3-8）

在清代北京城的民族分治政策中，八旗分居在北京内城的各个区域，与外城和京郊的汉族居民形成居住空间的区隔。这种居住区域的等级性也折射到香会组织的相互关系中。井字里的会较井字外的会更讲规矩，在朝拜进香地点方面，井字里的会强调不走多条香道，妙峰山是唯一的信仰中心。在走会的过程中，讲究"车笼自备，茶水不扰"。在井字里老会的传承中，特别强调行香走会"耗财买脸"与天桥"撂地卖艺"的区别：

图3-8　（清）无名氏绘《妙峰山进香图轴》（中国国家博物馆馆藏）[①]

> 行香走会是自愿在老娘娘催香火，这与天桥摔跤完全不是一回事，一个是大爷高乐，一个是下九流的玩意。[②]

在井字里的网络体系中，明确了香会的种类与关系秩序，每个会都能"各就各位"，找到自己的位置。

在会的等级秩序上，按照诚起时间的长短划分，新成立的会称为"圣会"，过了百年的会称为"老会"，圣会的地位低于老会。在清末

---

① 中国国家博物馆编：《中国国家博物馆馆藏文物研究丛书·绘画卷（风俗画）》，上海古籍出版社2007年版，第283页。

② 张青仁：《行香走会北京香会的谱系与生态》，中央民族大学出版社2016年版，第83页。

还有皇会。因慈禧太后经常传看香会，对表演优异的香会加以赏赐。这些香会因受过皇封，地位高于其他各会。

在会的类型上，分为"替老娘娘当差撒福"的文会和献艺表演的武会。文会一般是指为朝山进香者服务的香会，主要是在举行祭祀庆典时，为香会、香客和庙宇做各种善事，负责安排吃、喝、行、维修等义务服务工作的民间组织。在会的门类上分为很多种，有代表性的如粥茶老会（舍粥舍茶）、缝绽老会（为香客补鞋钉掌）、燃灯老会（在大殿内悬灯填油）、馒头老会（为香客舍馒头）、路灯老会（在路上为香客挂灯照明）等。（见图3-9）

图3-9　妙峰山庙会期间的清茶圣会

武会重在表演，在走会秩序方面，形成了"幡鼓齐动十三档"的顺序：

> 开路（耍叉）打先锋，五虎少林紧跟行，门前摆着侠客木（高跷），中幡抖威风。狮子蹲门分左右，双石头门下行。石锁（掷子）把门挡，杠子把门横。花坛盛美酒，吵子（大镲）音乐响连声。杠箱来进贡，天平称一称。神胆（胯鼓）来蹲底，幡鼓齐动响（享）太平。

"幡鼓齐动十三档"走会时的表演道具都有其特定的寓意，建构

141

了象征性的"庙宇",如高跷会所用的跷腿代表庙门前的木栅栏;中幡代表庙门前高高悬挂的幡旗;杠子代表庙门的门闩;双石头代表庙内的拴旗石;掷子会的石锁代表庙门上的锁头等。它既是具有浓厚宗教象征意义的移动的神圣空间,也是非常谨严的朝圣仪仗秩序,它是北京民间花会最系统完整的代表。在"十三档"之外,民国年间又加入了小车、旱船、脚踏车,形成"外三档"武会。

1925年,顾颉刚通过分析调查到的会帖,共罗列出当年99个香会的名称。但这只是众多类型文武香会的一部分,据他推想,至少300个会是可能有的。如此数量众多的香会齐上妙峰山,这就凸显出"前引"这个掌握规矩的负责人的重要性来。

奉宽在《妙峰山琐记》中记载,"茶棚及文武会之首事人,称为'都管',其执旗前导,并提调一切事者,为'前引'"[1]。每个会的会头,或称之为老都管、板头,是整个香会的管理者,处理会内大大小小的具体事务。前引,则是引导、处理会与会之间关系的人,他是朝顶进香中的引路人,必须得懂会规、会礼。因为香会朝顶进香的过程也是香会之间挑眼与盘道的过程。前引需要利用自己超强的反应能力,随时应对各种突发情况。

对于一个香会来说,门旗、笼幌、手旗是必须具备的基本道具。门旗是绣着本会名号、类别、诚起或重整日期以及参与贺会香会名录的旗帜,在走会时往往走在最前面,相当于广而告之自己会的身份。笼幌是香会盛放"钱粮"供品的容器,亦被称为钱粮担子。手旗则相当于指挥旗,式样和门旗相当,只是尺寸小得多。行香走会时,会头、前引拿着手旗指挥会员。(见图3-10)

图3-10 妙峰山香会博物馆中陈列的香会门旗、手旗等物品

---

[1] 奉宽:《妙峰山琐记》,国立中山大学语言与历史研究所1929年版,第105页。

一般来说，前引都是会头，但是会头不一定是前引。过去，京城有著名的四大前引：南果子市茶烛老会会头景荣、山涧口五虎棍会会头宋文玉、黑塔寺杠子会会头赵松涛、德胜桥五虎棍会会头范月川。还有"18位承代之引"，懂得香会所有的规矩，可以在任何一堂香会中担任前引。北京"井字里"各香会的日常往来、朝顶进香等诸般事宜，都得由各前引操持。

　　因为在妙峰山"朝顶进香""行香走会"中的秩序和规则极为严整，有学者甚至称京城香会界建构了民间社会的"紫禁城"①。在这样一个"紫禁城"里，主体无疑是北京内城"井字里"的香会。民国年间，井字里的会档子在妙峰山朝顶进香仪式中掌握了话语权，前引们在北京钱粮胡同还成立了"会口"，选出京城香会的"总会把子"，对京城香会进行调拨管理。有新的会档成立，必须先到"会口"去申请，并入全城文武堂会的花名册，而且必须经过"贺会"仪式，才可以"合法"存在，正式走会。

　　在"井字里"的会看来，"井字外"的会并不讲什么规矩。"井字外"的会，主要星散于北京"四九城"外的四乡八镇，更像是京郊农村村民们自娱自乐的信仰组织，其活动也偏向内部集体性的游艺活动。它们的进香地点并不局限在妙峰山一处，而且还要为村里的庙会服务，参加村内红白喜事等仪式活动。但一旦它们走出村落，走向京城的大千世界，就会直接遭遇到壁垒森严的香会秩序。

　　我们之前所提到的红寺村太平永乐秧歌圣会就是被京城熟谙会礼会规的总把头陈永利发现，才被带入了行香走会的秩序世界。他们按照规矩制作了门旗、手旗、笼幌等一系列器物及行头，进行了贺会，并通过拜师学习有了自己的"前引"，由此才转变身份成为一个"规范"的香会。

---

① 吴效群：《妙峰山：北京民间社会的历史变迁》，人民出版社2006年版。

二、香会规矩种种

对于香会来说，最主要的活动就是集合会众，去妙峰山朝顶进香，上顶去娘娘庙烧香表演献艺，以求得老娘娘的保佑。我们这里说的"井字里"的规矩，也大体分为两类，第一类是为信仰的纯粹性而形成的人神之间的行为规范，第二类是会与会之间的行为规范。

第一类的规矩大体包括：先烧起驾香，拜祖师爷。朝顶途中，香会需边走边沿途焚化香纸，为娘娘"缴纳钱粮"，到妙峰山后，要先到山脚的灵官殿处报号，然后才能上顶到娘娘庙进香，表演献艺，以取得老娘娘的保佑。朝顶完毕后，香会下山先要在回香亭"进香"，向各位神灵"告辞"，回京后要将"碧霞元君"圣驾供奉于会中，会员们卸装完毕，才算结束。

第二类的规矩，所谓"各会出入不乱为规，会会同城为矩，会会参拜为礼"。作为约定俗成的信仰群体活动，人神之间的契约已经转换为信仰者之间的相处规则和交往秩序，并不可任一个香会随性而为。

走会，是需要被认可的！

对于一个香会而言，贺会仪式就如同中国古代的"成人礼"一样，是其正式踏入香会界的重要象征。凡未登记在案的被称为"黑会"，不能随意走会。某档会成立后，如果三年没有走会，则此会需要"重整"。如果连续五年没有走会，则此会必须"重贺"。重整、重贺时都要请各会有名望的老会头来主持，商请相熟的香会首领代发请束，宴请各会前引，提出新会名称、宗旨及活动内容，经各会承认，就成为"贺"出来的会，方能名正言顺地开展活动。

贺会仪式前，新会必须举行"小约"，邀请会档子里有名望的前引检查新会的道具陈设和组织结构。新成立的会应具备相应的人员构成，即包括会头、前引、各类把头和一定数量的会员。经过前引检查合格后，方能准备贺会。

贺会当天，在老前引的主持下，首先宣读贺会表文、叫香，宣读完毕后开始给所有角色开脸、点睛。此后在老前引的指挥下，新会将家伙道具放置好，同时供上本会的祖师爷，俗称"设驾"。老前引把香点燃后，将其传给新会首，新会首叩拜。此后则是攒旗。攒旗时，前引将手旗赠予会首，新会开始起响，给祖师爷三拜（俗称三参）后开始在街里走动，贺会才宣告结束。结束后，新会还要请所有参与贺会的前引一起聚餐。所有参与贺会的香会的会万（会名）都会写在新会的手旗上。（见图3-11、图3-12）

图3-11 "春凤福寿旱船会"诚起贺会仪式上陈设的各会手旗

图3-12 五虎少林会在贺会后表演

笔者曾参加了2011年"春凤福寿旱船会"诚起和万顺同乐五虎少林会重整的贺会仪式，即基本上按照上述流程举行。兹录春凤福寿贺会大表如下：

启禀：

京都顺天府大宛两县，皇城内外，九城海淀，京都六部十三堂文武各会众位老都管：

兹因：本会"春凤福寿"旱船一堂驾设：北京市朝阳区王四营乡唐新村内二佰廿号；即日：公元二〇一一年元月廿九日；农历：庚寅年腊月廿六日。诚起。

即日起，本会将前往北京三山五顶、五坛八庙、各大神殿、佛殿、各大庙宇，前往进香，吉祥表文，梵香叩拜，行乡（香）走会。

特请：三村五里，四乡八镇，北京四九城文武各会众位老督管，前来恭贺，特此致谢：您多虔诚！

　　本会前引：

　　红寺村太平同乐秧歌圣会把头：徐春兰

　　西北旺万寿无疆高跷老会把头：凌长春

　　京西岳各庄同心如意太狮圣会：凌福

　　丰台区双庙村聚义同善文武圣会把头：张书清

　　本会香手：陈会林（女）

　　钱粮把：王宗凯

　　司事把：张兰菊（女）

　　文场把：王凤顺

　　武场把：张秀玲（女）

　　会员，若干

　　另外，本村"万顺同乐"五虎少林会打一重整知：

　　本会"万顺同乐"五虎少林会，后继于北营房"普善同庆"五虎少林会，会史无查。上次重整于廿年前，即一九八九年。按会规：三年不走重整，五年不走重贺。今天巧借知重整：望各位老督管给予大力支持，特此致谢。

　　本会现驾设：北京朝阳区王四营乡官庄村。前引同上，徐春兰、凌长春、凌福、张书清。

　　本会香手：王凤顺

　　香手：王凤顺向各位老督管大礼参拜！

　　二〇一一年元月廿九日

走会，走的就是规矩礼法！

一个香会在与其他会接触的时候容不得半点马虎！

　　会与会见面，就如同人与人见面，有特定的礼数，叫作"打知"。进香途中，如果武会相遇，在彼此相隔五十步时，双方便要停止一切活动，是为"停响闭点"。此时，负责挑"钱粮"担子的钱粮都管要使挑子下肩，双方会头上前行礼换名帖，此后互请先行，待两会走远后同时奏响乐器、大展门旗、颠瓶振铃、各奔前程。如果武会路遇文会，就须在50米外停止活动，会首拿着会旗拜知，文会会首拿会旗相迎，双方三拜，换帖合缘。此后，武会会首要在门外行三参拜礼，分别参拜茶棚设置的七星纛旗、参辕门和二十八宿值日，之后入棚参拜供奉的老娘娘。参驾完毕后，武会要进行表演。

这些规矩是花会间会面相互尊重的方式。曾经有个老会新承接的年轻会首朝顶进香路上经过茶会时犯了没有打知的忌讳，经人提醒等下山经过茶会时赶紧上去再打知参驾。本应该参一次的仪式，茶会老会首却让他参了三次，才舍茶舍馒头，以惩罚他不懂规矩，告诫他要牢记教训，以后别给老会丢脸。

由于以前走会的人都熟知会规会礼，所以如果茶会前引与某个花会会首关系不是很好，就会在其来打知的时候刻意为难一下，也就是传说中的"斗话"盘道。

众友同心中幡圣会会首黄荣贵曾精彩地还原了一段"斗话"：

> 如果我的众友同心中幡圣会已经掐了鼓点，停住了，茶会会首还是没有站起来接我，我就得和他斗斗话了。我就说："老督管，您虔诚，小会不成敬意，备份小帖来参拜老会。"茶会会首也明白会规会礼的事，他就会说："好说，老督管，小会无功，不敢劳老会大驾前来拜访小会。"我就说："好说，老督管，小会幼小读孔孟之书，学孔孟之礼，小会见老会哪有不拜之礼。"他又该说："好说，老督管，恭敬不如从命，小会与老会换帖合缘。"按现在说就是双方交换名片。然后还得叫香。假如你这茶会叫亲朋同乐，我还得说："见过茶会的，见过执督的，见过执棚的，见过执星的，执月的，执日的，执辰的，见过亲朋同乐清茶老会，前化缘，后化缘，各把头儿老都管，小会就得上香又见了。"茶会会首接过来，把香上完以后，等要走的时候我还得说：

"好说,老督管,小会路过老会门前,不敢轻举妄动,请老会给小会带过去。"我不走,我把旗子给你,让你给我带过去,你省得挑我毛病。茶会会首就说:"好说,老督管,老会自便吧。"等我刚要过去,他又该说:"老督管,您慢走,小会有一事不明,斗胆请问老督管,您手拿杏黄旗当何使用啊?"我就得答复人家:"好说,老督管,姜太公手拿杏黄旗指挥千军万马,小会手拿手旗,理当参拜。"因为斗话本身就是要为难对方,所以我这又要走,他还得拦:"好说,老督管,您还没给小会献档(即表演)呢。"不想给他表演也有话答复他:"好说,老督管,天时已晚,路途远,小会缺衣少食,赶程要紧。来年参拜老会,给老会献档,谢谢老会承让小会,斗胆前行了。"就不听他的了,直接就走了。[①]

在朝山路上,各会相遇交涉的机会多,"挑眼""斗胜"的情况时有出现,如果发生矛盾,就要相互盘道,谁的水平高,将对方盘倒,谁就赢得了各方面的优先权。

可以看出,懂得规矩的前引实是一个香会的灵魂。

三、薪火何以再相传

在新中国成立之初,北京香会曾热情参与到国家的政治宣传和动员中来。其信仰内容被弱化,人们取意"民间艺术之花",改称"香会"为"花会"。20世纪50年代后期,在当时的政治条件下,民间花会没有存在的社会基础,热闹过一阵后便从社会生活中退出,在大大小小的政治运动中销声匿迹几十年,直到改革开放初期才开始复苏。

对于改革开放以来的北京花会界来说,有两件事具有重要的标志性意义。

[①] 孙庆忠主编:《妙峰山:香会志与人生史》,知识产权出版社2013年版,第71—72页。

一个是1990年，京城"万里云程踏车老会"会首隋少甫先生带着10档花会队伍重上妙峰山朝顶进香。这件事成为引发妙峰山庙会正式恢复的契机。1993年，地方政府正式恢复举办庙会，使众多花会重新与妙峰山建立了联系。如今，1990年重上妙峰山这件事已经被传为花会界的佳话，甚至被许多花会作为传统接续的一个新的"道统"。

一个是2006年以来，随着非物质文化遗产申报热潮的兴起，北京民间花会广泛参与其中。随着政府把花会作为一种宝贵的文化遗产资源加以保护和利用，花会界人士开始越来越有意识地运用"弘扬传统文化""非物质文化遗产"等话语彰显自己的时代价值。2008年，北京妙峰山庙会、北京东岳庙庙会被列入第二批国家级非物质文化遗产名录。北京市各区县现存的北京花会组织被纷纷挖掘出来，或主动申请或被当地政府邀请申报区级、市级非物质文化遗产。

这两个事件的价值在于，前者从民俗生活的视角使花会的传统重新接续，后者则从上层文化的视角使花会获得了合法性。

但此时北京花会的现状已经发生了新的变化。

第一，原来被"井字里"的会认为没有"规矩"的"井字外"的会，居然成为了花会礼仪传统传承的主体了！

新中国成立后，北京城市人口组成发生了较大变化，新移民的数量激增。同时，由于城市的现代化发展，传统社区的居住模式被打破，原来以北京内城为根据地、以邻里关系为主导的"井字里"花会失去了生存的土壤。相比较，广大的京郊农村由于生活水平的提高，出于娱乐健身的目的，组建了越来越多的花会组织。以农民的审美眼光，他们倾向于成立观赏性强、喜庆热闹的诸如高跷、五虎棍、开路、旱船、小车等类型的花会。近年来，跟随着北京城市化拆迁的脚步，越来越多以地缘和血缘为纽带的村落逐渐解体，花会的分布重心越来越向城市外围偏移。从地域的变化上看，花会组织的分布重心已主要集中在城乡接合部和各郊区县。

第二，花会的新血液越来越少，只能靠老辈儿人维持！

随着民众生活方式的变化，全球信息化和娱乐多元化时代的到来，花会表演受到多元娱乐方式的冲击，热爱花会的青年人越来越稀少，传承乏人。随着人们生活、工作方式与节奏的变化，在农耕时代利用农闲"闹玩意儿"的表演排练方式已不适应现实的要求。尤其是年轻的花会成员从事着各行各业，每天要为生计奔波，很难全身心地投入到排练演出中。现存的民间花会会众的年龄结构老化，许多花会成员平均年龄大多在60岁以上，其中尤以谙熟会礼会规、表演套路、道具化装的会头前引的年龄偏大。与此同时，城市化进程使以传统社区为组织基础的民间花会受到了严重冲击，随着成员居住地区的分散，造成了部分花会会员的流失，乃至最后不得不解散。花会组织在这种背景下日渐衰微。

这两个变化，使北京的花会演变为一种城乡接合部或村落的"传统"，以及一些以中老辈人为主的信仰或生活方式。

与花会赖以生存的地域和人群范围越来越受限相比，花会本身的规矩传统也受到了很大的冲击。聚焦在会礼会规上，主要表现为"黑"会越来越多。

黑会就是没有经过贺会的会。大多数黑会对进香仪式、会规的文化内涵不了解，往往角色不全、进香程序混乱、表演变形，有的甚至混吃混喝。新中国成立后，由于宗教改革等原因，花会组织中服务于进香活动的茶棚和献贡会迅速萎缩。以民间艺术表演为主的武会由于能被运用从事群众性的政治宣传动员和各种场合的仪式表演，且能满足社会大众健身娱乐的需求，逐渐成为新兴花会的主流。但走会时表演技术的"玩角儿"，并不一定具备传统花会的知识和经验，因而会出现许多违背规矩的事。许多老会、圣会对黑会的存在十分气愤和苦恼。

黑会存在的原因，是因为懂得会礼会规的人越来越少。即使一个人有了社会人脉、金钱，可以撑起一个花会，但作为管理者的新会头如果不拜师，就无法了解昔日的种种行内规矩，容易乱了章法。

一个会，还是要有懂得规矩的前引。

在花会界，前引必须注重师徒名分，只有进行过拜师礼才能拥有成为前引的资格，才能获得正式的身份。在花会中文场、武场的技术除了经典套路的传承，其他很多都可以自学创新，但前引必须要学会一套行话。前引的传承，是师父在日常生活中想到一点教一点的，都是靠脑子记再靠脑子教，因此就不能保证每个徒弟学到的都是一样的而且全面的，只有徒弟们相互交流、取长补短才能够学得更完整。

过去京城的香会圈，实际上是一个由会头和前引组成的密集型的关系网络，并借由师徒相继让网络得以继续延伸。老一代会头、前引认为自己知道的规矩、礼数、技艺、典故等绝不能向外界透露，只能传给自己的徒弟。可这也出现了一个问题，当老一辈的人都没了之后，民间花会就丧失了规矩，处于很混乱的状态。

国家非物质文化遗产的认定也是以规矩为准绳的，一个民间花会是否可以成为各级非物质文化遗产，要看其会礼会规的传承程度。一些老会的会头和前引就往往成为一些花会申遗的引路人，甚至协助组建新会。但这种"申遗"的时效性一过，由于并没有真正的社会传承群体，这一新会便就再也没有了活动的音信。

在一些老会的延续上，传承人的寻找始终是一个问题。前文提到的红寺村太平永乐秧歌圣会的境遇具有典型性。

自从民国年间会首芦启瑞学艺出师后，原来依托于村落的秧歌会成为朝顶进香的香会组织，正式融入京城的香会圈子。改革开放后，红寺村的秧歌会一度恢复并得到发展。转折点在20世纪90年代，在北京四环路的扩展中，红寺村的土地被征用。征收土地后，红寺村村民开始在村办企业务工，后来又不得不离开红寺村外出打工。为了更好的生活环境，越来越多的红寺村村民搬离了红寺村，到其他地方买房置业，在村中居住的主体已经是租住于红寺村的外地人。秧歌会很难召集到足够的人手。

2011年，红寺村的秧歌会正式入选国家级非物质文化遗产名录。既然单纯依靠村落去传承花会已经不太现实，当地乡政府就将当地的中心小学作为传承单位。学校有着充足而又稳定的生源，能够为秧歌会提供人员保障。但由于学校具有阶段性学习的特征，秧歌会的前引虽然尽心尽力地教学生，但常常一批学生刚能出活儿就因面临升学而不再参加活动。将花会的练习作为特定年级的课外活动来对待，在相当程度上是如今北京花会会首们所面临的普遍机遇，但也形成了一种新的困境。因为这样并不能形成传统意义上的师徒关系。作为民俗文化、非遗文化的传承，只能是技艺的传承。会礼会规，仍然后继乏人。

第四章

无规矩不成行业

五方杂处的北京城，行业类型丰富。清人徐珂在《清稗类钞·农商类》中说，种种职业"就其分工而约计之，曰三十六行；倍之则为七十二行；十之，则为三百六十行"。其实北京行业远非三百六十行所能概括。齐如山在著述《北京三百六十行》时已统计了清代北京的700多个行当，但他仍觉不足，认为免不了遗漏。北京市井行业的形成离不开几百年帝都的特点，消费越发达，社会分层越多，导致行业的分工越细。

这里"出场"的都是具有北京特色的行业事象：造办处，指谓器物制作，联系着高贵典雅的宫廷工美；营造业，对应建筑大木作等行业，满足着京城皇家建筑的"更新换代"；梨园行，是戏曲业，内外城旗汉民最为追捧的娱乐方式；天桥杂巴地，说的是撂地摆摊，平民社会"最接地气"的谋生手段和相互成全的生存样态。

这些行业的背后映射着明清以来一直存在的城市空间和社会阶层的等级差异。造办处所在的紫禁城和园林代表着官方权力的最顶端，京城的诸多木厂和营造诸行工人是上通宫廷、下连市民百姓的技艺群体。清代旗汉分居内外城的政策，将人的身份地位等级与城市地理连接了起来，从外地涌入京城的人，不论是赶考的、做生意的或寻求新的生存机会的人都只能聚居外城。南城成为京城中最重要的和最集中的商业区、娱乐区，京城梨园也主要分布在南城一带。但梨园并不是"歧视圈"的最底端，天桥才是。

各个行业处境各异，有着各自的"圈层"。但无论在一个什么样的位置上，每个行业技艺者在京城的等级社会中都自有生存法则，各有各的门路，各有各的规矩。时光荏苒，如今这些行业纷纷被纳入各级非物质文化遗产名录，其从业者也大都名列各级非物质文化遗产的传承谱系之上。但光环背后，职业根底里是我们普通人谋生的手段，是每一个人在社会上的立身之基。匠人精神、职业伦理等种种精神的外化，说到最后，都是一句话，你何以凭之"安身立命"？

第一节　清宫造办处

今日北京工艺美术的许多造物，述其渊源，都要谈到清代宫廷技艺。宫廷技艺所依托的主要机构就是造办处。造办处，隶属于清廷内务府，主要服务于清代帝王的器用制造，相当于清代官办的手工工场。造办处会集了来自全国各地以至海外的能工巧匠，集中人力、物力来满足宫廷的奢侈生活和皇帝的审美品位，对皇室日常使用之物负责，其责任之重大、物料之考究、工艺之严格，可想而知。而宫廷体制内的行事规矩与审美法度，也深刻地影响到造办处匠人的技艺风格和为人行事的尺度章法。造办处的历史终结于改朝换代。民初大量的匠人流入民间，不但将工艺手法带入北京市井社会，还将宫廷工匠的"讲究"流播于各行业之中，从而塑造了北京工艺的历史特性。

一、何谓造办处

所谓"国有六职，百工与居一焉"。明代的内廷制作机构主要集中在二十四衙门，比如御用监负责造办围屏、床榻等木器及紫檀、象牙、乌木、螺钿等玩器，尚衣监负责御用冠冕袍服等，银作局负责金银器饰，内织染局及蓝靛厂负责染造御用及宫内应用缎匹等。清康熙元年（1662）建立内务府，凡皇帝家的衣、食、住、行等各种事务皆由其承办。康雍时期先后设养心殿造办处、武英殿造办处、圆明园造办处，从而形成内廷器物制作机构"城园两重"的主体格局，一直持续到清朝灭亡。（见图4-1）

造办处以皇家生活所用为主要服务对象。清帝的穿戴日用、文玩雅器、清宫的廷园陈设、祭祀用具等都由造办处的工匠负责制造。皇帝是活计命令的下达

图4-1　曾在清康熙年间设立造办处的养心殿

156

者，而工匠是活计制作的执行者。往来于两者之间的则是造办处的各级官吏，掌握活计的整体程序与进度。

清宫造办处管理机构是依据一个活计进行的各个流程所设置的。接到一个活计负责承办的是活计房，查核活计的是查核房，督办催促活计的是督催房，最后奏销活计的是汇总房。此外还有存贮原料的钱粮库和负责外联的档房。各作坊是生产器物的技术部门。活计房接到任务后，下发到相关作坊。

造办处的作坊类别和数量每朝屡有变更、增加、合并。至乾隆时期，清宫造办处达到鼎盛，制器任务大大增加，作坊的分工也更加精细化，进行了规范化整理。乾隆二十年（1755）三月奏准，将本处二十余作中相类者加以归并。即将匣作、画作、裱作、广木作并为匣裱作，刻字作、木作、雕銮作、漆作、镟作并为油木作，裁作、灯作、花儿作、绦作、皮作、穿珠作、绣作并为灯裁作，累丝作、镀金作、玉作、镶嵌作、錾花作、牙作、砚作并为金玉作，杂活作、铜作、鋄作、眼镜作、风枪作并为铜鋄作，以上共二十八作，合并为五作。此外，另有做钟处、如意馆、玻璃厂、舆图处、炮枪处、铸炉处、珐琅作、弓作、鞍甲作和画院处。这次整改之后，造办处基本确定了十五作。

此外，以"江南三织造"（苏州织造、杭州织造、江宁织造）、景德镇和粤海关等为代表的京外制作地也承办了许多造办处的外派任务。遇到一些与产地相关的特殊工艺，会在设计图样后交由这些御用作坊制作。

二、内廷恭造之式

如今，清宫造办处"出品"几乎成为清代精美手工艺品的代名词。其工艺精湛并不是没有原因的，大概有以下几个方面：

第一，专业技能高手众多。造办处的工匠大体分为两类人。一类是"旗匠"，就是在京内务府所属的上三旗佐领所选取的聪明巧手的小包衣、小苏拉。因为出身内务府，也被称为"家内匠"。第二类是外来匠人，多是来自浙江、江苏、广东等地的"南匠"。旗匠是造办处工匠的最主要来源，也是造办处工匠人数最多的类别。但在造办处内的技术主力则是人数相对少的南匠。明人张瀚《松窗梦语》曾说："百工技艺之人亦多出于东南，江右为夥，浙（江）、（南）直次之，闽、粤又次之。"这些南匠就多来源于这些拥有工艺传统的地域。他们都是当地技术超卓的高手，由内务府下属的各官造办机构或地方行政机构从民间挑选到宫中应差。其所承担的工作都属于当地最为擅长的技艺类型，比如景德镇御窑厂拣选的造瓷匠，粤海关拣选的牙匠、广式木匠，"江南三织造"拣选的玉雕匠、画画人等。

第二，人员待遇优厚。相比在社会上打拼的手艺人，造办处的工匠由朝廷供养，而且待遇还不低。主要的发放标准是"按技给值"。第一项是钱粮银，相当于每月固定的工资。普通匠人每月薪资包括银钱和米粮两项，其中月米折银发放，共计每人每月给银2两。这算是匠人中的最低档次，领取者多是家内匠。至于手艺水准较高的南匠则丰厚许多，每月3两至13两不等。第二项是工食银、安家银、衣服银和公费银等各种名目的补贴，其数额甚至超过钱粮银不少。比如每季恩赏的衣服银每年通常都在10两以上。概而言之，造办处匠人，尤其是南匠，相比较其他官办机构和私营手工业中的匠人薪酬待遇要丰厚得多。乾隆十年（1745）三月，造办处将部分南匠画师的每月钱粮上报，皇帝看后气得说，内大臣海望怎么一点正事都不管，南匠所食钱粮比官员俸禄还多。除此以外，造办处匠人还有分配饭食、住房，晋升等方面的机会。旗匠理论上可以逐级晋升至催长、笔帖式等低级吏员，南匠则有机会被抬入旗，获得旗人身份，也有可能当官。

第三，工艺制度的保证。造办处工匠拥有着当时最优厚的物料资源，不同作坊独成体系又相互协作，流水作业，缩短了器物制作周期，实现了器物制作过程的最优。乾隆时期，清宫造办处器物制作量达到历史之最高，达到7万余件，即与这种缜密的分工有很大关系。

第四，奖惩的刺激。造办处工匠并不面对市场，其产品只有供皇室需求这一个出口。但这唯一的客户并不好应付。如果工匠制作的器物令皇帝满意，就会对相关人员进行褒赏。比如雍正八年（1730）三月初六日，一个珐琅鼻烟壶烧造成功，就有13人受赏，共赏银120两。反之，则会受到惩戒。乾隆元年（1736）三月二十五日，乾隆帝要将3块红宝石、2块蓝宝石做成带头，并给了1件嵌红宝石铜镀金插簧带头作为参考，但第二年四月初五日，造办处将成品5件呈览后，乾隆帝很不满意，认为"此带头做得边宽甚蠢"，令将监造人员治罪，匠役责处，负责此事的司库刘山久罚俸8年，七品首领萨木哈被罚月银6个月，并将做带头所用金叶黄铜等材料令其照数赔还至该作；监作和制作的匠人被责打15至20板子不等。[①]这种惩罚在乾隆年间尤为常见。

第五，帝王的直接干预。有清一代，帝王经常参与造办处的制造活动。《养心殿造办处各作成做活计清档》记载了许多皇帝命令造办处制造某件器物时下达的指示。其中，指示特别具体而细致的当数雍正皇帝，他不仅仅是象征性地过问，而且直接参与设计。比如雍正元年（1723）四月二十日交白玉花碗三件，谕"将面上花纹磨去，往薄里做"。雍正四年（1726）三月十三日，说一件雕竹匙箸瓶"此竹器做法好，但放匙箸处不甚透露，尔等或做象牙或做雕竹，其口处要收束得匙箸，酌量作文雅些"。雍正皇帝还试图从器物的制作标准上有所统一，雍正五年（1727）闰三月初三日，雍正帝下达谕旨：

> 朕从前着做过的活计等项，尔等都该存留式样，若不存留样式，恐其日后再做便不得其原样。朕看从前造办处所造的活计好的虽少，还是内庭（廷）恭造式样。近来虽其巧妙，大有外造之气。尔等再做时不要失其内庭（廷）恭造之式，钦此。[②]

[①] 香港中文大学文物馆、中国第一历史档案馆编：《清宫内务府造办处档案总汇（第7册）》，人民出版社2005年版，第25页。

[②] 朱家溍选编：《养心殿造办处史料辑览（第一辑 雍正朝）》，紫禁城出版社2003年版，第81页。

"内庭（廷）恭造之式"是要求造办处秉承皇帝旨意、按其审美要求精心选择造物模式。学者杨伯达指出"精""细""雅""秀"这4种特色是雍正所认为的恭造制品器物标准的具体内容。[1]这一御用器物的制造标准及风格的提出到乾隆时期正式成形。据统计，乾隆朝各类活计总量为75724件，其中指示量高达69373件，参与度高达91.61%[2]。此外，器物在制作之前的图纸"样"与"稿"的审核也成为皇帝控制器物制作流程的主要机制。清宫造办处制器的艺术审美宫廷化正是在雍乾时期成形的"内庭（廷）恭造之式"和各种"官样"的运用中具体体现的。因此，从某种意义上说，帝王是一个器物审美的裁决者，是将各地外来的器物文化转为宫廷风格的中介推手。（见图4-2）

图4-2 清人画《弘历是一是二图轴》中的陈设表现了清宫古物器座的特点

造办处在帝王、官员、工匠等共同的操持协作中，不断融入了各

---

[1] 杨伯达：《清代造办处的"恭造式样"》，载《上海工艺美术》2007年第4期。
[2] 张学渝：《技艺与皇权：清宫造办处的历史研究》，博士学位论文，2017年，北京科技大学，第107页。

地的技艺风格，并在工艺、款式、色彩等项中融会为"内庭（廷）恭造之式"。"造办处制"成为帝室和满汉官员共同默认的带有特殊气质的、理解宫廷技艺的关键器物类型。清宫造办处的"内庭（廷）恭造之式"也成为工艺美术行业"京作"风格的主要来源。

三、京城匠心

宣统三年（1911）清帝退位，清宫造办处虽作为器物制造和维修机构得以保留，继续服务皇室，但随着紫禁城内的小朝廷境遇日绌，作坊陆续被裁撤。直到1924年，溥仪被逐出清宫，造办处才正式退出历史。

造办处通过一个庞大的运转体系进行器物的制作，以满足皇家享乐生活的需求。但这一体系的终端仍是工匠的创造，体现着传统工艺的规律和法则，渗透着劳动者的创造智慧。造办处匠人的成品不用进入市场，他们并不用考虑谋生问题，可以全身心地投入到工艺制作中，由此产生了一批技艺绝伦的能工巧匠。他们都拥有双重身份，既是同行称服的名匠，又是政府所授高级职衔的技工，因而顺利地从行业分层进入社会分层，以卓越的技术能力获得了较高的社会地位。

当支撑着整个宫廷器物制作的庞大体系随着王朝的崩溃而轰然倒塌之后，清宫造办处匠人的命运也发生了变化。这一体系中的众多匠人星散于北京的市井街巷。原只有皇宫内高贵人物才能享用到的器用美学，随着技艺的流动，也渐浸入到普通市民的生活中。（见图4-3）

图4-3 民国年间景泰蓝点蓝（选自《旧京史照》，北京出版社1996年版）

清末同光朝时期，专门为皇室服务的艺人就已陆续被裁减，他们开始走出宫廷作坊，或者开小作坊，或者为其他经营商家所罗致。光绪年间，造办处一位专事修复青铜器的、绰号"歪嘴于"的工匠出宫后在前门内前府胡同开设"万龙合"古铜局，以修复青铜、金银、陶、玉石等器物为业。1911年，继承师父衣钵的徒弟张泰恩改"万龙合"为"万隆和"，开创民间"青铜四派"之一的北京"古铜张"派。墨工是乾隆皇帝派人南下徽州聘请的高手匠人，因为每一位新主登基，就得由造办处置备大小二三十方端砚，专供新皇帝使用。自墨工从造办处撤销，老工匠们不愿南归，就大都流落到了琉璃厂各大笔庄，仍操持修理生涯，时人都以得到其墨为美。皇宫如意馆画师郑一柯出宫到民间应承一些玉器、象牙雕刻的设计，他的设计稿收费很高，但因当时设计人员缺乏，他又多年供奉内廷，见多识广，设计对路，因此仍有不少艺人用他的设计图稿。这种宫廷技艺人员向下的社会流动，不仅仅带来了工艺技术的民间化，同时也推动了北京城整体手工艺者走向更注重美学意味的艺人化。生活之造物不仅仅限于一种谋生的手段，同时也应是一种对技术的艺术性审视和全身性的投入与精神追求。

与造办处工匠曾经光鲜的人生履历形成鲜明对比的是北京市井的手艺人。

《都门赘语》诗云："玩物适情随意有，人云巧技是泥头。"和高贵的宫廷工艺相比，老北京的民间手工艺带有乡土民俗文化的气息，纸糊的风筝、泥塑的兔儿爷、面捏的面人、绒鸟绢人、盘中戏鬃人、皮影戏、毛猴、内画鼻烟壶、彩蛋等，五花八门，很多都是在街头巷尾、庙会庆典上应节应景之耍货。木、纸、泥、面……它们所用的材料无一不是生活中常见的物料。这些造物也几乎都是下层民众的自发创造。

民间手工艺者的身上常常附着一些本地的传说故事，其情节也大同小异，体现了主人公从中上层社会向下层社会的流动，从闲适生活向被动谋生的转变。比如泥塑脸谱的由来：传说在清光绪二十年（1894），北京西城有位姓桂的旗人，能诗善画，爱好京戏。他闲玩时用胶泥做成脸型模子，翻出泥坯再晾干，勾画京剧脸谱，赠予亲友玩赏。因其手艺渐精，人送外号"花脸桂子"。辛亥革命后，旗人没了俸禄，花脸桂子只好做泥塑脸谱混口饭吃。他让侄子拿上十几个试卖。白塔寺庙会有个卖玩意儿的摊主收下泥脸谱，上市一摆，很快卖光。其他一些民间艺人见此光景，也陆续做起了泥塑脸谱。

葡萄常创始人韩其哈日布因家境衰落，为了生存先是以泥陶制作果品，后又发明了足以乱真的料器葡萄，终成京城一绝。更令人感到新奇的还有毛猴，居然用辛夷（玉兰干燥的花蕾）模仿猴子的身躯，用蝉蜕的口器和爪子粘于"躯干"上充当猴头和四肢，生动逼真，活灵活现，几个毛猴就能搭建出市井百态！这些民间手工艺的发生，有着共同的渊源——晚清民国破落的贵族子弟沦为贫民，只好以一些过去擅长之事聊补生活不足。（见图4-4、图4-5）

图4-4 葡萄常作品　　　　　　　　　　图4-5 惟妙惟肖的毛猴

如果说，宫廷技艺是在康熙、乾隆等皇帝的全力支持下，以物料高贵、不惜工本所堆砌出来的绝世精品，那么民间艺术则是在讨生活的艰辛中，在平凡琐碎中另辟蹊径而形成的。前者是举国之力的物质结晶，后者则是生活体验的巧思升华。它们上下汇流，共同构成了北京工艺美术的京味特点。

民国年间，所谓"宫廷艺术"名不副实，被转称为"特种工艺"。新中国成立后，北京市人民政府决心将这座消费城市转型为生产城市，在对本市工业情况进行调研分析之后，认为手工业是潜在的发展力量，一些特种工艺被转型为国家出口行业。广大手工艺者积极地融入社会主义生产形态的改造中，昔日的作坊、厂商和个体劳动者被组织到生产合作社中，并陆续建厂。至20世纪80年代初，北京的工艺美术恢复发展到50多个行业门类。昔日以服务皇家为主的景泰蓝、玉雕、牙雕、雕漆、金漆镶嵌、花丝镶嵌、宫毯、京绣八大工艺门类，在充分吸收了中国各地工艺的精华的基础之上，进一步地创新与发展，逐渐形成了具有宫廷特色的"京作"工艺，被称为"燕京八绝"。以街头手艺为代表的兔儿爷、毛猴、面塑、脸谱、内画、彩蛋等工艺类别，其艺术性特征也愈加突出，不但继续深受百姓喜爱，还登入大雅之堂，成为商场、博物馆的常客，演变为独具特色的"北京礼物"。或许在这个时候，它们才是平等的。因为它们都代表北京，成为一种地方性知识的载体。（见图4-6）

精华在笔端，咫尺匠心难。无论是华丽的"燕京八绝"，还是质朴可人的泥人、绒鸟等，百年来心手相传的造物背后，是一个个平凡、丰满而不屈的工匠生命。精湛的技术、上好的原料固然重要，但真正可贵的是工匠们追求极致、守住清寂的心。匠

图4-6 翡翠三秋瓶（1959年庆祝新中国成立十周年献礼珍品），王仲元制（北京工艺美术博物馆馆藏）

人，就是将岁月的磨砺、生活的阅历和不同来处的北京文化载体，共同容纳于掌心，磨炼成器。这种沉静与专精，也是京城匠人的一种性情底色。

第二节　鲁班绳墨

在中国人的知识体系中，"营造"初泛指各种器物制作，宋以后随着建筑技术分工的专业化，特指房屋建造。在中国的城市中，都城由于集中了宫殿、苑囿、衙署、坛庙等各个类型的官式建筑，常常是最能体现出一个时代营造技艺水平的地点。明永乐皇帝迁都并建设北京，时人陈敬宗作《北京赋》称"鲁班运斤，公输削墨。智者献谋，勇者宣力"，盛赞当时城建的成就。作为明清都城，北京集中了数量众多的建筑工程。围绕着这些营建、修缮工程形成的行业群体，就是营造工匠。

一、工匠与厂商

1930年，朱启钤创建了中国最早采用现代方法研究古建筑的学术团体——中国营造学社。他在聘用梁思成、刘敦桢等接受现代学科教育的专业人才的同时，还力求"以匠为师"。在《中国营造学社缘起》中，他提出了重点几类求教对象：

第一类是："大木匠师、各作各工"；

第二类是："工部老吏、样房算房专家"；

第三类是："北京四大厂商"。

这种求教并不是只做纸面文章，营造学社不但与相关人员建立了密切的联系，还聘请他们入会，拜之为师，抢救购买资料。

这几类人代表了营造活动全过程的各个环节。清代主管建筑营造的机构主要是工部的营缮司和内务府的营造司，前者主要负责外朝的坛庙、城垣、仓库、营房等政府工程，后者则主要负责皇城、内廷、苑囿、陵寝等皇室工程的建造、修缮。如果遇到重大建设事项，会专门设立钦派工程处和勘估处，事毕即撤，不属于常设机构。各作匠师是具体的制作者和施工者，样房、算房是设计与预算者，厂商是承包商。它们共同代表了营造业各方面的技艺与知识。

（一）匠师

与器物制作可以由手艺人个体完成不同，营造是一项需要各工种高度协同合作的复杂工程。我们常用"五行八作"来形容营造工匠的种类之多。"作"是具体的工种名，比如宋《营造法式》一书记录了12个"作"名，石作、大木作、小木作、雕作、旋作、锯作、竹作、瓦作、泥作、彩画作、砖作、窑作。每个门类有自己独特的工艺，师徒传承，属于慢工出细活的单一工种。更大规模的是"行"，是同业联合的组织。因大型工程的需要，产生"作"与"作"的联合，如木作、瓦作、石作、棚作和灰作等联合，结成土木同业之"行"，同"行"合作完成建筑工程。不同"行"之间也有分工合作，如修建工程一般都需要土木业和油彩业的配合。（见图4-7）

图4-7　博物馆里的木匠工具展

身为一个从事营造行业的手艺人，都有自己的师承，附属于某一"作"和"行"。过去遇到大工程，木厂要去临时召请手艺人，就得去茶馆。京城兴隆木厂第十四代传人马旭初曾回忆说，比方我今天领了一个四合院工程想盖，就到茶馆去找人。你也是瓦匠，他也是瓦匠，我也不瞒着，哪儿有一个活说清楚；然后你也说一套，他也说一套，我们一看谁能成，就跟伙计说：哪位师傅茶钱我付了。意思就是你明儿去，其他人不能去。

(二)样房算房专家

如果套用现在建筑业的词儿来说,在样房工作的人,相当于设计师,出的是图纸;在算房工作的人,相当于预算造价师,出的是工程预算。样房的图样记录了营缮工程的内部布置、外部情状以及修缮、建造的施工要求。有些工程还须提供"烫样"。"烫样"就是实体建筑的立体模型。工程做法方案确定后,算房依此估算所需费用,制定钱粮数目清单。样房、算房专家是宫廷建设工程样式、建设用材规范、建设工程经费标准等的执行者。

他们中最有名的就是"样式雷"家族。在17世纪末,一个南方匠人雷发达来北京参加营造宫殿的工作。因为其技术高超,很快就被提升负责建筑设计工作。直至清朝末年,样式雷家族共传八代,执掌宫廷样式房两百余年,主持设计了大量的建筑。如今,中国六分之一的世界文化遗产,均打上了"样式雷"的烙印。样式房掌案这个职位一直以来都是充满竞争的,只有能者才能居之,雷家之所以能有八代都做样式房掌案,是因为他们出众的职业技能,得到了皇帝和大臣的高度认同。"样式雷"不但善于绘制各种建筑平面图纸,其独特的地方还在于其所提供的建筑"标书"是完全的"所见即所得",除了尺寸微缩,其他都与实际建筑一模一样。因先要用纸板制作再用烙铁成型,故被称为"烫样"。"烫样"不但构造了建筑空间结构,打开屋顶内部,家具摆放、装修、盆景等都一目了然,这样做的目的就是为了给皇帝讲解的时候更加清晰明了。这些烫样甚至会摆到工地上,使参与工程的官员和工匠能非常直观地理解将来建造的效果。

道光年间,"样式雷"第五代传承人雷景修做了一件对后世来说极有意义的大事,他收集了祖上留下的和自己创作的图纸、画样、烫样、工程做法、簿册、折单等资料,建了3间房屋来保存,为这一绝活能够流传至今埋下了伏笔。清末民初,雷家家势衰败,不得已开始卖掉一部分图纸和烫样,以解燃眉之急,"样式雷"图档开始流入市

场。(见图4-8)

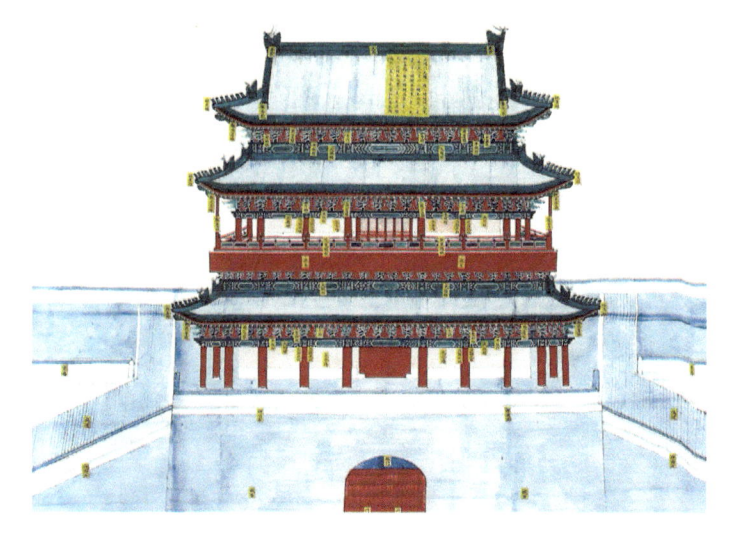

图4-8 正阳门样式雷图样

当时,朱启钤、梁思成、刘敦桢等"中国营造学社"的学者们十分看重样式房资料的价值,看到国宝不断流失,焦急万分,便由营造学社出面与雷家后人洽商,几经周折,购得剩余的图档。据样式雷后人回忆,当时拉图纸带烫样整整用了10辆大卡车。

在国际上曾有一种认识,中国古代建筑完全是靠工匠经验修建的,不需要设计图、施工图,但以样式雷为代表的中国古建筑样房、算房专家,证明了中国古代建筑的科学性。2007年,样式雷建筑图档经过评选,入选联合国教科文组织《世界记忆名录》,成为我国第五个世界记忆遗产项目。

(三)厂商

北京的皇家工程往往规模巨大,尤其是有清一代在西郊建设皇家园林,动辄需要成千上万工匠来共同施工。这种工程不会直接面对"作"的工匠个体,而一般会通过中介厂商来承担。

清代的木厂,可不是今天的木器加工厂。在明清两朝几百年中,木厂相当于各个工种配套齐全的施工单位。在各大木厂里，有瓦、木、土、石、扎、油漆、彩画、糊共八大匠作的头目，每一个"作"代表一个专门的工种和行业。甚至还有勘测建筑风水的阴阳先生。厂主通过各房各柜领导下属各作（即各行业）的头目，而各作头目下面又有各自的一班人马和技术工匠……就好像人使臂、臂使手、手使指一样，层层分解。因而，厂主相当于工程之"总包"，对于营造业各个环节的要点和规矩极为谙熟。梁思成、林徽因、单士元等古建研究者都曾拜会过兴隆木厂的厂主马辉堂，请教古建行业各工种的技术需求，乃至行话、行规等。（见图4-9）

图4-9 义兴木厂（选自《旧京史照》，北京出版社1996年版）

清代北京比较著名的营造厂不下二三十个，但以广丰、兴隆、泰和等"八大柜"最有影响力。当时北京建筑行业主要承应新建或修缮宫殿、坛庙、陵寝等"官工"，以及贵族官员私人住宅的新建与整修等。这些建筑基本上由以"八大柜"为代表的本地营造厂商所承揽，遇到较大工程，则营造厂组织"联柜"，共同施工。

在这些官木厂中，为首的兴隆木厂被称作"领柜"，也叫作"首柜"。凡有皇家工程，主管工程的工部就找到"首柜"兴隆木厂，由其总承包，兴隆木厂再根据施工要求把大活分包给另7家"大柜"，而院墙、庭院之类小活则分给规模较小的"四小柜"。京城众多气势恢宏的皇家园林和金碧辉煌的皇家宫阙，都留下了兴隆木厂施工的痕迹。光绪十三年（1887），清政府重修三海（今天的中海、南海和北海），主持这次三海修缮工程的正是"八大柜"中的首柜"兴隆木厂"。据说因当时国库空虚，一笔三万多两的木料费用只能先由兴隆木厂垫付，为此户部还专门立了一张来年再付的欠据，不料这笔原本在国库里算不了什么的开支一拖再拖，最终成了一纸空文。这张欠据也被收藏进入博物馆，成为数百年传奇的哲匠世家兴盛和荣耀的见证。

二、行业法度

在多事营造的北京，其风物传说中少不了能工巧匠鲁班的身影。在这些口传故事里，鲁班的身影常出现在工匠们达不到建筑要求的危急时刻，以普通人的样貌暗中点化，使其领悟工程的窍门，然后隐形而去，不留姓名。最具代表性的就是修建皇城"九梁十八柱、七十二条脊"的角楼时，鲁班先师以精美的蝈蝈笼子点化工匠的故事。有时这位先师还亲自上手，锔好了因地震而裂开的妙应寺白塔。[①]

民间传说借鲁班先师之名展现营造行业高超的技巧，但中国的古典建筑之所以能在世界独树一帜，更在于其有谨严的法度。墨子《法仪》中说："百工为方以矩，为圆以规，直以绳，正以县。无巧工不巧工，皆以此五者为法。"也就是说，从事各行各业的人做事都要有评量标准。《孟子·离娄上》中说："公输子之巧，不以规矩不能成方圆。"《淮南子·修务训》中也说："无准绳，虽鲁班不能以定曲直。"准绳规矩，即生产技术中的规律法则。至少在营造行里，"循规蹈矩"并不是负面的评价，而是行业技巧的基础。

中国传统建筑以木结构为主，分件加工制作、组合安装，通过

---

① 中国民间文学集成全国编辑委员会，《中国民间故事集成·北京卷》编辑委员会编：《中国民间故事集成·北京卷》，中国ISBN中心1998年版，第344页。

榫卯连接形成整体。无论从建筑的样式和等级，到基本构件的尺寸和规格，都需要严谨准确的模数化和标准化，以便简材定量、合理运用。这里说的"模数"是建筑中的尺寸单位，其目的是使构件安装吻合，具有互换性，同时可以根据一个构件的尺寸去计算相关构件的尺寸，乃至整个建筑所有构件的尺寸和规格，相当于一套科学的技术标准。

传统中国至迟到唐代已发展出一套用模数、扩大模数和模数网格为规划设计基准的方法。到宋代，李诫编订的《营造法式》确立了"材分制"用材制度，建筑构件模数化完全定型。其书云，"凡构屋之制皆以材为祖，材有八等，度屋之大小因而用之"，"各以其材之广，分为十五分，以十分为其厚。凡屋宇之高深，名物之短长，曲直举折之势，规矩绳墨之宜，皆以所用材之分，以为制度焉"。"材"是木构建筑中的构件"拱"的断面，"材"的高度称为"广"，分成15份，"厚"即为宽，分成10份，其中一份称为"分"。建屋时，只要确定了规模、等级，按所规定的材的等级和"分"数建造，即可建成比例适当、构件尺寸基本合理的房屋。

材分制逐渐成为其后历朝建筑设计的基本方法。至清朝工部于雍正十二年（1734）颁布的《工部工程做法则例》确立斗口制用材制度，使建筑构件模数进一步简化。其卷二十八《斗科各项尺寸做法》有如下明确的规定："斗口有头等材、二等材，以至十一等材之分。头等材迎面安翘昂，斗口六寸；二等材斗口宽五寸五分；自三等材以至十一等材各递减五分，即得斗口尺寸。"斗口制确立以后，各部分及构件尺寸都是以"斗口"为基本模数，"十一等材"形成一个以五分为公差的等差数列。对于设计与施工的工匠来说，可以根据所用"斗口"的等级准确地把握建筑的尺度，所有尺寸都用"几斗口"来确定。随着建筑技术的发展和成熟，古代中国从单体建筑到大型建筑群组，甚至城市规划都运用了模数制的设计方法，体现了中国古典建筑鲜明的程式化特征。（见图4-10）

在传统社会，这种模数制的设计方法主要通过算法的口诀在工匠间传播，甚至不需绘图即可设计房屋、预制构件，使建筑群中的每一幢建筑具有适宜的尺度。清代专事皇家营造的兴隆木厂第十四代传人马旭初回忆说：

表二　梁

梁	大式		小式	
	高	厚	高	厚
桃尖梁	$\frac{\text{正心桁至挑檐桁}}{2}$+4.75斗口	6斗口		
桃尖随梁	4斗口	3.5斗口		
桃尖假梁头	$\frac{\text{正心桁至挑檐桁}}{2}$+4.75斗口	5斗口		
抱头梁			$1\frac{1}{2}$檐柱径	$1\frac{1}{5}$檐柱径
穿插			1D	$\frac{4}{5}D$
桃尖顺梁	同桃尖梁			
随梁	4斗口+1%长	3.5斗口+1%长	1D	D－2寸
扒梁	6.5斗口	5.2斗口		
采步金	7斗口+1%长	6斗口		
采步金枋	4斗口	3.5斗口		
递角梁	桁径+平水	柱头径	桁径+平水	柱头径
角云	$\frac{1}{2}$桁径+平水	柱头径	$\frac{1}{2}$桁径+平水	柱头径
递角随梁	4斗口	3.5斗口	D+2寸	D
抹角梁	6.5斗口	5.2斗口	1.5正心桁径	1.2正心桁径
抹角随梁	5.8斗口	4.7斗口		
七架梁(大柁)	8.4斗口或1.2或1.3厚	7斗口或D+2寸或3寸	2.1或1.3厚	D+2寸
五架梁(二柁)	7斗口或$\frac{5}{6}$大柁高	5.6斗口或$\frac{4}{5}$大柁厚	同大式	同大式
三架梁(上柁)	$\frac{5}{6}$二柁高	4.5斗口或$\frac{4}{5}$二柁厚	同大式	同大式
双步梁	1.2厚	D+2寸	1.2厚	D+2寸
单步梁	$\frac{5}{6}$双步梁高	$\frac{4}{5}$双步梁厚	同大式	同大式
顶梁	按下架梁收2寸	按下架梁收2寸		
太平梁	同三架梁	同三架梁		
踩角木	4.5斗口	3.6斗口		
穿梁	2.3斗口	1.8斗口		
天花梁	6斗口+2%长	$\frac{4}{5}$高		
天花枋	6斗口	$\frac{4}{5}$高		
帽儿梁	径－4斗口+2%长			
贴梁	2斗口	1.5斗口		

算梁通例

凡大柁不论架数俱按柱径加二寸为厚，高按厚之1.2倍。往上每层梁之高厚，俱按下层之十分之八，或六分之五。

D＝檐柱径

图4-10　梁的尺寸表（引自《清式营造则例》，清华大学出版社2006年版）

> 我祖父没徒弟，他是匠人，没上过学，连幼儿园都没去过，所以他是凭着传承去做的。因为古建筑也是有比例的，这个古建筑的老师是谁呢？是朱顶石，我们家人都叫朱叔。建筑比例关系就是这个柱子的高矮，柱子多宽、檩跟柁多宽、椽多宽，有一套公式。学会这套公式记在脑子里，这是死的。我祖父把这图画下来之后，就交给朱叔去套公式。①

几千年来，依靠着师徒之间的口耳相传，营造行业形成了严格的行业规范。例如，挑选庙宇的主梁木材，必须用50年以上树龄的金丝楠木；“长木匠，短铁匠”，做斗拱接头一律要留下十分长的接口，不能有丝毫误差……这些规矩虽然从来没有形成过文字记载，但是在所有工匠的心里，却是丝毫不能马虎的严格法度。文化的传承也恰恰

① 王春元：《蛋壳里的北京人》，中国青年出版社2013年版，第21页。

从这些口传心授的技艺和行规中得来。（见图4-11）

随着时间的推移，古建筑的工程标准渐渐变得模糊不清。20世纪80年代初期北京市的城市改造中，迫切需要修葺保护古建筑，正是这些不识字的瓦、木、土、石、扎、油漆、彩画、棚等作匠人，为《文物建筑工程质量检验评定标准》等行业规范的制定提供了许多宝贵的经验素材，千百年来在工匠间口耳相传的手艺和现代技术标准实现了相互嵌合。

图4-11 北京隆福寺正觉殿藻井（北京古代建筑博物馆馆藏）

三、鲁班庙馆

在儒家传统中，营造并不单纯是一种技艺。《周礼·考工记》中，"匠人营国"是兼具实用功能与礼制寓意的城市选址和规划。在宋代官府权威的匠家教科书《营造法式》中，作者李诫引经据典地诠释了各种建筑物与构件的名称，在各种古代典籍中寻找、确定了营造的标准和依据。在建筑史学科的回溯中，《营造法式》被视为一次全面系统地将相对形而下的匠人建筑技艺与以儒家思想为代表的士人知识体系联结起来的努力。但这种卷帙浩繁的文本诠释在被营造学社的现代知识分子发现之前，似乎并没有增加普通工匠们的话语权。对于过去无文化、少文化的普通营造工匠们来说，他们用自己的方式将自己"卑微"的匠人身份、行业尊严与高大上的社会主流价值相衔接。这个衔接点就是祖师信仰——鲁班爷。

（一）先师鲁班

在中国人的民间信仰体系中，鲁班是很独特的一位。相比佛教、道教推广的神灵体系遍布城乡各地，几乎成为普遍性的神庙景观，对鲁班的信仰只局限在行业内部，它更像一个专业性的神祇。（见图4-12）

鲁班，本名公输般，春秋末年至战国初期的鲁国人。传说他一生有很多发明创造，在机械、土木等方面都有较高的造诣，后世对这位历史人物的传说越来越神，他几乎成了能工巧匠的代名词。由于民间传说的鲁班爷神通广大，他被很多相关行业拉来做了祖师爷，所谓"百作手艺供鲁班"。据李乔的统计，主要有：木瓦石匠、木雕业、锯木业、造车铺、搭棚业、扎彩业、砖瓦业、玉器业、皮箱业、梳篦业、钟表业、编织业、镟匠、盐业、糖业、伞业。[1]在这些行业中，最主要的还是与营建木工相关的行业。

图4-12 鲁班像（北京民俗博物馆馆藏）

明北京提督工部御匠司司正午荣汇编的《鲁班经》中讲述了鲁班因营建北京城宫殿有功而受封享祀的故事。书中说明朝永乐年间，"鼎创北京龙圣殿，役使万匠，莫不震悚。赖师降灵指示，方获洛（落）成，爰建庙祀之，扁（匾）曰'鲁班门'，封'待诏辅国大师北成侯'，春秋二祭，礼用太牢"[2]。这里所谓的"龙圣殿"指的就是规模宏大的紫禁城皇宫。附会鲁班、修鲁班庙、封侯、高规格祭祀，背

---

[1] 李乔：《行业神崇拜：中国民众造神运动研究》，中国文联出版社2000年版，第619页。

[2] ［明］午荣编，李峰整理：《新刊京版工师雕斫正式鲁班经匠家镜》，海南出版社2003年版，第220页。

后所映射的是在北京都城的建设中成千上万的工匠所承担的繁重劳役和高超的技艺发挥。

除了颂扬鲁班作为行业祖师神的功绩外，在木工行业祭祀鲁班的碑文中，常称颂祖师技艺出神入化之能，努力地将鲁班抬升到古圣先贤地位。在《鲁班先师源流》中用相当的篇幅描述了鲁班爷的生平事迹，这一祖师爷的履历在北京的工匠们为鲁班立的碑刻中被频频转载，代表了普通工匠对鲁班的基本认知。在这个履历中，鲁班已经不仅仅是一个匠人，而是一个忧国忧民的贤者。文中说鲁班出生时即"白鹤群集，异香满室"，年幼好玩而不喜学习，但到了15岁，幡然悔悟，从游于孔子弟子子夏的门人端木，不数月就有所成，愤当时春秋末期诸侯僭越，礼崩乐坏，于是周游列国奉行尊周，但终未能成功，便归隐于泰山之南小和山。10余年后，偶遇一位姓鲍的老者，谈得投机，遂拜入其门下，至此注意雕镂刻画之道，欲令"中华文物，焕尔一新"。

在这个故事里，鲁班俨然是一个极有政见的儒士，与孔子一样周游列国，只是有所不同的是，孔子归隐后著书立说，而鲁班则走向以器物传道之路。在传统社会，工贾地位一直不高，匠户制度使工匠地位更为低下。只有到明中期以后，匠户制度逐渐废除，工匠的社会地位才有所改善。这种故事体现了营造业匠人通过祖师神的儒化提升自身行业地位的努力。

作为祖师神的鲁班不仅仅是一个可以提升工匠自豪感以自持的符号，还是匠人群体战胜困难和赢得社会信任的媒介。

首先，他是行业中人克服危机、崇德报功的心理寄托。尤其是北京地区的工匠，所参与的多是皇家工程，稍有不慎，动辄得咎。完成重要工程，往往需要殚精竭虑。他们认为自己的行业技艺都是奉祖师爷所赐，崇拜祖师或为先师"显圣默佑"，可以帮助其消灾纳福。比如工匠们为庆祝乾隆皇帝八十寿辰，在东岳庙建"万寿天灯"，因为太高，差点倒塌下来，幸"师祖默显神功，潜为庇佑，而工告成无虞"，事毕专立碑纪念，碑阴题名还有内务府营造司、工部营缮司等

机构。①（见图4-13）

图4-13　北京东岳庙鲁班殿存留描述营造主题的壁画

其次，他还是行业博取社会信任的中介。在鲁班殿碑中说，本行业"虽属曲艺之末技，实为居家所日需"②，营造木匠群体希望人们认识到他们在社会生活中的必要性。中国人认为动土盖房是生活中的大事，其建造的种种环节对居住者的吉凶有至关重要的影响。在《鲁班经》中不仅包括建房时所应遵循的恰当的礼仪规则，也有着种种恶毒的符咒。工匠在建屋时是否施行邪恶的法术，也是屋主忧虑的问题，因为屋主是技术上的被动者和弱势方。面对这种不信任，建筑工匠也是用鲁班祖师作为回应的。《鲁班经》中收录了建筑工匠在上梁前的仪式，陈设香案祭祀先师，"拜丈竿、墨斗、曲尺，系放香樟米桶上，并巡官罗金安顿照官符，三煞凶神打退神杀，居住者永远昌吉"。在这里，屋主视鲁班为压服木匠巫术的神灵，认为鲁班会惩罚那些使用

---

①　赵世瑜主持辑录：《北京东岳庙与北京泰山信仰碑刻辑录》，中国书店出版社2004年版，第200页。
②　赵世瑜主持辑录：《北京东岳庙与北京泰山信仰碑刻辑录》，中国书店出版社2004年版，第166页。

了黑巫术的工匠；而工匠用鲁班先师向屋主表达自己的诚意，来谋求社会的信任与认可。这说明行业祖师在过去社会的一种潜在功能，即是行业道德的监督者。道德规矩是一个行业在社会能够立身的重要标尺。

（二）祭祀组织与行业

祭祀活动是最能体现传统社会一个行业精神文化的窗口，同时也是行业组织间相互联系和加强认同的纽带。围绕鲁班的祭祀体现了信奉鲁班的各行业的分化。这从北京城里祭祀鲁班的场所分布中就可以看出端倪。

鲁班会的主要集会地点位于前门外精忠庙内鲁班殿（今已不存）。这座精忠庙始建于明末，原供奉南宋抗金英雄岳飞，但嗣后在岳飞殿旁先后添建了供奉梨园行祖师唐明皇的喜神殿、供奉靴鞋行祖师孙膑的孙祖殿、供奉营造行祖师鲁班的鲁班殿，几近成了北京行业信仰的祭祀中心。这里的鲁班殿有两座：北侧鲁班殿坐北朝南，位于精忠庙北院西北隅，是油画行祭祀场所；南侧鲁班殿位于精忠庙南院，坐西朝东，是瓦木作祭祀处所。

鲁班会祭祀鲁班的地点还有北京东岳庙西廊院的两座鲁班殿。旧鲁班殿建于清康熙年间，新鲁班殿建于1941年。在如此近的地方居然有两座鲁班殿，主要原因还是行业之间的分立与矛盾。原来瓦、木、石各行及棚行均在旧鲁班殿祭祖师，后其他各行与棚行发生争执，瓦木工会会首就发起另建鲁班殿，理由是与棚行同时举办祭祀活动场所狭小。经当时的北平市政府批准后兴建了新的殿宇，自此旧鲁班殿归棚行使用，其他各行在新鲁班殿祭祀。

在崇文门外鲁班胡同内也有公输祠（后称鲁班馆），是清嘉庆十四年（1809）始建。其捐修和历次修缮扩建，均以厂商为单位出资，并在民国后作为建筑业同业公会的会址所在地。

行业多借助鲁班信仰维系行业团结，作为凝聚同业各帮的手段。除祭祀外，还有约束行规、议定工价等事项。只不过鲁班会是由具体工匠团体组成，较为重视工匠的具体利益，建筑业同业公会则更代表厂商权益，作为政府与市场的中介居间协调，同时也要维护厂商与工匠利益的均衡，矫正行业弊害。

新中国成立之初，营造厂商逐渐解体，工匠进入国营单位成为固定工人，行会也完成了其历史使命。但鲁班文化的价值与意义却没有就此退场。1987年，中国建筑业联合会设立建筑工程鲁班奖，1996年建设部将国家优质工程奖和建筑工程鲁班奖合并，定为中国建筑工程鲁班奖（国优工程），代表着我国建筑行业工程质量方面的最高荣誉。"百年大计，质量为本。"在建筑匠作者的心里，对营造应存有一种敬畏之心。过去每个匠人都要经过红毡子铺地、磕头拜师才算入行，如果说手下出的活儿不地道，对师徒来说都是一种耻辱。做活计上要对得起建筑行业老祖宗鲁班师父，下要对得起子孙后代，不得偷工减料，一切都得按照则例严格去做。

在古建筑行业里，有一句话"天有时，地有气，材有美，工有巧"，合此四者，才可以为良匠。但从鲁班文化上我们感到似乎还有一种重要的标准需要补入，即"人有德"。这句话到现在也算数。

第三节　梨园规约

1931年12月,由梅兰芳、余叔岩、齐如山等人联名发起创立"国剧协会",搜罗国剧的材料,研究国剧的原理与艺术。当时的国剧运动是在20世纪二三十年代知识界民族主义精神蓬勃涌动,民族的和传统的文化渐受尊重的时代背景下兴起的。广义的"国剧"包括所有地方戏,狭义的"国剧"则指的是京剧。

国剧协会在齐如山的主持下,办有《戏剧丛刊》、《国剧画报》和"国剧传习所",编纂《国剧辞典》,还积极筹建了中国第一座戏剧博物馆——"国剧陈列馆"。该馆馆址位于和平门内绒线胡同东口路北,馆藏原清代内务府部分戏剧档案资料、戏班戏装、剧照、脸谱、伴奏乐器、唱片等10万余件。(见图4-14)

图4-14　《国剧画报》1932年第一期报刊剪影

作为国剧协会的实际主持者,齐如山在回忆录中说:"我为什么研究戏呢?这话说来也长。在欧洲各国看的戏多,并且也曾研究过话剧,脑筋有点西洋化,回来再一看国剧,大不满意,以为绝不能看,因此常跟旧日的朋友们抬杠,总以为诸处不合道理。岂知研究了几年之后,才知道国剧处处有它的道理!"[①]

齐如山认为,伶人重唱做,仅求技术表现,对戏剧只知其然,不

[①] 齐如山:《齐如山回忆录》,上海文艺出版社2014年版,第67—70页。

知其所以然；文士重编写，但对舞台上表演的原理少有钻研。家境殷实的齐如山愿意与伶人结交，几十年来已认识了4000人！在伶人、老角儿的讲述中，他将演员表演、戏剧技法、舞台形态、场上法则等各种经验性的资料整理研究成为一种行业原理的输出。这种现代知识分子的努力，使一种生活层面的梨园习俗渐进为一种民族文化。这种文化性的挖掘不断被后人接续，以至于京剧现在已成为北京甚至中国代表性的文化符号。

在被高高遵奉的民族"道统"价值外，在京城梨园行百多年来的发展中，还有一种行业的潜流，即通过自身从业人员的不断努力，提升行业的自尊自重。正是在这样的基础上，文化自觉才不会成为一句空谈，成为浮到生活表面上的空洞口号。

一、精忠庙首

明朝天启六年（1626），正逢明廷风雨飘摇，阉党横行之时，在北京城的前门外建起了一座祭祀岳飞的精忠庙，成为其时社会士民表达崇正抑奸情感的庙堂。时隔数年，整日唱着忠孝节义戏文的伶人们也与庙宇发生了关联，殿内的"尽忠报国"和殿外的"文官不爱钱，武官不怕死，天下太平矣"的匾额即是梨园子弟所献。至迟到雍正十年（1732），梨园行已在庙内北院修建了供奉祖师爷的喜神殿。喜神为唐明皇，是梨园行的祖师爷，在殿内不但有唐明皇的龛位，还有《十二音神图》《唐明皇神游月宫图》等7幅与梨园传说有关的主题壁画（见图4-15）。精忠庙的喜神殿不但成为梨园行祭祀的场所，后来又作为梨园公会的会馆。行业组织中的首领被称为"庙首"，演戏的规矩、行内的纠纷等梨园行内形形色色的事儿，统统交由他来决策和处理。

精忠庙庙首本来只是行业内的统筹调解者，到了清代后期居然发展成为一个具有半官方背景的专事管理民间戏曲的身份。这种角色的变化据说与一件事有关系——嘉庆十八年（1813）的天理教犯禁事件。

当年天理教教徒冒天下之大不韪进攻紫禁城。这个队伍的人数总

图 4-15　北平精忠庙梨园会所壁画之《十二音神图》（国剧画报 1932 年第 2 期，齐如山　摄）

共不到100人，竟然很顺利地进入禁军层层守卫的皇宫。嘉庆帝气愤地说，这是"汉、唐、宋、明未有之事"。从咸丰年间开始，皇帝经常传唤民间戏班和伶人入宫演出，如果一些图谋不轨的伶人欲仿旧事借着"内廷供奉"的名义出入紫禁城，不免会对皇帝的安全造成潜在的威胁，万一有个闪失，内务府可脱不了干系。内务府便想出了个保险的好法子，那就是大大增加民间这个精忠庙庙首的职责，每次需要"内廷供奉"的时候，由内务府升平署通知精忠庙庙首，转知"外学"演员进宫承差。庙首得保证绝对不会出乱子，这样在官府和民间就设立了一道门槛作为保护屏，内务府专管民间戏曲事务的堂郎中也有了挡箭牌。（见图 4-16）

图 4-16　清宫升平署戏单（故宫博物院馆藏）

每届庙首需由当届庙首保举推荐，并由堂郎中批准，这个人选不仅要在行内技艺叫得响，在品行上也要让同行心服口服，他实际上相当于梨园行的领袖和清廷管理梨园行的委托人。

（一）取消"相姑"站台

在京剧发展史上，程长庚为老生"三鼎甲"之一，工文武老生，能戏300余出，曾被清末画家沈蓉圃绘入《同光十三绝》画谱。因其对京剧艺术的形成做出了重要贡献，被后人誉为"徽班领袖""京剧鼻祖"。但他对梨园行还有一个不可忽视的贡献，那就是担任精忠庙庙首期间，对于行业内陋规惯习的整治。

为什么是程长庚向梨园陋规"开火"，这就需要从程长庚的个人履历说起。

程长庚祖居安徽潜山，传为宋代理学家程颐后裔。家族的影响和世事国运的艰难，使传统士人身上的忧患意识、担当精神、悲悯情怀，无一不在这个梨园界的大老板身上显现。他编演剧目十分注重社会功能，拿手好戏多是演绎忠孝节义、惩恶扬善、寓古讽世的剧目。他秉承"程子四箴"的家族祖训，以"非礼毋视，非礼毋听，非礼毋言，非礼毋动"作为处世行事准则。其在京寓所取名为"四箴堂"，晚年还开办"四箴堂科班"培养京剧人才，不仅以"四箴"要求自己，还以之影响身边的人。（见图4-17）

图4-17 沈蓉圃所绘程长庚（左）、徐小香（中）、卢胜奎（右）之《群英会》（《国剧画报》1932年1期）

这样具有士人风度的人被推举为精忠庙的庙首，自然会将自己的做人标准和行事风格带入梨园界。

程长庚担任庙首数十年，在梨园界颇有威严和声望，被行内人尊称为"大老板"。他刚正不阿，公正无私，从不因人论事。最有代表的一件事就是同治六年（1867）同为精忠庙庙首的刘赶三触犯行规之事。当时每年三月十八日是梨园行祖师爷的祭日，需要伶人们停止一切活动，沐浴焚香祭神。可刘赶三偏偏在当天私自应了一个堂会。他自然是知道行规的，却敢于明知故犯，顶风作案，一定是有底气的，因为他去参加的堂会是当时内务府堂郎中家的堂会。顶头上司在上，这程庙首还敢说什么呢！可程长庚根本不信这个邪，十分震怒，不容分说就要把他赶出梨园、撤销保身堂名号，从此不再见面！这下可把刘赶三给吓坏了，知道了事态的严重性，只能找堂郎中和一些行内好友出面给说些好话。但即使如此，刘赶三仍然被罚银五百两，重修精忠庙旗杆二座，作为惩戒。

在程长庚看来，唱戏与听戏都有各自的礼数。过去戏园子听戏的人喜欢叫好，他立下了唱戏禁止喧哗的规矩。无论是在戏园子还是在堂会，只要有人忍不住叫好，程长庚便停下唱来，有时候甚至拂袖而去。

程长庚革除陋俗的最有影响的一个举动就是取消了"相姑"站台。

"相姑"，又称"歌郎"，是少年伶童的别称。自清乾隆年间徽班进京以来，"相姑"站台的风气在梨园界也不是一天两天了。每每戏园子开场前，那些雏伶男旦们总会亭亭玉立地一字排开，站在戏台的东西厢。旦角秋波流转，与相识或旧好眉目传情，打情骂俏，那些名为听曲实为狎优的人则兴致勃勃，还会喊其下来陪着看戏消遣。程长庚一向是最厌烦此俗，他任班主后，严令禁止三庆班的男旦靠色相招生意，下令不许站台，也不许演情色"粉戏"。在京剧发生发展的初期，社会对于男旦的接受常常流于玩物的层面，他们以色事居多，以技从艺少，众多名伶为势所迫成为仕宦商贾所狎的对象。《金台残泪记》中说："京师梨园旦角曰相公，群趋其艳者，曰'红相公'；反是者曰'黑相公'。"程长庚禁止"相姑"站台，自然是触动了许多人的利益，让那些喜欢找"相姑"的"老斗"（狎优者）意兴阑珊。但是程长庚显然是立志要整顿这些恶俗风气，顶住压力不管不顾。

程长庚此举直接影响到了京剧在京城民众心中的定位。人们渐渐不再关注于男旦们的眉眼皮相，而开始将更多的注意力放到了唱念做打的戏曲艺术本身。

但"相姑"之于京剧的影响力并没有就此全然消退，其彻底走出历史舞台，则归因于另一个庙首——田际云。

（二）田际云请禁私寓

光绪二十六年（1900），田际云以梆子花旦的身份做了精忠庙庙首。这也是唯一一个旦角出身的庙首。

田际云是个什么样的人？他本是京城声名鹊起的花旦，被赠艺名"响九霄"，被选为内廷供奉，但他也曾利用在清宫廷演戏的机会，替维新派人士传递消息，在辛亥革命中为同盟会南北奔走，为保护革命党不遗余力。他还曾因引入新剧而遭逮捕。1912年民国伊始，他在梨园行内发起"正乐育化会"，以之取代精忠庙，救济梨园界的穷苦同行，照顾艺人子弟入校读书，提高梨园同行文化修养，热心社会公益，传播新思想。他曾说："我们行业虽微，敬重侠烈的热心，可是跟士大夫没两样。"话虽短暂，分量却重。可见，他是一个思想进步、欲求革新的演员。曾影响京剧日久的私寓（相公堂子）废止于他手，可想而知。

"私寓"是良莠不齐的授徒机构，相当于私学、家学、私塾，但因一些"私寓"中的童伶常做娱乐性服务，故又名"相公堂子"，也就是"相姑"（歌郎）的"下处"。这本是乾隆朝"徽班进京"之后，京城娱乐业中滋生出的新生事物，待发展到光绪末年的时候，已经呈现出了明显的凋零之态。在"堂子"历史上的光辉岁月里，樱桃斜街、韩家潭、陕西巷等"八大胡同"一到夜晚就灿若星辰的角明灯，到了宣统年时竟然找不到一盏了。清末民国之际的"私寓"既没了曾经的热闹，也有些变了味道，甚至成了以戏为名引诱良家子弟，饰其色相，授以声歌的藏污纳垢之场。

虽然"私寓"至清末日渐衰微，但伶人与"相姑"的界限并没有全然切割清楚。京中一些喜好男色的"老斗"们常称私寓中的相姑为"兔儿"。一次堂会上，田际云被工部郎中龚才杰大声唤作"兔儿"，他听了顿觉被辱，拂袖而去，甚至第二天堂会戏都不再参加，还放话自己乃内廷供奉，绝不愿做寻常人的玩物。在田际云看来，"私寓"是伶人们人格极度被玷污的所在。光绪、宣统时代的伶人，经济地位虽已大大改善，内廷供奉加身又使其能跻身上流社会，但精神上的觉醒对于他们似乎还是艰难的。

光绪三十四年（1908），田际云联合了谭鑫培、叶春善等梨园界人士呼吁废止"私寓"。虽终因阻力重重而不了了之，但精忠庙的庙首们仍召集戏界通过了一项颇有革新性的决议，"凡伶人外作应酬者，即不准登台唱戏"。这项决议革除了倡优不分家的陋俗。未过几年，清帝退位，由王朝天下走向民族国家。1912年，田际云向北京外城巡警总厅呈请查禁"私寓"。5天以后，外城巡警总厅在《正宗爱国报》刊登告示，指出"须知改良社会，戏曲之鼓吹有功；操业优伶，于国民资格无损。若必以媚人为生活，效私娼之行为，则人格之卑，乃达极点"[①]，公布了严禁开办"私寓"蓄养童伶从事陪宴等活动的命令。"私寓"终于成为历史。（见图4-18）

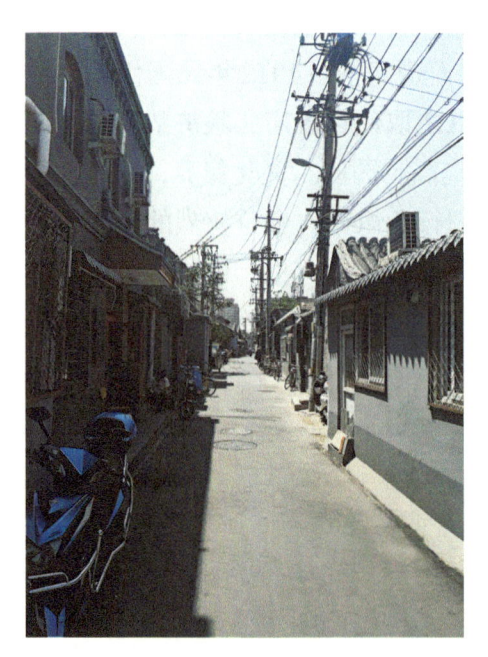

图4-18 昔日"八大胡同"之一的陕西巷今景

从程长庚到田际云，一个是受儒家思想浸润的老生，一个是拥有除旧革新思想的花旦，他们的经历和性情都有所不同，但他们所

---

① 张江裁编：《清代燕都梨园史料正续编》，中国戏剧出版社1988年版，第1243页。

拥有的一个共同点，就是要把梨园视为一个真正的行业。"尊重完全之人格，同为高尚之国民。"从倡优不分到自尊自重，这就是一个艺人的行业自觉，或许也是作为一个人尊严的人格自省。

二、社长的训词

1902年，京城四喜班的老生演员叶春善受吉林富商牛子厚之邀搭班赴吉林演剧。但因长途跋涉，骤受风寒，尚未演出，就突然病倒，喉咙喑哑，无法登台，只得请辞，欲退还包银，回家休养。但东家牛子厚并未同意他的提议，而是为他看病，并提议其可负责后台诸种事宜，以解无法登台之愧。叶氏闻言大为感激，遂任后台管事，处理诸事，井井有条。

此事虽小，却拉开了日后在京剧史上留下浓墨重彩的一笔的喜（富）连成[①]科班的序幕。此事之后，牛子厚与叶春善日益熟识，对彼此的人品都有所了解，在持续两年的沟通酝酿之后，在1904年由牛子厚出资、叶春善牵头正式组织成立"喜（富）连成"科班，"喜""连""成"字分别取自牛家的三个公子喜贵、连贵、成贵的乳名。清末民初，正是京剧的鼎盛期。同时期在精忠庙报庙备案的科班就有近20家，可见喜（富）连成科班面临的行业竞争和市场压力之大。可谁也没有想到这个小小的科班居然在日后成为人才辈出、叱咤风云40余年的行业翘楚。个中缘由，非一言两语能讲清，其中既有东家的前后接续保障资金，市场运营上的审时度势，更有科班在教育子弟上极讲规矩与章法。这其中，社长叶春善、总教习萧长华等主事人的作用不可忽视。在科班成立之初，叶春善等主要教师团队就对天盟誓："创办科班，不为发财致富、争名夺利，只为培养教育梨园后一代，永续香烟。"[②]这也成了喜（富）连成科班最为核心的教育思想。

[①] 1912年，牛子厚将"喜连成"转让给外馆沈玉亭、沈仁山兄弟。沈家为社方还清了债务，增添了经费，并改社名为"富连成"（简称富社）。

[②] 叶龙章：《喜（富）连成科班的始末》，载《京剧谈往录》，北京出版社1985年版，第57页。

（见图4-19）

图4-19　富连成社旧址（选自《旧京图说》，北京日报出版社2016年版）

（一）归行

学员的技艺水平是戏曲科班的核心竞争力。无论是从培养合格的各行戏曲人才角度考虑，还是在严酷的市场竞争中谋生存，都需要通过严格的训练提高学员技艺。在技艺训练上，时人有"京中科班三四，富连成习苦尤甚"的说法。

在喜（富）连成科班学戏的"必修课"是"练功"和昆曲。"练功"是所有学员坐科期间每天必经的项目。"练功"包括形体训练的"武功""身段"，以及"喊嗓""吊嗓"等发声和演唱训练。研习昆曲则是富社教师依据京剧艺术发展积累下的经验所提炼出的要求，他们认为昆曲对于板眼节奏、字韵、音准和身段有系统化的严格要求，其载歌载舞的特性也有利于综合训练学员的基本功。说到这里，得补充一句，严格的基本功训练是科班出身和票友的主要分野之一。行内人普遍认为，有些票友很有天赋，且得到名师指点，唱功虽可能卓尔不群，甚至比专业演员还要好，但没有经历富社那样早上5点钟起床，天天练功、吊嗓子的苦功，一旦上台就会"蹚水"，即台上步履纷乱，手眼身法步都不灵。我们面对一种职业，可以凭着悟性做到一个"点"上的出彩，但专业性的充分实现一定是经由综合性的、系统性的训练。

有的学者系统总结了富社在教学方面的经验,比如延揽行内名师,因材施教;强调基本功训练和行当技艺的精益求精;重视艺术实践,以科班剧目为范本,以戏带功,学演结合;大戏和小戏并举,培养成龙配套的"全堂"角色。[1]其中最为重要的优良传统就是"因材施教"这4个字,在时时经受残酷竞争的演剧市场的冲击下,能给每一个选择到这个行业谋生的人一个适宜的出路。

这条出路主要表现为让学员"归行"。京剧通过抽象与类型化原则,把所有戏剧人物分为生旦净末丑这些有限的行当。行当是一类人物而不是一个人物。像净行,就包括了许多常见的戏剧人物,比如包拯、曹操、项羽、张飞等。行当是一个人在梨园行的立身之本。每个京剧演员是以行当的身份而不是以人物身份出场的。在科班时期就要"归行",即要选择自己从事哪个行当,并接受某个行当的表演技法的完整训练,从而获得扮演该行当

图 4-20 清宫戏装缎绣缠枝牡丹牛纹大铠（故宫博物院馆藏）

所有戏剧人物的基本能力,进而在京剧行业的分工中占有一席之地。（见图4-20）

在富社的教育体制中强调"各归各行,不得相扰"[2],但常常在最终"归行"之前,让学员试学各个行当,再依据实践检验出学员气质

---

[1] 姜斯轶:《京剧"第一科班"富连成社研究》,中国人民大学出版社2016年版,第10页。

[2] 叶龙章:《喜（富）连成科班的始末》,载《京剧谈往录》,北京出版社1985年版,第40页。

秉性、身体素质、唱做条件、兴趣爱好等，最终决定其归属。比如马连良进入富社后，先后试过武生、老旦、丑生，最终才并入老生行。这样的过程在富社具有普遍性。

"归行"相当于一个人选择了在行业中努力的方向。那么是否能在行业内取得成功，考量的标准就是能否成为角儿。

在电影《霸王别姬》中，受不了师父毒打的小豆子和小癞子背班逃跑，来到高朋满座的剧场。小癞子被红火的现场震撼了，他看着台上的角儿哭着说，我什么时候才能成角儿啊？他们怎么成的角儿啊？得挨多少打啊！这个场景生动地再现了在戏班里学戏的孩子们的心声，成角儿是终极目的。民国以来，京剧市场日益走向成熟的商业化，特别是在"名角挑班制"确立以后，主要演员的叫座能力成为班社生死存亡的关键。据著名老生奚啸伯回忆，当时不管是唱什么的演员，只要搭上了四大名旦的班，尤其是梅（兰芳）先生的班，就会一登龙门，身价十倍。

但事实是并不是每个人都能成为角儿。演戏这个活儿，并不是靠一板一眼的技术取胜，天分更重要，行话里说"祖师爷赏饭吃"就是这个意思。富社的做法显得很有人情味儿。富社教师王连平曾回忆说，叶（春善）老先生坐过科，当过"扫边老生"，在对一些天赋好、有发展前途的学生全力栽培的同时，并没有忽视"尖子"生之外的一般学员，坚持"量其材，就其用"的原则，在拔完"尖子"之后，还要二遍、三遍筛选，反复选拔，对于那些实在没有演戏条件的学生，让他们去改学场面、梳头、管箱，总之要给每个学生找到出路。这种重点培养与整体培养相结合的方式，在富社的教育实践中尺度把握得较为恰当。既重视"尖子生"，同时为预防过于突出重点学员所带来的资源不平衡，也注重对普通学员的技艺提升和因材施教，形成梯队建设。

这种教育方式是针对完全依靠市场生存的京剧科班的生存应对。待遇不平衡，会影响班社团结和可持续发展，如果尖子生过于突出，一旦"毕业"出科离社，甚至会带走一部分"粉丝"流量，影响经济效益。不过这种教育方式虽然有着市场运营的考虑，也与富社本为培育梨园后代的核心价值理念息息相关。叶春善有一句著名的"誓言"——"二十年后，我要让各戏班里如果没有我们科班的学生，就开不了台！"[1]这就意味着富社培养的是包括主、次要演员乃至演奏员、舞台工作人员等关于戏曲业务的各行人才。一个角儿常常能带动一个班社的繁荣，甚至在关键时刻推动行业的整体发展，但归根到底行业的根底是由分工合作的诸色人等共同形成的。

（二）"四要""四戒"

过去的戏曲科班在文化及思想教育上是相对薄弱的，当时科班的普遍风气是"不必说道德等的知识不给讲，就连一个字也不使徒弟学着认识"。但无论是叶春善还是萧长华，乃至富社的第二任社长叶龙章，都非常重视学生的品行教育。

富社采取的品行教育形式大体分训话、张挂训词两种。萧长华曾坦承社长叶春善"不是一个深通六艺的大才子，他也是个坐科出身的老艺人……恐怕他肚子里是没有念过几本书的"。叶春善虽然文墨不多，但见识很深，他认为"艺术是应该认真学的，可是只靠学好了艺术，而不懂得做人的道理，将来出去，也是行不通的"[2]。他经常在课余召集全体学生训话，讲解一些做人的道理。随着班社规模扩大，学员人数增多，日常训话不能渐及全部学员，在1912年，叶春善请友人根据自己日常训话的内容总结整理为富社"训词"。由于"训词"系由"训话"整理完善而成，其内容都朴实而直接。以六言韵文作为总纲，下分"四要""四戒"八大条目。其总纲内容如下：

> 传于我辈门人，诸生须当敬听。自古人生于世，需有一技之能。我辈既务斯业，便当专心用功。以后名扬四海，根据即在年轻。何况而诸小子，都非蠢笨愚蒙。并且所授功

---

[1] 梅兰芳：《舞台生活四十年》，中国戏剧出版社1987年版，第68页。
[2] 梅兰芳：《舞台生活四十年》，中国戏剧出版社1987年版，第65页。

课，又非勉强而行。此刻不务正业，将来老大无成。若听外人煽惑，终久荒废一生。尔等父母兄弟，谁不盼尔成名。况值讲求自立，正是寰宇竞争。至于交结朋友，亦在五伦之中。皆因尔等年幼，哪知世路难行。交友稍不慎重，狐群狗党相迎。渐渐吃喝嫖赌，以至无恶不生。文的嗓音一坏，武的功夫一扔。彼时若呼朋友，一个也不应声。自己名誉失败，方觉惭愧难容。若到那般时候，后悔也是不成。并有忠言几句，门人务必遵行。说破其中利害，望尔日上蒸蒸。①

总纲之后是"四要"和"四戒"。"四要"分别是"要养身体""要遵教训""要学技艺""要保名誉"。养身体，指京剧是"指身为业"的行当，必须要把身体看得极贵重。遵教训，是指趁着年轻，脑力正足，多学本领要紧，要将师父、先生和父母的话记在心里。学技艺，是指学本领没个学完的时候，不能说别人夸我好，就自己觉得我的本领是真好，要下私功夫才能长进。保名誉，是指要做好事，不要做坏事。（见图4-21）

图4-21 富连成社"连"字辈学员大合影（选自《旧京图说》，北京日报出版社2016年版）

---

① 唐伯弢编著，白化文修订：《富连成三十年史（修订版）》，同心出版社2000年版，第215页。

"四戒"分别是"戒抛弃光阴""戒贪图小利""戒烟酒赌博""戒乱交朋友"。对于科班子弟来说，10到20岁这几年是学本领的最好年头，可不能犯了玩的心思空耗人生。天下的事啊，哪有那么多便宜可占，谨记"贪小利，受大害"的古话。再说烟酒赌博，都是丧德败家的事，更不能沾。戒乱交朋友，对于梨园行更是很要紧的事。不要受甜言蜜语只知奉承的人的盘算，要交必良友！

我们每个人都身处万丈红尘之中，尤其是梨园行人士因行业的特性，更是置身于复杂的社会交往圈中，稍一成名便会有各种诱惑纷至沓来。作为梨园行的老人，叶春善看多了身边的艺人们如何在由贫到富，身份渐显的过程中，在"演艺圈"把持不住欲望而陷入沉沦的事例。即使富社学员中也有一些反面的案例。其中最典型者莫过于花旦演员孙盛芳。他出科后好高骛远，不愿担当配演循序渐进丰富舞台经验，而是依靠盲目追捧他的北平某大学校长为其购置行头、安排拜师、组织班社，希望迅速成名。其父丑行演员孙小华也无视其能力局限，不断唆使他"挑班"。但由于他毕竟艺术水平有限，班社难以维系，失去商业价值被市场抛弃，孙本人又染上毒瘾，后竟被迫"打小鼓"收货为生，继而沦为乞丐，最终因吸毒倒毙街头。

对于富社教师们来说，自然希望自己教出的小辈们在严酷的生存环境中能够行得端，站得稳，走得长远。"四要""四戒"说到底，就是一个词——自律。这是成为一个合格的京剧演员的基本标准。

富社从清光绪三十年（1904）始创，至1948年停办，历时凡44年，将近半个世纪，共培养了喜、连、富、盛、世、元、韵、庆八科弟子，计700余名京剧人才，被称为京剧"第一科班"。这么辉煌的成就与这种传技也传德的教育理念是分不开的。

三、行规为何

1904年，喜（富）连成科班成立时设定了梨园规约，将梨园行的诸多禁忌、规定详细列出，要求学生熟悉、遵守。前面所说的品行教育中的一些禁令也被放到了首要的位置，如"在班结党""夜不归宿""夜晚串铺""偷窃物件""设局赌钱""口角斗殴""倚强压弱""克扣公款"等，以防这些社会不良习气为演员沾染，贻误自身，贻害班社。

如果说上述这些规定是社会上每个普通人都要汲取的教训的话，在梨园规约中则更详细地规定了许多行业内部应该遵守的规矩。

首先，搭班的规矩。

京剧科班艺成后，均要搭班演戏以谋生。演员由此班社"跳槽"到彼班社的情形也属常见。此中原因很多，比如随着个人技艺的提高，希望搭入大班社以获取更多演出利益或更多学习机会，通过改搭别的班社有更好的地位，比如从"三路演员"提升为"二路演员"。也有的演员自觉有能力独立挑班的时候，辞班而自己建立"团队"。在竞争激烈的京剧演出市场环境中，这些都可以理解。但"跳槽"不能太过随意，只有在祭祀梨园祖师爷的日子（一般为每年的三月十八日）"说公事"时才能提出辞班要求。"歇哑巴工""临场告假""临场推诿"，甚至"在班思班""备班逃走""无事串班"，拒绝班社的演出安排，都是梨园行共同摒弃的行为。

其次，演出的规矩。

所有妨碍演出正常进行或影响演出效果的行为，均须禁止。如"错报家门""台上翻场""混乱冒场""登台懈场""扮戏耍笑""台上笑场""扮戏懈怠""当场开搅""当场阴人"等。这是京剧行业从业者对于台上演出秩序的强调，也是将观众视为自己的"衣食父母"，保证舞台演出顺利和艺术完整性的基本要求。其中最具特色的是"九龙口言公"。一般的说法是，"九龙口"是鼓师的位置，位于上场门外，离上场门约三尺，演员出了台帘，不过九龙口，不算是出场。因此，"九龙口"代称鼓师。因各角色的一举一动，鼓师尽收眼底，最有发言权，若台上出现差错，演员之间互相指责、推诿，就需要由鼓

师评判、调解。(见图4-22)

图4-22 首都博物馆复原的京剧戏台

再次,后台的规矩。

后台服务于前台的演出,如果秩序过于杂乱,会影响或干扰前台的演出效果。戏班管事人要坐在账桌那里,统观后台与前台的全局,俗称"坐中"。而演员的座次,依行当也做了合理分配。如生行坐二衣箱,旦行坐大衣箱,净行坐盔头箱,末行坐靴包箱,武行、上下手坐把子箱。在后台规矩中还有如今看来属于行业信仰层面的禁忌,如"不能撞闯祖师龛、銮驾、供器桌","大衣箱上不得睡觉"(大衣箱中有喜神,躺卧其上,不敬),"扮关公、神佛角色,须要净身,后台不得作事"等,体现了对祖师神及其他神佛的敬重。此外,还有一些言语中的避讳,如"后台不得张伞"(同音"散"等)。

京剧的行规不是即兴的和随意的,而是京剧从业人员在生产(艺术实践活动)和生活(日常生活)过程中长期以来约定俗成的行业准则。除一些具有时代特色的信仰禁忌之外,这些规约总体上都是在协调从业者之间的相互关系,使整体行业处于一种虽然存在竞争但有序的状态下运行。

从清代的"精忠庙"到民国初年的"正乐育化会",再到20世纪二三十年代的"梨园公益总会""北平梨园公会",北京戏曲界人士的行业组织名称几经变化。但无论人和事如何更易,约束从业弟子的行规却始终是一条不可逾越的界限。如今,位于樱桃斜街65号的北平梨园公会旧址尚存,大门门簪上镌刻着的"梨园永固"4个字,代表着当时梨园行的精英们对行业未来发展的美好期许(见图4-23)。春秋迭易,岁月留痕,这痕留得精当。"永固",上承老辈梨园人如何使行业一步步走出低俗娱乐的境地,而走向自尊自强的努力,下寄希望于后生晚辈继续发扬从业技艺与德行,使行业前行得平稳、光彩。每一代人都有一代人的时代际遇,但无论怎么发展,操守与规矩,始终是行业立身的根本。

图4-23 樱桃斜街65号北平梨园公会旧址

第四节　天桥杂吧地

旧时梨园行有个不成文的规矩，唱戏分地界儿。以珠市口大街为界，街分南北，人分高下。如果你到街南边唱，就跌了脸面。

清代，虽然满足人们审美、闲暇的戏园子被驱逐到外城，但依然主要集中于珠市口大街街北前门、大栅栏等繁华市井，那是富连成社等大班社唱戏的地方。而街南，是天桥，只有简陋的戏棚子，甚至撂地唱戏，被认为难登大雅之堂。那会儿，要是天桥唱戏的跑到了街北去演，人就会问："怎么把天桥跑大棚的弄到这里来呀？"就因为这个原因，在天桥搭群益社科班学戏并唱红了的著名京剧演员梁益鸣，虽然酷爱马连良的艺术，专攻马派，但只能被时人视为马派私淑弟子。按老话儿的说辞，"你说你再好，你落到天桥，就不值钱了！"[1]与天桥近在咫尺的"街北"大栅栏的京剧名角都以到天桥为耻，如果倒仓了，宁愿"走大穴"（闯关东）或改行，也不到天桥卖艺。街南与街北世人观念之差，令人惊讶。

天桥到底是什么地方？为什么在清末民初这里被视为是"低人一等"的地方？

一、平民的天桥

"天桥"在我们的认识中有三个含义，在不同情境中有不同的所指。

第一个指谓是作为历史建筑的天桥。

"天桥"当然是一座桥。"北京有城无墙，天桥有天无桥。"这句俗语已是后来者的戏谑之言。这座桥的历史据称可追溯到元代，至明清两代是供天子到天坛、先农坛祭祀时使用的，故称之为天桥。天桥

---

[1]　岳永逸：《老北京杂吧地：天桥的记忆与诠释》，生活·读书·新知三联书店2011年版，第54页。

在正阳门外北京城市中轴线南段，东南侧是天坛，西南侧是先农坛。据众多资料记载和老辈人回忆，天桥桥身很高，站在桥的南边往北边看，望不见正阳门，同样，站在桥的北边往南看，也看不见永定门。后来在民国的城市建设中，天桥多次改建，至1934年全部拆除，但是天桥作为一个地名一直保留了下来。（见图4-24）

第二个指谓是作为地域的天桥。

图4-24 天桥印象博物馆中仿制的天桥模型

地名意义上的天桥，是以这座有形或者无形的桥为中心的这一带地方，从地域范围来说，大致是桥南东西两侧和天坛、先农坛北部一带。这一区域在元、明两代就是郊游踏青走马之地。清代随着外城人居的渐密，天桥一带成为吸引文人墨客的绝佳风景之所。清乾隆时有士人记录道："小寒食宿雨初霁，踏青至天桥，登酒楼小饮，稚柳清波，漪空皱绿，渺渺余怀，如在江南村店矣。"这个作为文人郊野游赏之地的天桥，是什么时候成为如今我们一谈起北京平民文化就会想到的市井习俗之地呢？

转折点出现在清中后期的道光、咸丰年间。小商贩们利用天坛、先农坛根儿一带可以不纳地租之优，开始在此摆设各种浮摊，民间艺人亦来此拉场卖艺。清末随着现代交通的发展，永定门、马家堡等地成了火车站，天桥自然成为进出北京的人员集散地。清初，朝廷以天桥地近两坛之故，禁止百姓建造屋舍，但随着交通与商业的发展，在这一带择地建房经商或居住者日趋增加，诸多街道于是慢慢形成，使天桥地区改变了古来清幽空旷的旧貌，发展成为人口稠密的市区。（见图4-25）

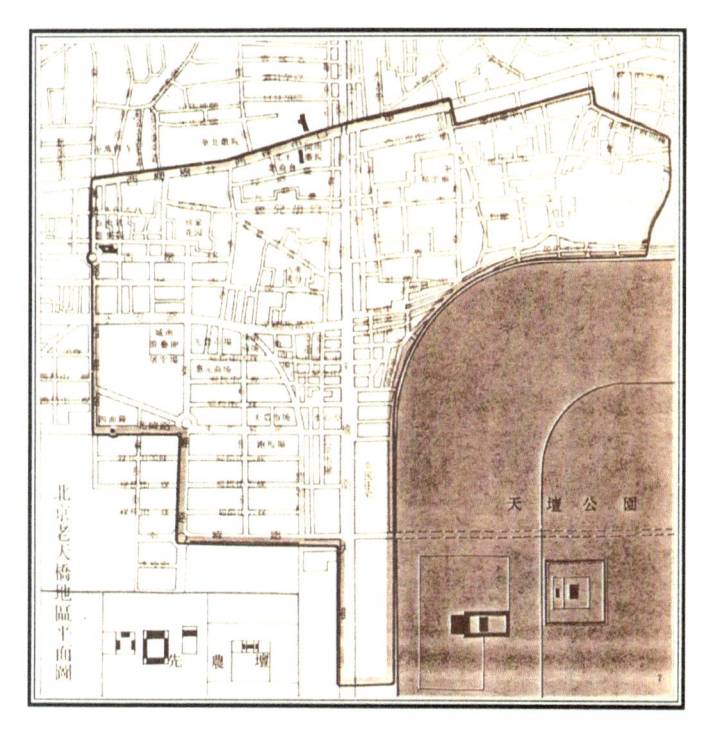

图4-25 北京老天桥地区平面图（选自《天桥》，北京出版社2005年版）

第三个指谓是作为文化符号的天桥。

清末民初以来，人们经常言说的天桥已然不仅仅是一个地域性概念，还是一个标志性的北京文化象征和想象符号。有学者将民国时的王府井和天桥做对比，指出这两个商业街区的差异背后，折射的是民国北京城市化进程中的巨大鸿沟以及社会阶层间难以弥合的裂痕。[①]

为什么出现这样的差异对比？因为天桥是专属中下层社会的消费空间与娱乐空间。这里的所谓"建筑"低矮而杂乱无章，小贩遍地铺陈。易顺鼎在《天桥曲》序中云："自前清以来，京师穷民生计日艰，游民亦日众。贫人鬻技营业之场，为富人所不至；而贫人鬻技营业所得者，仍皆贫人之财。"[②]穷人的消费者仍然是穷人。张次溪在

---

① 王建伟：《王府井与天桥：民国北京的双面叙事》，载《学术月刊》2016年第12期。
② 成善卿：《天桥史话》，生活·读书·新知三联书店1990年版，第40页。

199

《天桥一览》中也说:"很少有绅士气度的大人先生在此高瞻阔步,到这里来玩的人,多半是以体力和血汗换得食料的劳苦的人们。他们在每天疲倦以后,因为这里不需要高贵的费用,便可以到这里来,做一个暂时的有闲阶级,听听玩意儿,看看杂耍,忘却了终日的疲劳,精神上得受了无限的慰藉。"[1]在老北京多类型的消费娱乐场所中,天桥堪称是最廉价的!

天桥云集了妓女、乞丐、艺人等各种边缘人群。这些人是被士、农、工、商主体社会及他们自己曾经生存过的家庭、宗族排斥在外的。正因为如此,一般勉强能维持生活的人,骨子里对天桥是不屑一顾的。因为一到那儿去,妓女、乞丐等身上的脏气、邪气、穷气和没有一点脸面似乎会传染似的。这些都是习惯于"耗财买脸"、把面子看得比命都还重要的北京人所不能容忍的。满族老人祁淑洪女士晚年关于近代天桥的回忆非常直白,说:"那会儿天桥让我们住我们都不住,说那儿是下流之地,有唱戏的,还有窑子,姑娘不让带着上那边去,一般的好人都不去。"[2]作家姚克对天桥的描述文字中,称其地为"高等华人所不去",印象中充满了"葱蒜和油的气息"[3]。1948年,当一位刚刚见识到王府井、东交民巷那样街道的游客来到天桥周边时发出感慨:"这算是什么都市!这样肮脏破烂的地方,连我们的乡下都不如呢。"[4]在一些知识群体的描述中,天桥代表着粗鄙、杂乱、底层,甚至污秽、肮脏,他们普遍表现出高高在上的俯视心态。

这种认知的基础在清代就已经开始,就如我们前文提到的梨园行"道南道北"之说。这要溯源到清初的"分城别居"政策,加速了天

---

[1] 张次溪、赵羡渔编:《天桥一览》,中华印书局1936年版,第12页。
[2] 定宜庄:《胡同里的姑奶奶》,北京出版社2017年版,第14页。
[3] 姚克:《天桥风景线》,载姜德明编:《北京乎:现代作家笔下的北京(1919—1949)》(上),生活·读书·新知三联书店2005年版,第353—357页。
[4] 青苗:《陶然亭访墓记》,载姜德明选编:《如梦令——文人笔下的旧京》,北京出版社1997年版,第589页。

桥所在的外城，尤其是天桥一带的平民化与贫民化倾向。这客观上造成往北越靠近前三门居住的人，其身份地位就越高，越往南地位就越低，并使得供人休闲娱乐的戏园子等娱乐场所也有着这样的等级分化，即使同在外城，也出现了等级的歧视链。

虽然作为地点的天桥本是连接紫禁城与天坛、沟通世俗权力与上天权力的特殊通道，但到后来却演化成为最接地气、最底层民俗的象征，与紫禁城形成了泾渭分明的两极。随着帝制的推翻，民国成立之后的主流意识形态对民主、平等的宣扬等，使天桥有了"平民"市场的别称。《北平旅行指南》这样介绍："星卜医药、大鼓、评戏、相声等江湖术士，均麇集于此；三教九流，包罗万象，为北平之最大平民商场。或云天桥为近代社会之缩影，亦至当之论也。"[1]齐如山在《天桥一览序》中所说："天桥者，因北平下级民众会合憩息之所也。入其中，而北平之社会风俗，一斑可见。"顾颉刚在体验到天桥的平民艺术后感慨："今日在天桥享平民艺术的娱乐，为真正北京人了。"将天桥与地道北京人的生活、北京民俗联系起来，是知识分子对天桥的另一种认知。（见图4-26）

对于很多没有话语权的老北京人来说，逛天桥是一大爱好。虽然天桥一直被视为北京城内贫贱、卑微与肮脏的符号，但这的确是一个解心宽、穷人乐的地方。

图4-26 天桥撂地唱小戏（选自《北京老天桥》，北京出版社1990年版）

平日，这里的说相声的，耍狗熊的，变戏法的，数来宝

---

[1] 马芷庠著，张恨水审定：《老北京旅行指南》，北京燕山出版社1997年版，第88页。

的，唱秧歌的，说鼓书的，练把式的，都能供给他一些真的快乐，使他张开大嘴去笑。他舍不得北平，天桥得算一半儿原因。每逢望到天桥的席棚，与那一圈一圈儿的人，他便想起许多可笑可爱的事。①

用什么来定义天桥，我们还是用老北京人自个儿的话来说——"天桥是杂吧地儿"。杂吧地，意味着在这里五方杂处、三教九流会集。这里既是自认为有地位、有身份的人不愿意染指与涉足的地方，也是落魄之人、游动之人赖以谋生之地。这里有着多种行事规则与逻辑，既复杂又边缘，这里既是强势的社会秩序、伦理道德和价值观念遭遇强有力的挑战与冲击的地方，又是更能展现人之本性、本真的地方，杂而乱、脏而邪，不讲理但又仗义②。这就是天桥的多面性。

二、平地抠饼，吃开口饭

从清朝末年至20世纪50年代，先后在天桥卖艺的民间艺人多达五六百人。他们中的绝大多数，学艺在天桥，卖艺在天桥，传艺在天桥，生活亦在天桥。

天桥艺人的来源可大体分为三类。第一类是内城旗人。他们曾经过着"岁管钱粮月管银"的衣食无忧的生活，清亡之后不得不群体性地与往日的辉煌、闲暇话别，贵族们拍卖自己的府邸和珍宝，而一些贫穷的旗人被迫离城出走撂地卖艺，以谋生计。他们中一些人曾经是为艺术爱好耗财买脸的人，曾为八角鼓、京剧、行香走会费尽了心力，落魄之后将兴趣变成了耍把式谋生的饭碗。第二类是一些与清廷及传统生活形态紧密相关的特殊行业群体。他们在失去了行业的依托之后走向了街头，比如天桥有名的掼跤艺人沈三、宝三等都是作为宫

---

① 老舍：《骆驼祥子》，人民文学出版社2006年版，第132页。
② 岳永逸：《城市生理学与北京天桥的"下体"特征——兼论"杂吧地"的认知意义》，载《都市文化研究（第4辑）——全球化进程中的上海与东京》，上海三联书店2007年版，第193—194页。

廷护卫并供皇上娱乐的善扑营扑户的弟子。第三类是京畿乡村的难民。因华北地区频繁的水旱灾、蝗灾、战乱等天灾人祸将在乡村陷入绝境的难民挤向天桥。

他们的一个共同特征,就是被甩出了原来生活的轨道,不得不来到天桥这样的边缘社会。当时,老天桥卖艺分为文活、武活。说相声的、唱小曲之类的叫"文活",而摔跤、气功类等要卖力气的叫"武活"。对老北京人来说,到天桥卖艺是实实在在的生活来到了谷底。因为这意味着他们不得不抛弃了普通人所不愿意舍弃的面子、尊严,而不得不吃上了"开口饭"。著名相声表演艺术家马三立就这样说:

> 我的母亲恩萃卿,习唱京韵大鼓,为生活所迫随父撂地卖唱。旗人家的闺女,落魄到卖唱,自己觉得实在寒碜,所以非常忌讳说自己是旗人。而我们也像她忌讳说自己是旗人那样,忌讳说母亲是唱大鼓的。正是由于这种忌讳,"马三立的妈是干什么的?"从我的嘴里没有说过,母亲的职业是"保密"的。在旧社会里,说相声、唱大鼓比唱戏更轻贱,所以我的祖父、外祖父和父母虽然都是颇有点名气的艺人,而且各自怀有一身技艺,可是吃"开口饭"的屈辱,"下九流"的帽子,压了几辈子,就恨不得脱离这个行当,把更换门楣的希望寄托在我们哥儿俩的身上。[①]

虽然舍得下面子,来到这块方圆几里的市井江湖,但谋生也依然不是那么容易的事。过去流传这么一句话:"天桥的地———块挨一块"。撂地卖艺的、做买卖的都集中到这块杂吧地上,谁有多少本事,观众都瞅眼里头。据天桥老艺人马贵宝老人回忆:

---

① 马三立:《艺海飘萍路》,载中国人民政治协商会议天津市委员会文史资料研究委员会编:《天津文史资料选辑(第23辑)》,天津人民出版社1983年版,第200页。

到天桥卖艺的艺人搭上棚，再在场子里搁上几条板凳。这地上什么都没有，你得挣出饭来，这叫"平地抠饼"。这样你才能吃上几口饭啊。天桥要不出艺人啊？过去有句话：卖艺的，打不跑，骂不跑，三天不挣钱，自个就跑了。怎么着？饿了呗。天桥艺人多，这块地方挤兑着人有能耐、有绝活。你艺术不超群，你就挣不了钱。你要能练出点压箱底的绝活，才能在这里混下去。挣扎着活到现在不容易。[①]

图4-27 天桥艺人牛茂生表演拉弓（选自《北京老天桥》，北京出版社1990年版）

因为地方狭窄，艺人众多，在众多场子中还有"抄肥的"（"捡板凳腿儿"的）。一般卖艺的摊子上午9点左右就把板凳什么的都摆好了，下午一般在四五点或者天黑的时候收。等人撤走了，就让一些没饭辙的用这个场子继续撂地，算是沾光。这算是"抄晚儿"。还有"抄早儿"，就是场地的正经主儿还没干，你先干一阵儿。总之，是让一块地儿用足了。（见图4-27）

北京人常说的"天桥把式，光说不练"就是在"平地抠饼"中被逼出来的表演习惯。这主要指的是"卖口"。无论是"文活"还是"武活"，作为露天撂地的表演都得有"卖口"，包括开场"圆脸"（招呼观众）时和"打杵"（要钱）时的"卖口"。"圆脸"时的"卖口"多数都是艺人现场临时编的，只图逗人一乐，吸引观众的注意力。"打杵"则多是艺人通过惨虐身体取得观众的同情来获得点收入。"卖口"对于撂地摆摊的天桥艺人来说尤为重要。不管你是干什么的，

---

① 刘铁梁主编：《中国民俗文化志·北京·宣武区卷》，中央编译出版社2006年版，第249页。

要把钱从人家的兜里掏出来装到自己的兜里,第一就是靠"说",所谓"巾皮彩挂,全凭说话"就是这个意思。历史学者王学泰曾回忆他儿时见过的一个砸石头练硬气功的老者,常利用一个算卦摊位收摊的空当表演,老者蹲在地上拿着两块石头反复敲着,石头相击发出清脆的响声,用以说明石头没有用醋泡过,完全是真石头。这位老者只是向人们显示他的真功夫,一块一块地砸开地上码着的石头,很少说话。但因拙于语言,连驻足流连的人都很少。[①]

在天桥,街头艺人表演的唯一目的就是要吸引人,挣到糊口钱。一些艺人有五官移位的本事,把耳朵塞耳朵眼里,舌头能舔到鼻子眼,眼皮都能动弹。像"云里飞"向场子东边的观众要钱时,能将舌头伸进左边的鼻孔里,向西边的观众要钱时,将舌头伸进右边的鼻孔里,向南北两边的观众要钱时,分别将左右耳郭塞进耳朵眼里。老艺人朱国良曾说,无论春夏秋冬,练把式的都是光脊梁。因为你要是同观众一个样,他们就不可怜你了,不可怜你就不给钱了。早期天桥说唱艺人说唱的内容,也有不少村野、粗俗,甚至带有猥亵和挑逗意味的脏口。

要在众多卖艺者中找到饭碗,更要找到独创的绝活法门。其中的代表者就是"天桥八大怪"。关于天桥八大怪的说法不一,因为只要你干的和别人不一样,能给观众留下印象,就算其中一怪。在《人民首都的天桥》《天桥史话》等著述中,将天桥八大怪分为三个时期,共涉及24个艺人。(见图4-28)

清末至民国初年的第一代

图4-28 小金牙罗沛林拉洋片(选自《北京老天桥》,北京出版社1990年版)

---

① 王学泰:《北京天桥杂忆》,载《博览群书》2004年第3期。

"天桥八大怪"包括：

穷不怕，传说相声的鼻祖；醋溺膏，擅长口技的相声艺人；韩麻子，单口相声；盆秃子，秃头，擅长用筷子敲瓦盆伴奏演唱民间小曲；田瘸子，残疾，擅长表演杠上二指禅等硬功；丑孙子，擅长装扮怪模样的相声艺人；鼻嗡子，擅长表演小曲，特点是鼻子里插进两根竹管吹小曲，腰间挂一个洋铁壶敲打节奏；常傻子，擅长表演硬气功，招牌是掌劈鹅卵石。

民国初年的第二代"天桥八大怪"包括：

蛤蟆老头，以训练蛤蟆和蚂蚁模仿课堂教学和军队操练闻名；老云里飞，擅长京剧和表演滑稽戏；花狗熊，擅长表演民间小戏，因扮相似狗熊而得名；耍金钟的，擅长绘制比例失调的画，让游客透过金钟反射能看到正常的图像；傻王，表演碎石背磨盘等硬功，面相憨厚；赵瘸子，因习武残疾，擅长在一条单杠上进行杂耍；志真和尚，僧侣装扮，擅长硬气功表演；程傻子，擅长表演驯狗熊和顶碗等杂技。

20世纪三四十年代的第三代"天桥八大怪"包括：

云里飞，老云里飞的儿子，继承父业表演滑稽戏；大金牙，擅长拉洋片；焦德海，相声艺人穷不怕的徒弟；大兵黄，卖药糖，以骂街的形式招揽生意，所骂多涉及民生和时弊；沈三，擅长摔跤；蹭油的，肥皂推销商贩，只要看到路人衣服上有油渍就主动上前用自己的肥皂给人家洗净；拐子顶砖，身有残疾，行乞时头顶两米多高的一摞方砖跪在地上；赛活驴，擅长装扮毛驴。

这种怪,既靠技艺,也靠自己肉体的夸张、扭曲、变形来维持生计。这是主流社会中的"正常人"良民不敢做的事、不敢说的话。"赛活驴"的妻子乔金凤晚年曾说:"至于那七怪,我都见过。唉,这些怪人,都同'赛活驴'一样,装出怪样子来吸引人看。这些怪样子,又多是丑化自己的,把自己丑化得不成样子,供人笑乐。"[①]同样是京剧表演,第二代八大怪之一的"老云里飞"的表演是满场作戏,随时抓哏,他一出场就逗人乐,装扮是用零星破烂品凑成的,头上戴着用哈德门、红锡包、大联珠、大粉包、小粉包牌的纸盒做成的乌纱帽。竹板上绑一撮鸡毛算雉尾,芸豆儿穿成串算珠子。买了条面口袋,染成红色的,缝成个红背心,上装天子、下扮走卒都能穿。"云里飞"父子的滑稽二黄实际上就是无视京剧的戒规,"调侃"京剧,这在街北科班几乎是不可想象的事。(见图4-29)

图4-29 "云里飞"父子的滑稽戏(选自《北京老天桥》,北京出版社1990年版)

　　从上面的列举中,我们能看到街头艺人自贱自轻,扭曲、陌生化自己以求观众一乐的成分。岳永逸评论道,如果说街头艺人在被主流社会抛离那一天就已经把面子还给了曾经生存的空间,那么真正当他们置身于撂地场子中表演时,他们便恣肆地撕毁、割裂、嘲弄、讥讽"良民"的也是他们自己或他们祖先曾一度有过的面子、荣誉。其实,这也正好暗合了贫困观众的双重心态:对中上层特权阶层所拥有的脸面因不可得而愤恨、唾弃、自卑;与场子中的表演者相比,因这些艺人更没面子而产生自我欣赏和满足。[②]因为只要有一线生机,这些穷苦的观众就不愿像他们那样卖艺为生,但这些街头艺人表演中的怪、

---

① 白夜、沈颖:《天桥》,新华出版社1986年版,第87页。
② 岳永逸:《空间、自我与社会——天桥街头艺人的生成与谱系》,中央编译出版社2007年版,第132页。

奇、巧等种种所谓不健康的成分反而是下层贫困观众所喜欢的，成为他们宣泄情感的渠道。

三、站住脚，必须是行里的人！

但即使要在天桥真正站住脚，也并不容易。天桥卖艺，你必须是这行里的人！

这方圆几里的地方是典型的市井"江湖"，只有经过一系列"手续"才能成为一个被行内人认可的真正意义上的街头艺人。天桥艺人这一身份再造的过程，可以分为拜师、学艺、摆知出师、盘道、获绰号等几个阶段。

首先是拜师。

以我们自身的经验可以得知，在日常生活中对我们影响最大的圈子是立身的行业圈。而在行业圈子的网络中，师徒关系的建立是特别重要的。按北京的老规矩，师父是不能随便叫的。师父，讲究必须要磕过头，而且要有引（荐）师、保（证）代（道）师。没磕过头，空口无凭，这个徒弟不算数。

在天桥，拜师分有拜师仪式的与无拜师仪式的两种形式。有拜师仪式的分为三种：第一种是投业，即"入室弟子"，自幼拜师学艺。第二种是拜门儿，指"带艺投师"，在原有基础上受些指点。第三种是"代拉师弟"，代是代替，拉是拉扯，指艺人由于年龄或其他原因，不便将投师者收作徒弟，就声称是替师父收徒。这样，实质上的师徒关系在形式上却表现为师兄弟关系。无拜师仪式的拜师也有两种情形：第一种称为"口盟"，又称"寄名"，只凭一封信或一句话就算某老师的弟子了。第二种为"私淑弟子"，指喜欢某人的演技，由于种种原因，却无法向其喜欢的艺人举行拜师仪式正式拜师学艺，只好借观摩自己所喜欢的艺人演出之机，偷偷学艺，后来学得活灵活现，惟妙惟肖，遂自称是某某的私淑弟子。

但无论是哪种形式，拜师都使一个被抛离了主流社会的人重新得以被一个社会接纳，哪怕这个社会是京城的底边社会。没有拜师的人，将会被同行称为"海青腿儿""没爹的孩子"，为同行所不齿，遭到同行的歧视、排挤，甚至会被没收或者砸毁道具、被赶走。

拜师通过模拟血缘关系，相当于被纳入行业"大家庭"中。正如岳永逸所说，经历了数个小时的拜师仪式，新人的肉身没有太大的变化，其即将行走的空间也没什么变化，但新人的生活感觉不一样了。因为在与特定行当的师徒、师兄弟之类的相互关系中有了他自己的位置。[1]这个原先漠视他的空间接纳了他。他拥有了一个新的身份，并带着这样一个新的身份在天桥这个底边社会生活。

磕头拜师有了门户，才是能得到同行承认的第一步。

第二步是出师后很快就可能遇到的，那就是过"盘道"关。

就如同农民需要耕地作为生产要素一样，对于天桥撂地艺人来说，获得一块"场子"便等于把握了生活的基本要素，而丧失"场子"则是影响生存的至关重要的问题。当新艺人出师来撂地挣钱时，对于原有的艺人而言，就意味着原本有限的观众更加减少，这是在锅里争饭吃。在传统社会，这种艺人的流动再寻常不过，经年累月，在行内形成了一套章程来应对。俗话说，"人不亲，艺亲，艺不亲，祖师爷还亲，祖师爷不亲，呱嗒板还亲"。这种同行间的竞争并不能像影视剧里的黑帮争地盘那样的蛮斗。但另一方面，所谓"当场不让父，举手不留情"，与自身利益相关又必须争取。这种不完全撕破脸面，又光明正大的较量方式就是"盘道"。以说书界为例，我们略举如下。（见图4-30）

同行艺人走进书场，见到生人行艺，便用书桌上放的手巾将

图4-30　天桥书茶馆（选自《北京老天桥》，北京出版社1990年版）

---

[1] 岳永逸：《空间、自我与社会：天桥街头艺人的生成与系谱》，中央编译出版社2007年版，第61页。

醒木盖上，将扇子横放在手巾上，然后瞧这说书的怎么办。若说书的不懂怎么回事，说没拜过师，来人就会把演出道具连同所挣的钱一并拿走，不准此人再说书了。此称为"收笸箩"。如果说书的有门户有师父，知道行内规矩，就会按规矩行事。连阔如在其所著《江湖丛谈》中详细地记载了说书人相互盘道的过程：

> 在说书的见有人把家伙用手巾盖上，扇子横着压上，说书的艺人就知道这人是来携家伙的，不能翻脸打架，得沉住了气儿，用左手拿起扇子来说："扇子一把抢枪刺棒，周庄王指点于侠，三臣五亮共一家，万朵桃花一树生下（说至此放下扇子，将毛巾拿起来往左一放），何必左携右搭。孔夫子周游列国，子路沿门教化。柳敬亭舌战群贼，苏季子说合天下。周姬佗传流后世，古今学演教化。"说完末句的时候，得用手拍醒木一下。遂又开书再往下说书，盘道的江湖就不敢再说什么了。如若说书的艺人为人忠厚老实便罢，倘若为人狡猾一点，说完了这套词儿，再用毛巾把醒木盖上，扇子横在毛巾之上，叫这盘道的生意人给拿开。盘道的按着江湖规矩他另有一套词儿，亦是伸左手拿扇子，然后说："一块醒木为业，扇子一把生涯，江河湖海便为家，万丈波涛不怕。"再拿开毛巾，放在左边，右手拿起醒木说："醒木能人制造，未嵌野草仙花（评书的醒木定规矩不准使用花木头，亦不准在醒木镶什么），文官武将亦凭他，入在三臣门下。"说完拍醒木，必须替说书的先生在场内说下一段书来。帮完了场子，然后再走。这盘道的若不会说这套词儿呢，按规矩他得包赔说书的一天损失。[1]

各行有各行的门道，也自有各行的坎儿（行话）。盘道就是同行

---

[1] 连阔如：《江湖丛谈》，当代中国出版社1995年版，第334页。

之间通过专用词语和江湖套话盘诘、考证相互门户的手段。经历了盘道，就可以得到一个"地头儿"的同行认可，能在这撂地卖艺挣钱了。但这也反过来要求，在艺人的拜师学艺过程中，不但需要淬炼本领，而且要习得祖师爷信仰、行当来源、师承渊源、行规禁忌、行话等行业规则。这也是以口传心授为特征的天桥演艺行学徒的重要性。许多技艺和规矩不经师父指点，靠自学是琢磨不透的，那就入不了行。

经历了同行的盘道，一个艺人要彻底立住脚，观众的态度是关键。只有观众认可，才能真正在天桥这个地方站稳脚跟。获得一个绰号，无疑是观众认可的代表方式。这就是非常重要的第三关。

这些绰号往往是观众在观赏中所留下的对于艺人的最深刻印象，或因身体外表的突出特征，或因扮相，或因表演风格的独树一帜，但不见得是褒义的，甚至还多是贬义的，艺人不喜欢也没有办法，比如历代的"天桥八大怪"里面就有不少这样贬损性的绰号。

但无论是哪类绰号，只要有了，无论雅俗、毁赞，就意味着该艺人有了较为独特并得到观众认可的演技。因成功表演而获得绰号意味着一个街头艺人彻底地融入了天桥这个底层社会。因而，绰号也是一种"身份"和通行证，赞誉性的绰号甚至被家族世代相承。比如演滑稽戏的"老云里飞"和"云里飞"，说相声的"万人迷"和"小万人迷"，"小蘑菇"和"二蘑菇"、"三蘑菇"等。

通过"拜师""盘道""获绰号"，一个民间艺人终于得以在同行林立的市井江湖获得了容身的资本。

四、天桥的转变

对于老天桥的民间艺人们来说，能够填饱肚子已是不易，在财富的积累上更不敢想。最重要的是，即使在艺术上得到了观众们的认可，也并不能顺遂地得到相应的声望。在天桥，穷、贫、贱这样的烙印既打在了这块杂吧地的身上，也铭刻在本地艺人们的身上。

转变发生在新中国成立后。

第一个转变发生在20世纪50年代。北京市政府开始了对天桥地区的整治，大部分艺人都被分派到各地的曲艺团、杂技团，成为国营剧团的主力。原来天桥杂吧地撂地的艺人被提升到民间艺术家的高度，获得了体制内的接纳。原来边缘社会的人通过作为受压迫人民的代表和艺术工作者的身份，获得了新生。1951年9月25日《人民日报》刊登新凤霞的文章特别典型地反映了天桥艺人对于这种身份转变的认可，文中说："对新社会我有无限的感激、无限的喜爱。我深深感到了我的祖国和人民的可爱。我参加了北京市文艺工作者代表大会，参加了全国戏曲工作会议，参加了北京市首届青年代表大会。我正在争取做一个光荣的青年团员，未来的光荣的共产党员。""我保证我虚心学习，精研业务，让我和广大的群众更亲密地结合起来一同进步，做一个真正的人民的演员。"从这样的历程去回溯，天桥堪称是北京民间艺术的发祥地，是众多民间艺术家生根、生长、开花结果的地方。（见图4-31）

图4-31　天桥市民广场上作为文化符号的《八大怪》雕塑

与天桥艺人有关的非物质文化遗产项目（不完全统计）[①]

国家级非物质文化遗产		
天桥中幡	天桥摔跤	河北梆子
京剧	北京评书	相声
评剧	单弦牌子曲	岔曲

[①] 据国家级、北京市级、西城区级非遗名录综合整理，一些项目申报属地并非北京，但因内容与历史上天桥艺人相关，也一并列入。

续表

国家级非物质文化遗产		
口技	京韵大鼓	梅花大鼓
京东大鼓	西河大鼓	河南坠子
数来宝	古彩戏法	抖空竹
北京皮影戏		
市级非物质文化遗产		
老北京叫卖	北京琴书	联珠快书
区级非物质文化遗产		
天桥拉洋片	天桥双簧	天桥赛活驴
天桥穆派戏法	天桥盘杠	天桥杂耍
爬杆	快板	耍花坛
踢花毽	西城皮影（德顺班）	善扑营掼跤功夫

第二个转变发生在改革开放后。如果说新中国成立后天桥艺人所获得的是群众文化艺术代表的身份，那么这个时间段，在"文化搭台、经济唱戏"政策的影响下，以老天桥为代表的这块杂吧地开始被整体包装为北京民俗文化的代表。民国时期到新中国成立初期被不断强化的，与乱、杂、恶等属性相连的"旧"天桥，转型成为充满乡愁的、京味十足的"老"天桥。21世纪以来，北京市委市政府、西城区委区政府提出了打造北京天桥演艺区的规划，将其作为首都历史文化名城的重要组成部分。今日的天桥会聚了中央芭蕾舞团、北方昆曲剧院、北方戏曲学校、北京风雷京剧团、北京杂技团、北京皮影剧团等优秀的表演团体，以及天桥艺术中心、天桥剧场、湖广会馆等一流的表演场所。在天桥艺术中心内还建设了天桥印象博物馆，用展览的形式再现天桥几百年间的历史发展与时代变迁。带着新面貌出现的天桥，衣冠楚楚、时尚从容，早已没有了之前的窘迫。可以说，曾经

生活触底但仍然用力刨食的那群人，曾经既本真又邪性让人又恨又爱的杂吧地，终于成了流年碎影。新天桥，将开启新的里程！（见图4-32）

图 4-32　天桥印象博物馆里重新开台的相声，可视为另一种"撂地"

第五章

市井商俗之道

作为消费都会的北京，商业是城市的底色。从商是惯常的职业，而从业者也多来自北京周边的山西、河北、山东各省。货声、牌匾与招幌、老字号，都是普通人关于老北京商业印象中特别深刻的符号。巧合的是，它们其实也代表了一个外乡人到京城奋斗，逐步坐地生根的全过程。

货声，是听觉意义上的北京。商贩通过有声语言和器乐音响招徕顾客，与北京人日常生活节律发生了密切的关系。货声作为串联北京人日常生活的一把钥匙，几乎构成了一幅流动的声音"清明上河图"。从古至今，北京市民的日常需求一直被周遭各式各样的商贩所消化分解，使我们得以顺适地生活。这些流动的商贩是支撑城市生活的坚韧角色。

当游商有了资本，就渐进为坐商。于是，牌匾与招幌就派上了用场。这是一个经营者能够在商铺林立的北京城立住脚的一种象征。如果说货声属于流动的、声音的景观，那么牌匾与招幌则是固定的、视觉的景观。它们通过色彩、造型等视觉标志播布信息。

无论从听觉还是视觉意义上说，商业标志都体现了作为传统社会人与人之间沟通符号系统的作用。它仿佛是露出水面的冰山一角，约定俗成的交易行为背后，沉淀的是深厚的文化积习。

一座城市若能如数家珍一样地道出一连串的中华老字号，立刻就能令人感受到它深厚的历史底蕴。并不是所有店铺都能成为老字号。如果将老字号仅仅视为一个企业，着实小看了中国的文化。老字号的经营者常说"要对得起这块金字招牌"，这承传至今的招牌背后，不仅有老北京商业从业者的规矩与章法，更有北京文化赐予并凝聚在它们身上的习俗底色。当一座城市的商业形态向前演进发展时，这些几百年前的老传统是彻底进入了掌故系统，还是会以一种新的方式依然在发挥作用？

第一节　一岁货声

1983年中央电视台首届"新春乐"春节联欢晚会上，由北京人民艺术剧院老艺术家们组成的"花甲合唱队"演出的"北京叫卖组曲"，撷取、编排了老北京人日常生活中具有代表性的叫卖声，生动"再现"了北京城24小时市声的变化，在当时引起了强烈反响和好评。画家吴冠中在《北京晚报》撰文说："我特别喜爱人艺合唱团的叫卖，腔调逼真，节奏组织得十分和谐。在美的享受中我被带到了几十年前，初到北京的回忆中，在街头巷尾处处听到的叫卖声，尤其是在寒夜、霜晨，这些叫卖声更感人心肺。声腔是美的，是智慧的创造，但大都诞生于苦难的生活。人艺合唱团的这个叫卖从一个新的角度展示了一幅新中国成立前北京劳动人民的广阔生活画图，对生活的发掘是深刻的，意境深远！"

据曾参与编创和演出的老艺术家回忆，这老北京的组曲节目虽小，但来头可不小！新中国成立初期焦菊隐导演排练老舍经典话剧《龙须沟》时，为准确展现北京特定环境中的地域特色和浓郁的生活气息，他提出要在幕后营造出各种小商贩吆喝声的舞台效果。当时的剧组演员在英若诚的带领下走街串巷追踪各类小商贩，模仿他们的叫卖声调，并反复练习运用于剧中。后来在为首都群众慰问演出的过程中，人艺的老艺术家们在演出实践中逐渐将零散单调的吆喝整理成一天不同时序的叫卖声，分成男女不同声部，有独唱、齐唱，有强音、弱音处理，并将老北京小商贩所使用过的响器"惊闺""唤头""冰盏""小云锣""小皮鼓""小梆子"等融入"组曲"演奏，给观众带来了审美享受。（见图5-1）

图5-1　货郎担子（北京民俗博物馆馆藏）

这次演出的宝贵影像材料，如今已成为人艺博物馆珍藏的经典，同时也作为老北京吆喝的经典教材，被史家胡同博物馆运用于展览空间中，成为北京胡同京味儿文化中"声音"的代表象征！寻常的市井叫卖，居然能成为被博物馆收藏展示的经典艺术，其中的含义不言自明。

一、叫卖声中的交际智慧

叫卖声具体源于何时已无据可查，但可以确定的是，自从商业贸易活动开始具有私有营利的性质，这种叫卖吆喝就随之而起了。在商品经济繁荣的宋代，时人笔记中的叫卖声记录已频见于史籍，如宋高承撰《事物纪原》说，"京师凡卖一物，必有声韵，其吟哦俱不同"。南宋孟元老《东京梦华录》卷三载，清早"御街州桥至南内前，趁朝卖药及饮食者，吟叫百端"。当时市井间及京师瓦舍中的说唱者模仿各种叫卖声加工成曲调技艺也已出现。

老式叫卖讲究声音的韵律，或昂扬或浑厚，或明快或低沉，声声入耳，句句动听。清佚名《燕京杂记》记载："京师荷担卖物者，每曼声婉转动人听闻，有发语数十字而不知其卖何物者。"[1]在清代北京竹枝词中也不乏描写，如"东窗已敞南风竞，半夜犹来铜碗声"，说的是夏日卖酸梅汤的清脆铜盏声，"深夜谁家和面起，冲风唤卖一声声"，说的是冬夜里硬面饽饽的叫卖声。叫卖词句的编排朗朗上口，且目的性很强，比如"冰激凌咪，雪花酪，好吃多给拉拉主道。你要尝来你就尝，冰糖玫瑰往里头攘。你要喝来你就喝，白糖桂花往里头搁"几句话，连劝带拉，将食品的原料说得清楚明白，听起来不觉食欲大开。

叫卖嗓音的使用因地因时制宜。"京城叫卖大王"臧鸿曾说："吆喝，既要有规矩又要有艺术性，瞎喊不行。在大宅门前吆喝，要拖长声，既让三四层院子里的太太小姐听见，又要透出优雅，不能野

---

[1] ［清］阙名：《燕京杂记》，北京古籍出版社1986年版，第120页。

腔野调地招人烦;在闹市上吆喝,讲究音短、甜脆、响亮,让人听起来干净利落,一听就想买。"

语言学家刘钧杰曾对《北京叫卖组曲》中出现的51种叫卖声进行语言学的分析,总结了其句式修辞的不同类型。[1]作为游街串巷的商品推销手段,老北京的叫卖主要分为三种目的,出售商品、收购物品和修理物品。三种类型的叫卖声都有自己的特色。

第一类是出售商品者。

这是游商小贩中的主体。他们的吆喝声结合语态和语气重点的不同,主要以独语句为主,简举几例:

麻花、烧饼|茄子咪黄瓜、架扁豆,(还约点辣青椒咪)|果子干咪,玫瑰枣哇|(甜酸豆汁,)麻豆腐|臭豆腐,酱豆腐,(王致和的臭豆腐)|驴肉,(驴肉肥)|葵瓜子噢|哎,羊头肉|硬面饽饽|猪头肉|冰糖葫芦。

在老北京的胡同街巷,如果要使买主居于四合院的家中能清晰地了解到小贩所要售卖商品的信息,一是要求声音本身的嘹亮悠长,二则是要用最精练的语言吸引顾客。这就使独语句成为商贩们最惯常的表达方式,简短、经济、突出内容,只说最必要的信息,可以从嘈杂的环境中最大地降低信息传递的损耗量。如果卖烧饼的小贩说"我卖烧饼,谁买烧饼?刚烙得的烧饼,新鲜出锅!"这样的信息量,更适合面对面的市场交易。

叫卖声中也会在独语句基础上在语式上略有不同,但都是为了强调商品的属性。比如在名词前会加上定语的修饰,"哎,大、小,哎小金鱼咪""鲜菱角咪哎,老菱角哎""高桩的柿子咪哎,(涩来换哎)""江米果馅,甄儿糕""肥牛肉""酥皮的,铁蚕豆噢,脆瓢儿的落花生噢"等。再比如用主谓句式,"冰棍儿败火,(败火的冰棍儿)""(卤煮的炸豆腐,)炸丸子开锅""哎,萝卜赛梨,辣的去火"等。这种修饰多是用最简单的词来渲染商品的属性,从而提高顾客购

---

[1] 刘钧杰:《〈北京叫卖组曲〉所反映的口语句式选择》,载《当代修辞学》1983年第4期。

买的欲望。（见图5-2）

第二类是收购物品者。

最简明扼要的独语句式被售卖商贩占用，收购物品者为了以示区别，就不得不另辟句式吆喝。比如，"破烂旧衣裳我买""有破烂我买，有旧衣裳我买""有碎铜烂铁我买，有破瓶子烂罐子我买，有旧皮鞋破袜子我买"等。不知内情的人常常觉得为什么要用这种倒装句，而不用常规的"我买（收购）什么东西"的句式呢？这里面依然有门道。

图5-2 卖耍货的摊贩（选自《旧京史照》，北京出版社1996年版）

叫卖声是唱出来的，其语调的重音常常是给听者的重点。比如"破烂旧衣裳我买"，首先要强调的重点是要收购的物品，好让别人知道你要收购什么。而要在嘈杂的市井环境中从更大量的卖东西的吆喝声中脱颖而出，第二个强调的重点，就是"我买"，要响亮地将自己的需求长长地吆喝出来！

第三类是修理物品者。

"磨剪子咪，戗菜刀""修理搓板儿""锔溜锅噢，带换壶底""修理皮鞋，拾掇皮鞋"……

他们为了与其他商贩相区别，依然会形成自己的语式。就以我们现在依然偶尔能听到的磨剪子磨刀商贩的叫卖为例，如果直呼"剪子"，就很可能被当作卖剪子的，如果说"剪子，我磨，菜刀，我磨"，对听者来说，又很容易与收购旧物者混淆。更为重要的是，与售卖和收购者不同，修理物品者是以手艺立身，因而在吆喝中首先强调的是自己的技术，"磨""戗""锔""换"，每一个工种都有自己的术语，能够清晰地标志出工艺手段。而这也是其在吆喝中采取动宾句式的原因。

从上述的勾勒中，我们会很惊诧这些记忆里的吆喝货声居然能如此的和谐。每一种商贩都有不同的吆喝方式，但他们绝不是事先商量好的，而是在长期的实践中摸索出来的经验。这就是我们日用而不知的生活传统！

二、没有响器的叫卖就像炒菜里面不放盐

响器，也被称为"代声""唤头"，是指以其他物器音响来代替叫卖的一种市商民俗标记。不同的吆喝需要配上不同的响器，用来增加声音的韵味。

响器使用的原因，是因为人声不足以达到深宅大院，所以要借助响器增强传播的力度。更有甚者，甚至用响器完全代替吆喝，代表性的八种行当俗称"八不语"，即行医的、剃头的、锔碗的、绱鞋的、卖掸子的、劁猪的、修脚的和粘扇子的。这"八不语"的说法还有很多，比如打小鼓的、换香油的、卖豆腐的、卖炭的、算命的等等。大多是指售卖或服务的内容听起来不雅或不适宜开口叫卖，比如像卖掸子的，要是吆喝"好大的掸子（胆子）！"还不把人都吓跑了嘛。修脚的要是说"给您修修"，锔碗的要是说"给您锔上"，都不大礼貌，所以一般不吆喝。

齐如山在《故都市乐图考》中整理了民国时期北京小商贩使用的40种响器的制作材质，按照中国传统八音（金、石、土、革、丝、木、匏、竹）分类，在八音中以金属制品和皮革制品为最多，代表者如锣和鼓，因为其发出的声音宏阔，能到达很远的地方；其次是竹木制品，比如梆子；用丝弦制成的响器最少；至于匏（葫芦）、土（陶土）、石（石头）更是很难见到，这是因为这些材质声音不太宏大响亮，无法达到足够的声响效力。

在老北京的响器中，每一大类又细分为许多种小类型，被不同商贩所操纵使用。就以最常见的锣为例。锣为扁圆形，铜制，形体大小不一，以槌或小木板或坠击之发声。主要分为4种：

小锣：卖灌馅儿糖、豌豆糕等糖类食品和小玩具的小贩敲击的响器，也叫"糖锣""锡锣""镗儿"。《清续文献通考》卷一九五载，

小锣面径二寸七分，口径三寸一分，深六分，穿二孔，系绒绸，以木片撞击作响，挂于左手，而用右手敲击。

咯达锣：昔日北京盲卜算卦所用响器，也叫"铜点"，俗名"点子"。面径四寸八分五厘，深一寸八厘；中隆起四分八厘六毫，径一寸六分二厘，以槌击之发声。

钲：清代北京小炉匠挑担，担上架悬小铜钲、坠，行则自击。卖绒线小贩、小磨香油小贩亦用之为唤头。与锣的区别在于，锣有边缘，且面中总稍隆起，此则只一铜片，且面极平。

云锣：卖针线小贩、卖布匹小贩使用的响器。外面径三寸五分二厘，悬挂于周围铁圈之中，左右各挂一铁坠，用绳系住，装于二尺长的木柄上，边走边摇动云锣。

再如鼓，多为圆筒形或扁圆形，中空，面蒙皮革或金属膜片，击之发声。不同的摊贩使用不同的鼓，如筒鼓（"打花鼓"艺人）、扁鼓（瞽目算命）、鼗（俗称拨浪鼓，卖布、小日用品等）、铜鼓（卖灯油）、铁鼓（卖油酒杂货）、小鼓（收买旧物）、渔鼓（乞丐）等。鼓的种类不同，声音也不一样。以收买旧物者来说，打硬鼓的专买精细贵重物品，所打之鼓，面径约不到一寸，声音虽小而尖锐；打软鼓的专买较粗物品，所打之鼓，面径一寸余，声音大而低。金受申在《货郎》一文中回忆，卖布的摇长把小鼓，发连珠脆音，卖炭的摇径尺大鼓，发出"不楞——不楞——不楞楞——"的又慢又闷的声音，卖油酒杂货的摇中型铁鼓，发不快不慢的中和音。[①]（见图5-3）

游商摊贩借由不同的响器传达售物或服务信息，虽然也有重复，有的响器也不限于一种行当使用，但代表性的行业其响器和声音截然不同。如同吆喝声的差异，这响器的分野也多是由长时期的生活实践所形成的。如今响器作为北京吆喝的物质文化留存，常能在相关主题的博物馆展陈中见到。展柜中的响器，与当代观众是以视觉的形式接触，然后通过知识性的讲解说明其在习俗文化中的角色和象征意义，

[①] 金受申：《老北京的生活》，北京出版社2016年版，第500页。

图 5-3 卖吹糖人者、卖糖及各种耍货者、卖糖者、卖豌豆糕者、耍猴者、耍傀儡者使用不同的锣（选自齐如山《故都市乐图考》，北京国剧协会 1935 年版）

就如同我们刚才介绍过的一样。但响器之所以能发扬于市，主要仍在于其声音。

在我们的现代生活中，视觉体验和视觉文化常常占据了主导地位，听觉往往是被忽略的感官模式。但聆听无疑应是我们感受丰富的生活世界的必要方式，这点在于老北京人就已然做到了！在麦家小说《暗算》中曾经刻画了一位听觉超常的听风者，他能在谍战中用极短的时间"听"出全部敌台，听觉之敏锐为寻常人所难以想象。对于生活在市声世界里的老北京人，或许无法做到听风者那般，但其听力也因每日耳濡目染对响器声音格外敏感，正如齐如山所说，"所久居北京者，一听其声，便知其所售之物，盖习惯也"。[1]

三、声音里的"清明上河图"

老北京的吆喝声可称得上是一幅声音里的"清明上河图"。人居胡同家中坐，就能感受到时光流转下的市井百态。

（一）日常时间的感知

老北京胡同多，日常消费用品多取之于游商小贩。一天的不同时间有不同的吆喝声，早上卖烧饼、麻花，中午卖果子干、玫瑰枣，晚上卖炸豆腐、硬面馍馍，深夜卖羊头肉，等等。每日的吃食都先经由耳朵的感知激发你的味蕾。

老北京有句歇后语，"樱桃桑葚——货卖当时"。作为一个被乡土围城的城市，每到应季果蔬收获的日子，大街小巷的吆喝声就迅即传来了时间的讯号。

早春二月，"水捆的菠菜""卖韭菜咪，野鸡脖的盖韭"，为寒冬未退的时节里带来了一丝清香。阳春三月，一声"约青蛤咪""新鲜的咪——黄花鱼咪"，鱼蛤同报春讯，俗称"青黄接春"。"五月鲜儿咪——桃子甜嘞""大西瓜咳，脆沙瓤儿嘞"……声声叫卖中的夏天听起来就沁人心脾。当听到"臭豆腐，酱豆腐，韭菜花，酱黄瓜"的吆喝声时，人们就知道金风送凉、暑气全消的季节到了。"炸面筋咪，熏鱼哟"刚吆喝完，"坛肉，扣肉，米粉肉"吆喝声又起，这说明隆冬已经来临。

翟鸿起先生在《老北京的街头巷尾》中回忆道：

> 我幼时居住的街巷，一年四季从上午到午夜，卖小吃的小贩来往不断。一般的时间还是很准确的，而且井然有序。春夏之交，有小枣切糕、豌豆黄，节令食品有樱桃、桑

---

[1] 齐如山：《故都市乐图考序》，见《故都市乐图考》，北京国剧学会1935年版。

葚、粽子，平时每天上午必来生熟豆汁车子，烂蚕豆、炒铁蚕豆。秋季有江米藕、老鸡头、老菱角、肥卤鸡、煎灌肠。冬季有冰糖葫芦、心里美萝卜，蒸、煮、烤白薯。秋冬季晚间有羊霜肠、羊头肉、炸面筋、馄饨挑子、硬面饽饽、半空儿。街巷来往行人多的地方有固定摊位，扒糕、凉粉、炸糕、荍面卷、压饸饹、糖炒栗子。腊月、正月有辣菜、白菜和鲜货挑儿。另外还有最吸引孩子们的芸豆饼、芸豆糕、糖画、吹糖人、棉花糖。还有每天下午过来的"打铜碗儿的"，北京人叫他"冰盏儿"。[1]

街巷小贩的路线和往返周期都是相对固定的，时间也比较准时。因而，也常常是平民人家推算日常生活时间的参考系。如果赶上哪天有件事情发生，确切的时间记不得了，但可能会说"那天下午卖豆汁的刚过去"。小贩的吆喝可以代替钟表。

（二）节日的音讯

闻货声，而知节至。依照闲园鞠农《一岁货声》和翁偶虹《货声》等文章，我们将吆喝声中的节日讯息梳理如下：

"牛儿牤儿，过年的小皇历！"——这是卖春牛图的货声，北京立春有鞭春牛的习俗。

"哎，活鲤鱼哟！年年有余的活鲤鱼哟！"——正月初二祭财神，祭品为活鲤鱼，并多用纸糊鱼目，祭毕送回河中。

"数灯支碗咪！"——正月初八祭顺星，家家都要燃灯108盏，盏名"灯支碗"。

"津透了，化透了的桂花元宵！"——正月十五有食元宵的习俗。

"供佛的太阳糕！"——二月初一是"太阳节"，太阳糕是祭太阳神的供品，顶插江米面儿捏成的五彩金鸡，取为日象。

---

[1] 翟鸿起：《老北京的街头巷尾》，中国书店出版社1997年版，第27—28页。

"俩大钱的羊角葱哎!"——二月初二"龙抬头"要食春饼,谓之"吃龙鳞",春饼必用羊角葱,取其香嫩而不烈辣。

"黑白桑葚儿!供佛的哎——桑葚儿来大樱桃来!""好蒲子,好艾子!""江米儿的,小枣儿的,凉凉儿的,大粽子来哎!"……"黄米小枣儿,筋捣的粽子!""买神符来!恨福来迟避五毒儿哇!""葫芦花呀,拣样挑!""葫芦呀,避五毒的葫芦!""打雄黄酒!""买小绒老虎!石榴花!"

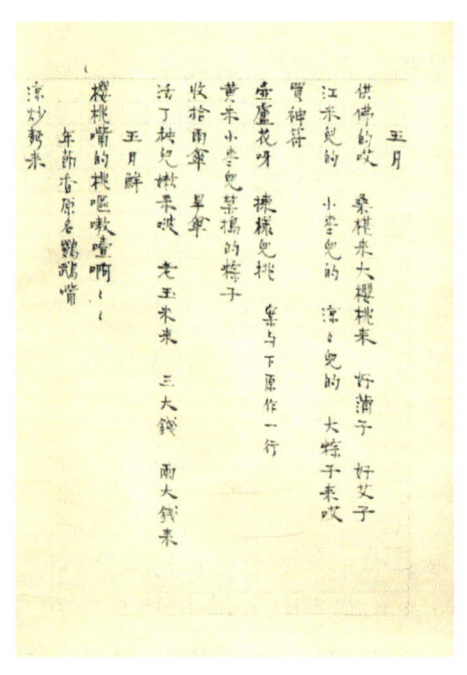

一连串的吆喝声,将端午节物一一送到百姓的家门前。端午节,北京人称为"五月节"。全生避害、避瘟保健,是端午节俗的基调和核心因素。五月初,正值樱桃、桑葚等大批上市,北京人讲究端午节吃桑葚,据说吃了黑桑葚不招苍蝇,吃了白桑葚不招蛆。虽然说不出什么道理,却反映了人们追求卫生健康的愿望。相比南方的鲜肉粽、蛋黄粽等,北京粽子是江米或黄米的,清凉爽口,别具本土特色。神符、葫芦、雄黄、老虎等,也都是有着驱邪求吉的象征意味。其目的都在于全方位地呵护个人、家庭成员的平安。(见图5-4)

图5-4 周作人录抄《一岁货声》影印本局部

"卖莲花灯!""买大蒿子哎!大荷叶!点蒿子灯、荷叶灯啊!"

226

七月十五为中元节，受佛教盂兰盆会的影响，各寺院竞放河灯，儿童们也在街巷间提举各式莲花灯，欢唱"莲花灯、莲花灯，今儿个点了明儿个扔"以为笑乐。此外，还有用整棵蒿子系着香头灿若繁星的蒿子灯和用大片绿荷叶托蜡烛点亮的荷叶灯。

"快买团圆果子咦——过节！""买鸡冠子花儿咦！大毛豆枝子！""买月亮码儿，供佛的月亮码儿！"

中秋节俗称"八月节"，又称果子节，苹果、桃子、葡萄、柿子等水果聚于一挑儿贩卖，代表节日来了。月亮码儿、鸡冠花、毛豆枝都是拜月所用之物，走街串巷的人还喜将绘着金碧薄彩的太阴星君、长耳定光仙（玉兔）的月亮码儿背在后背，以表现其辉煌之美，吸引买主。

"花咦！栽九花咦！"——菊花俗呼"九花"，以九月可开，重阳节用。

"菱角米咦哟！"——进入腊月，就拉开了春节的序幕。腊月初八熬腊八粥必备菱角米。

"赛白玉的关东糖！"——腊月二十三祭灶，要用关东糖、糖瓜及南糖。"赛白玉"形容所售卖的糖质量好。

"松柏枝咦，芝麻秸儿！""画嘞，卖画！""门神咦！挂钱儿！""达子香盘！""街门对儿，屋门对儿，买横批，饶福字儿！""供花咦，拣样儿挑！""送财神爷咦啦！"

随着新年的即将到来，街巷里叫卖年货的吆喝声渐多。秸秆用以除夕傍晚在家中庭院踩岁，等杨柳青的年画进入了京城的市场，家中祀神装饰的神码与供品也有了着落。

"约山药咦！""火焰菜呀！""约大荸荠！约荸荠果儿咦！好吃又好剥咧！""素焖子咦！豆儿酱咦！豆豉豆腐咦！油炸面筋咦！"

新年里是寻常人家改善生活的好日子。吃素馅饺子、炒咸什、炖肉都需要山药。"火焰菜"指的是根红叶绿的菠菜，它可是年初二做馄饨的必备馅料。"荸荠"，毕齐，百事皆齐，这种吉祥的吃食除夕夜怎么能少！新年的大鱼大肉之外，一定要有素食小菜解腻，各种豆制品一定是必备的，最难忘的是那一口咸鲜爽滑的豆儿酱！

"买插把的笤帚咪！""笸箩！簸箕！""箭杆儿锅盖！""买蒸箅儿使去！""换绿瓷盆咪！"

新年也是除旧布新的日子。家里用旧的笤帚、笸箩、簸箕等物事都该换了。最关键的是改善伙食的家伙什要齐备。秫秸秆编制的锅盖，俗称"浅子"，置放饺子都要用。家家蒸馒头的"蒸箅儿"、和面盛菜的瓷盆更是少不了！

（三）物尽其用的生活哲学

在市声中，有一种吆喝是属于服务业的工匠的。在胡同里可以经常听到这样的声音：

"收拾雨伞、旱伞！""收拾桌椅板凳！""收拾锡拉家伙！"[①]"锔碗儿咪，锔缸！""修秤！""缝笸箩，收拾笼屉！""磨剪子咪，戗菜刀"……

这些吆喝声的背后，是在老北京街巷间谋生的庞大的流动工匠群体。过去有句谚语，"新三年，旧三年，缝缝补补又三年"。生活中的用具不断磨损，需要修补，因而过去的市民与工匠是相互依存的。锔锅锔碗的，箍桶的，磨剪子、戗菜刀的，修理桌椅板凳的，焊洋铁壶的，修理雨伞的，修鞋的……这些匠人工种的存在，联系着中国人过

---

① 过去出嫁妆奁多用锡器，年久易坏，故需修补。

去的生活理念，即"物尽其用"，是指各种东西凡有可用之处，都要尽量利用。这或许是出于物质匮乏时代的生存本能，只要存得住的东西都不许扔。但这也是传统社会的"持家法宝"，是老辈儿人的生活方式和思维惯性。在物质极大丰富、推崇"断舍离"的时代，这种物尽其用的思维依然值得我们珍视。

四、货声与文化

声音不仅是物理的、技术的，也是情感审美、文化认知意义上的。货声作为日常生活中的景观，也是现代知识分子体验和理解北京城的重要媒介。

（一）文学中的货声

林语堂在《京华烟云》中对北京的货声大为击赏，他列举了街巷小贩唱歌般动听的叫卖声、剃头理发匠的钢叉振动悦耳的响声，收买旧货者的清脆的打鼓声，卖冰镇酸梅汤的一双小铜盘子的敲击声，他认为每一种声音都节奏美妙！张恨水对北京的货声称赞不已，"我也走过不少的南北码头，所听到的小贩吆唤声，没有任何一地能赛过北平的……至于字句多的，那一份优美，就举不胜举，有的简直是一首歌谣"。[①]（见图5-5）

老舍在《四世同堂》中用文学性的语言描述中秋节前后的水果摊贩："他们精心地把摊

图5-5 打冰盏（卖酸梅汤等冷饮）（选自《北京老天桥》，北京出版社1996年版）

[①] 张恨水：《市声拾趣》，载姜德明选编：《如梦令：名人笔下的旧京》，北京出版社1997年版，第139页。

子摆好,而后用清脆的嗓音唱出有腔调的'果赞':'哎——一毛钱儿来耶,你就挑一堆我的小白梨儿,皮儿又嫩,水儿又甜,没有一个虫眼儿,我的小嫩白梨儿耶!'歌声在香气中颤动,给苹果葡萄的静丽配上音乐,使人们的脚步放慢,听着看着嗅着北平之秋的美丽。"贺昌群从酸梅汤的叫卖声联想到《水浒传》上梁山泊好汉的豪壮的口吻,认为里面藏着爽直的真情,饱含着诗的美,无名氏从吆喝声中听出北平的斯文劲儿,纪果庵听出北京文化中的悠然不迫与舒适幽默[1]。

与上述赞美的态度截然相异,徐讦讽刺地谈到外国音乐家所作的《北平胡同曲》的演奏,认为创作者与欣赏者都是"腾云驾雾的'超人',他一切的幻想离开人与社会,他不会从'萝卜赛梨'的声音想到叫的人正是在大雪地里颤抖着在走,而为的是他家里三四口人的生存,他只想到叫的声音倒是存在他钢琴的每一个音键上面……"他对叫卖声中体现的城市文化性格是不满的,"那些叫卖的同大都市比起来是不够迅速与急切,同小镇市比起来则缺乏实用……处处代表着这个都市的畸形发展,而象征出那一种人的酸气"[2]。

在每个人对北京城的聆听中,货声都是在场的。听到了什么,听不到什么,什么叫作动听、悦耳,什么叫作喧嚣、噪声,作家记载下的货声,多少带有一些个人的偏好,体现出了一定的差异性。它既可能被认为是古都气质的代表、乡土中国的文化终端,也可能被认为是旧时代陈腐暮气的象征。作为一种感受性的经验表达,货声的聆听与解读背后,连接着听者如何理解古老的北京城。

(二)作为民俗知识的货声

经验性的、文学性的描述之外,货声作为故都风物的重要内容,

---

[1] 姜德明选编:《如梦令:名人笔下的旧京》,北京出版社1997年版,第175、442、527、528页。

[2] 徐讦:《北平的风度》,载姜德明选编:《北京乎(上)》,生活·读书·新知三联书店1992年版,第385—389页。

也被文化性地记录和整理。清光绪三十二年（1906）前后，闲园鞠农专门辑录各种市声成《一岁货声》一书，以时间为序，详细介绍12个月的种种叫卖声。是书问世30多年以抄本流传，齐如山、刘半农等人都曾抄录，后又被收入张次溪主编的《京津风土丛书》刊行，易名为《燕市货声》。1936年萨莫尔·维克多·康斯坦著有《京都叫卖图》，分春夏秋冬4部分记录了54种叫卖声，齐如山的《故都市乐图考》图文并绘了当时市井的40种响器，翁偶虹亦曾撰《货声》一文收集了368种货声。

长期从事戏曲研究的齐如山认为北京市井小贩的叫卖格外注重腔调，其歌唱"有板有眼，有快有慢，宛转悠扬，悦耳动听，且有时有白有唱，与戏曲无异"[①]。他在《故都市乐图考跋》中更将小贩之响器放到保存中国音乐文化遗产的重大意义上。他认为，几千年来，中国乐器大约有几千种之多，至清朝时应用者已留存很少了，只有祭天的音乐和婚丧嫁娶的吹鼓手两大类。进入民国，坛庙音乐全废，而吹鼓手又受西洋乐队冲击很大，"数千年之乐器，到此完全废而不用矣！"但他幸而在小贩的市声中找到了欣慰，认为这是"不幸中之小幸矣"[②]。虽当初小贩采用乐器不过是取其悠扬动听之意，但其有保存古代文化之大功！齐如山的论断真有些礼失求诸野的致意，市井响器也由此多了些文化遗产的意味。

（三）生活之声

如果说，对货声的文学赏析和民俗考索，分别表达了现代知识分子对于北京城市生活的诗意性审美与文化性提炼。那么，当我们循着声音的来路走入摊贩的个体人生，就会发现他们游走的生活状态中又潜藏着一种北京人的真性情。它是这座城市中人与人连接的一座座桥梁与纽带，是让我们生活于其间不自知的"生活文化"。

老北京隆冬夜晚常有卖"半空"（一种挑拣剩的小、瘪的花生）

[①][②] 齐如山：《故都市乐图考序》，见《故都市乐图考》，北京国剧学会1935年版。

的，多半是白天拉车不够嚼谷，晚上还得讨生活。满族史学家金启孮就曾回忆道，一日在街上认出卖"半空"的小贩就是他儿时的伙伴常格。他认为，有的大学教授或文学家认为这种吆喝声"富有诗意"，对他来说是感觉不到的。[①]他们靠着做小本生意的微薄利润以养家糊口，无论是隆冬酷暑、下雨刮风，都不能间断其工作，其中的景况常常是很凄苦的。但再辛苦，也有一种讨生活的坚持，认真过日子的劲儿。许地山的《春桃》写北京城内收废品为生的春桃身上的宽容仁厚，萧乾的《邓山东》写自己会编曲儿叫卖的小贩邓山东怎样的豪爽仗义，都是社会现实的一些真实映照。

张恨水说，货声的大部分，都是给人一种喜悦的，不然它也就不能吸引人了。例如卖馄饨的，他吆喝的第一句是"馄饨开锅"。声音洪亮，极像大花脸唱导板，于是市井小孩子们就用纯土音编了一篇戏词来唱："馄饨开锅……自己称面自己和，自己剁馅自己包，虾米香菜又白饶。吆唤了半天，一个子儿没卖着，没留神丢了我两把勺。"[②]由此看来，小贩吆喝声也是调剂旧日北京人生活的来源之一了。

在《四世同堂》里，到了端午节，韵梅知道过节并不能减少他们的痛苦，可是鸦雀无声的不点缀一下，他们就会更难过，"她留心地听着门外的'小枣儿大粽子哎！'的呼声，可是，她始终没有听到"。为补救吃不上粽子什么的，她想买两束蒲子、艾子，插在门前，并且要买几张神符贴在门楣上，好表示出一点"到底"有点像过节的样子。她晓得这是因为日本人占据住北平的结果，她说不上来什么是文化，但知道像端阳节必须吃粽子、樱桃与桑葚——生活着才有乐趣。

情动于中，声发于外。艺能化的京腔京韵，不仅仅是学者所观察到的一种精英文化的下移与孑遗，而且是一种真情实感的再现——

[①] 金启孮：《金启孮谈北京的满族》，中华书局2009年版，第44页。
[②] 张恨水：《市声拾趣》，载姜德明编：《如梦令：名人笔下的旧京》，北京出版社1997年版，第140页。

我不过是要像人一样地生活!
(见图5-6)

货声,发出的是坚韧而铿锵的生活之声。

如今,随着生活环境与生活方式的变化,昔日活跃于街头巷尾的货声渐渐成了"绝响"。市井的吆喝和响器,在生活中消逝的同时,也步入了遗产化的进程。

图5-6 街头叫卖(选自《旧京史照》,北京出版社1996年版)

如今在以遗产为名的表演中,充斥着各色身着奇装怪服,头顶瓜皮小帽,满嘴荒腔怪调,怀以挣钱之目的的江湖模仿者。这已是背离了货声价值的荒诞走板。

货声对城市中的人来说,不只是一种供看客聆听观赏的声音景观,也不仅仅是作为知识的习俗,它是这座城市中众生真实的生活形态。货声中所折射的面对人生命运升沉起落的生活态度,是我们经历了社会漂移所能够依然保持坚实笃定的心理土壤,也是我们在时事物象转换中稳定传承的地域精神传统。

第二节　牌匾与招幌

全聚德创始人杨全仁最初在前门外做生鸡鸭买卖的小本生意，每天到肉市上摆摊售卖鸡鸭，都要经过一间名叫"德聚全"的干果铺。同治三年（1864），"德聚全"因经营不善濒临倒闭。杨全仁抓住这个机会，拿出他多年的积蓄，买下了"德聚全"的店铺，改名为"全聚德"，借用名字中的"全仁"二字，希望"全仁聚德，财源茂盛"，并礼请当时的秀才钱子龙题写了匾额！这一步对于当时的杨全仁来说至关重要，意味着他的生意终于走上了正轨。接下来，他还要雇用人手，装饰门面，张灯结彩，挂上幌子，成为这大街上众多商铺中的一员。人人都会称他一声掌柜的！

杨全仁的经历代表了几百年间在北京谋生者艰辛的人生发展路径：

家住东直门外的丁德山，最早靠卖黄土（过去摇煤球需用）为生，1903年以一辆流动手推车创业，卖豆汁儿和腌菜，在东安市场摆摊，吃苦耐劳，在友人帮助下搭起棚子挂出了"东来顺粥摊"的招牌，后经苦心经营，在1914年正式改名"东来顺羊肉馆"，终于转型为主营涮羊肉和清真炒菜的饭馆。

安徽歙县人张文卿1896年开始在北京花市大街摆设无名茶摊。经过4年发展正式创办了茶庄，起名"张玉元"。6年以后，他在前门外观音寺街路南购房开设了一间店铺，取"一元复始，万象更新"之意，更名为"张一元"茶庄。

像这样的案例很多。虽然中间也曾经历波折，但他们已经属于千千万万到北京谋生者中的"成功人士"了。因为，闯到陌生的城市独自打拼，靠自身勇气、毅力，谋生存、求发展，其难度和风险都是不可忽视的。从游商到坐地经营，从简陋的摊位到盘下一个正经的门面，从吆喝货声到立字号、挂招幌，这不但需要持续多年的艰辛努力、经营生意的技巧以及人脉的帮衬，还需要些度过天灾人祸的运气。

正如杨全仁盘下铺面所做的那些事一样，一个铺面要成为一个

"字号",不仅仅是专注于卖商品这么简单。这依然需要些入行的规矩,正是这些规矩将一个普通的铺面"包装"成一个当时人们认为字号应该有的样子。在店铺外在的视觉形象上,这主要指的是招牌和幌子。招牌多用来标示店铺的名称字号,幌子则主要表现商品的种类或服务的项目。一块制作精良的招牌再加上寓意明显的幌子,能够起到很好的招徕生意的效果。它们本身,并不只是一个广告,一个美学意义上的街市景观,它们还是这座城市风俗的视觉符号,暗藏北京城人际沟通的密码。

一、贾儒相通,牌匾为媒

牌匾多悬挂或镶嵌于建筑物额枋、门楣上。传说汉初萧何曾题写"苍龙""白虎"两关之匾额,此后题匾风行天下,宫中殿堂、轩榭庭舍、街头巷尾乃至乡间村野都遍布着牌匾的身影。商业牌匾的历史也十分悠久。《清明上河图》中描绘的北宋集市中,一些酒肆、茶楼、药铺等店面上皆挂有牌匾。它们往往立于商铺建筑物最醒目之处,起到题立字号、广告宣传的作用。

(一)字号取名

一个店铺如果要正式营业,一定要有名字。名字的取法一定要听起来响亮,而且又有吉祥寓意,这样悬之于门,才能够不断地聚集人气,招财进宝。北京老字号的店名多采用三字形式,一般前二字为名,末尾一字表示行业代称,比如文房四宝、古玩字画类字号多用"斋""阁",如韵古斋、一得阁等;餐饮食品类字号多用"楼""居",如萃华楼、砂锅居等;药铺医馆类字号多用"堂",如鹤年堂、广仁堂等;经营服装鞋帽类等其他字号则根据创办人喜好而定,并无一定之规,如瑞蚨祥、盛锡福等。

比较常见的起名方式有以下两种:以人名和地名做字号。用人名的,如王致和、馄饨侯、烤肉宛;用地名的,如丰泽园(借用古代园林建筑之名)、柳泉居(因柳树和泉眼井)等。在名称的拟定上,也多将店铺的名号立足于产品的特性或者受众的需求上。"荣宝斋"指意"以文会友，荣名为宝"。"内联升"的"内"指大内宫廷，"联升"示意顾客穿上此店制作的朝靴，可以在宫廷官运亨通、连升三级。（见图5-7）

图5-7 内联升匾额

通常店铺名大多出自以下这首七言诗："顺裕兴隆瑞永昌，万亨元利复丰祥。泰和茂盛同乾德，谦吉公仁协鼎光。聚义中通全信义，久恒庆美大安康。新春正合生成广，润发洪源厚福长。"这56个字由清代文人朱彭寿（光绪年间进士）在《安乐康平室随笔》中总结而成，几乎囊括绝大部分关于吉祥幸福的说辞。

从这店铺取名的宝典中，我们可以看到，其中既有"顺、裕、兴、隆、昌、亨、发"等，表达买卖事业兴旺发达的直白诉求；也有"德、谦、仁、信、义"等，强调儒家道德理念。虽然买卖兴隆是商业经营的普遍愿望，但这种愿望的实现一定要有伦理精神作为支撑。最具代表性的是中医药店铺，以悬壶济世为鹄的，多取"仁、义、德、信"等名。比如"同仁堂"之名即由创始人乐显扬亲自拟定，"同仁"语出《易经》，意为"无论亲疏远近，一视同仁"。

（二）书写匾额

字号的名称起好了，接下来就是书写。

众所周知，匾额在古代最为基本的作用就是标识指引，因而在书写形式上有自己的特征。它既是题写在有限空间内的文字，又需适应远观，因而普遍要求字体偏大、风格雄厚饱满的榜书。在篆、隶、楷、行、草五体之中，楷书与行书更趋大众化，也多为题匾者所使用。有研究者对北京的第一批、第二批北京老字号牌匾书法进行了统计，其中行书、楷书共占79.73%，行书多见于经营古玩字画、文房四宝的字号，楷书则主要用于京城饭庄、药店医馆以及服务娱乐行业。[1]书体的风格很明显联系着店铺的类别，文玩行多艺术范儿，而联系着老百姓寻常日用的店铺还是标识清晰些效果更好。

一块完整的匾额内容由匾文和款识组成。名人效应在什么时代都是必要的，可以抬高店铺身价。故而北京的店铺都以请到好书家题匾为荣。

孙殿起在《琉璃厂小志》中列举了80余家店铺匾额，大多为清代的达官显贵、进士翰林所题写。例如，清同治、光绪二帝的老师、户部尚书翁同龢题写了"菇古斋""尊汉阁""宝古斋""赏奇斋""秀文斋"等匾额，清末工部尚书、吏部尚书陆润庠曾为"荣宝斋""韵古斋""天源酱园"题写匾额，此外克勤郡王、梁诗正、祁寯藻、李盛铎、潘祖荫等也都曾为当时的老字号写过牌匾。

进入民国，京城字号匾额的书写者多为政界要员、社会名流和知名书法家等，如康有为、徐世昌、吴佩孚、郑孝胥、吴昌硕、黄宾虹、张大千、张伯英等人。20世纪中期以后，京城字号匾额的书写者则多为现代文人和书法名家，如郭沫若、赵朴初、邓拓、舒同、李可染、吴作人、溥杰、启功、刘炳森、欧阳中石等。（见图5-8）

图5-8 樱桃斜街11号"西单饭店"匾额为民国著名书法家张伯英1944年题写，字体潇洒飘逸，为张伯英题匾中之绝佳者

一些字号匾额因种种原因只见匾文未见款识，但岁月日久反而会被附会演绎出一些传奇故事。相关的出场人物中，最有名的就是乾隆皇帝，据说他在某年除夕夜访前门大街王家酒馆，酒足饭饱，高兴之余，感慨地说："这时候还不关店门的酒店，京城里就只此一处了

---

[1] 龚超、王子依：《北京老字号牌匾书风探赜》，载《中国书法》2018年第4期。

吧。"由此御赐其店名为"都一处"并题匾。出场次数较多的还有明代权宦严嵩,六必居、柳泉居和菜市口的老药铺鹤年堂的牌匾都传说是其所写。

天福号的匾则传说是"捡"回来的。乾隆年间,店主在逛京城旧货摊时发现一块旧牌匾,上写着颜体楷书"天福号"三个大字,他当时的熟肉铺正缺块匾,这匾额笔力遒劲,又象征着"上天赐福",便买了回来,把匾粉饰得焕然一新,嵌在了自家小店门楣上,顿时店铺生辉,引来文人墨客品评。以此命名后,生意日渐兴隆。

无论是名人故事还是来历奇闻,都说明了过去的商铺对于匾额的重视程度。因为商业匾额既是书家的"面儿",又是老字号的"面儿"。一般认为,商人重利益,而文人重道德学养,两个群体的特点本来是迥异的,但题匾却给了他们一个交集的机会。虽然全国各地都有以文人之笔墨为商铺添彩的事例,但如老北京这样,达官显贵、社会名流如此集中地参与到老字号牌匾的题写中,却是不多见的。这也是北京老字号牌匾中"贾儒相通"的一个体现。

(三)制匾与揭匾

匾文写好了,自然要请人制匾。

牌匾多为木制长方形,颜色为黑漆金字或黑漆绿字、红漆金字,比较讲究的商号要将题字镌刻于木板上然后再贴金,人们称之为"金字招牌",这样的匾额显得格外醒目庄重。如果说匾额的书写体现着商人的经营心思和文人雅士的艺术风范,那么制匾则体现出了手工艺者的精雕细琢。

牌匾制作工艺复杂,前道工序即有上灰、过泥子、打磨、上布、上麻等几十道。制作方法有凸字、凹字、走边字,分大阳、小阳、大阴、小阴、大宝、小宝和各种形体的花边字。上色颜料以天然矿物质和植物汁体颜料为主,辅以金属材料。其制作方法有包漆法、雕漆法、罩漆法、抽漆法、堆漆法、填漆法、螺钿法、犀牛法、剔红、剔犀、款彩、贴金、百宝嵌等十几种。制匾的程序虽然很烦琐,但不能因为工艺复杂就偷工减料。纯手工做好一块牌匾起码要半个月。

匾额制成后会以红绸将匾包裹上，并以红线将匾绑在扁担上，表示对匾额的敬重。揭匾也会择良辰吉日，锣鼓喧天宴请宾客以示庆祝。

商家对于自家字号的重视，从以上每个环节的仪式感中都能感受得出来。匾额一旦挂上，就不会轻易取下，希望传承久远。（见图5-9）

字号经营好了，好评度提升了，新的挑战也会出现。有的商店盗用名店招幌，故意使用谐音混淆视听，王致和臭豆腐旁有王芝和，王麻子刀剪铺旁有汪麻子刀剪铺。更有甚者，竟然发生同一条街上有两块同样的招牌出现的怪现象。比如老北京鲜鱼口的"黑猴"帽店。有人作诗云："鲜鱼口内砌砖楼，毡帽驰名是黑猴，门面招牌皆一样，不知谁是老猴头。"

图5-9 同仁堂匾额

民国年间的一场大火中，"六必居"店里一位老伙计，闯进火海，冒死将"六必居"的牌匾抢了出来，六必居的老板很是感动，将这位老伙计命为"终身伙友"，并终身"高其俸"。电视连续剧《大宅门》里，老药铺"百草厅"被人接管后，白家二奶奶以"白家老号"的匾额作为白家私产参股，可见牌匾在世人心中的分量之重！

为什么？因为对于商家来说，匾额不仅仅是门牌和广告，还相当于"脸面"，承担着一个商家对于产品、服务、信誉等各项因素的综合保证！牌匾集聚了商人的世俗、文人书家的雅趣、手工业者的勤勉，凝聚了所有的人际关系和价值链！这就是一种强大的文化力量和无形的资产！老舍在小说《老字号》中曾感叹："三合祥的金匾有种尊严！"这种尊严就是源于此。

二、招幌中的主客暗语

如果你穿越到清代和民国的北京街头，除了能看到鳞次栉比的店铺牌匾，还常常会发现店铺挑出的各种色彩艳丽、奇特的招幌。它们构成了别有风姿的街巷景观，传递着浓厚的生活气息。招牌与幌子往往是对称悬挂的，或"一招一幌"，或"二招二幌"，有的还成套联用。幌子是店铺营业状态的符号，挂出去，就意味开门营业，摘下来，就代表闭门谢客。传统招幌作为老北京街巷的视觉语言，如今已经走入历史，仅在旅游街区中得以复原保留一部分。用今天的眼光来审视这些街头的造物，它们不仅仅具有设计美学的意义，同时也是老北京人交往方式特有的物化表达。

（一）招幌的类别

历史上的商业幌子主要分实物招幌、模型招幌、文字招幌、象征招幌等类。

实物幌是最质朴的形式，将经营的商品直接悬挂在外，取材方便、灵活、简单易行。南朝《后汉书·费长房传》载，"市中有老翁卖药，悬一壶于肆头"，这里的"壶"就是指药葫芦，以实物示其商品。《析津志》记载了元大都的实物幌，"蒸造者，以长竿用大木权撑住，于当街悬挂，花馒头为子"。在老辈儿的回忆中，老北京的实物幌有不少。比如棉花店，店铺门口幌子是用一团或数团白色棉絮组成，每团棉絮横围一圈红带，挂在竹弓上，下系红布条，红白对比，鲜明醒目。再如肉铺幌子，出售生肉，一般在案架上挂起成片猪肉，而只悬挂肉肠的店铺则表示出售熟肉。麻袋铺的幌子更直截了当，挂上半片旧麻袋，等等。

模型幌是实物幌的扩展，鉴于实物幌容易损坏，难以长久保存，商家就将实物商品放大或缩小、夸张或变形处理作为一种招幌。如清《乾隆南巡图》描绘前门外棋盘街上的一家靴鞋店，台案前挂着两只特大的靴子模型为幌子。《清稗类钞》中描写"都中袜店，门首往往悬一巨袜"。这指的是用白色棉布缝制的巨袜。再如针铺幌子在装饰花纹的横木上，并排悬挂5支木制针的模型，灌肠铺子以灌肠模型为幌子，等等。过往行人一看便知其经营项目。还有一种特殊的模型招牌。据说在早年北京鲜鱼口路南有一家"田老泉帽铺"，入口两侧放置木雕抱元宝的黑猴模型，或云其为了纪念为店主守夜的黑猴，或象征财源广进，但无论说法为何，"黑猴"也已成为帽铺的一种标志了。（见图5-10）

图5-10　首都博物馆木雕"黑猴"招牌（复制品）

文字幌是直接书写商品名称的一种文字表意形式，一般直接于旗、牌、布、纸等上面书写与经营内容相关的单一字、双字或广告短语。如当铺中无处不在的"当"字、镖局中的"镖"字，贩茶、酒、烟者也多用文字幌。粮行木幌一般会书写"赛雪欺霜"字样，形容所售白面之"白"，质量优良。

象征幌是将商品相关的特征加以图形化，通过符号表意来象征商品的一种招幌形式。相比实物幌、模型幌的形象、文字幌的直白，如今人们最难以读懂的恐怕就是象征幌了。其特点是使人虽不见其商品，却能够清楚明白商家所要表达的意思。象征幌可分为以下两种：

借代性象征招幌，以经营的部分内容或实物的局部、附属物等作为借代性象征标志。比如眼药铺幌子在白木板或白布上绘几只人眼，表示出售眼药。北京酱菜园已有几百年历史，其中六必居、天源酱园最为著名。北京酱菜采用传统工艺制作，制好的酱菜装在竹篓中，因此酱园铺用竹篓作为幌子。颜料铺门口挂的是一排排五颜六色的二尺来长的木棍，指代颜料的丰富多彩。对这些木棍，老北京人留下了一句歇后语："颜料铺的幌子——一堆棒槌"，用来形容假充内行人的外行。

隐喻性象征招幌主要有两种形式。第一种是靠数量、形状、颜色喻示产品的性状，比如糕干铺幌子用红、黄、蓝三色表示品种齐全，两端用荷叶莲花做装饰，表示还供应节令糕点。点心铺幌子在门前悬挂不同样式的木块作为幌子，象征各式糕点。第二种则是借用吉祥图案的寓意。比如"鱼"和"磬"通常都是和丸药、膏药的模型穿在一起作为药铺的幌子，代表"病磬而愈"。蒸锅铺幌子板面各绘带叶的桃子，寓意长寿，中间系一圆板，上有小儿头像或米粒小孔，象征儿孙满堂。（见图5-11）

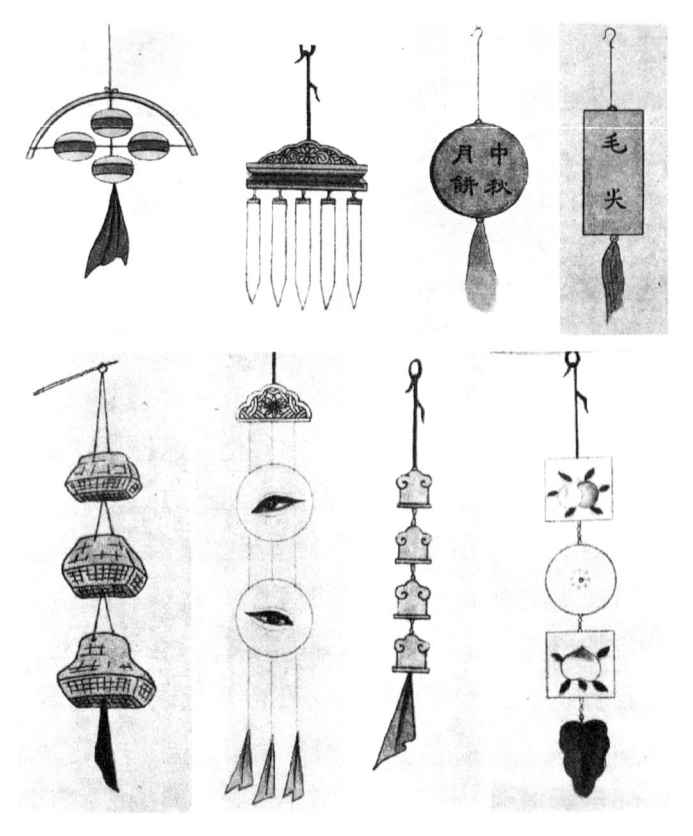

图5-11 棉花铺（实物招幌）、针铺、月饼铺（模型招幌）、茶叶铺（文字招幌）、酱园、眼药铺（借代象征招幌）、点心铺、蒸锅铺（隐喻象征招幌）（选自《老北京店铺的招幌》，博文书社1987年版）

店铺招幌的色彩搭配具备强烈的视觉冲击力，设色使用"赤、黄、青"等纯度较高的大面积色彩，符合吉祥、圆满以及生意红火的商业民俗心理。招幌的形制近千种，装饰符号从龙、凤、蝙蝠、葫芦、元宝、回纹、莲花、双鱼等吉祥图案到喜、寿、卍、福等文字符号，种类极其繁多，遍布于招幌每个部件的设计中。其天然淳朴的材质、单纯艳丽的色彩、赏心悦目的装饰纹样与和谐统一的形式美，都使招幌成为老北京一道独特的视觉风景线。

（二）从传统幌子到现代招牌：沟通形式的嬗变

传统招幌曾经是古代商业文明中的主要广告形式，其制作材料以木质或布帛形式为主，体现了手工艺时代的特征。从清末民初开始，随着西方商业经营方式和店铺装饰的传入，中国的商铺开始走入了"招牌"时代。20世纪20年代，英国学者路易斯·克兰（Louise Crane）女士就描述了西方店铺装饰传入中国时的情景，指出这些"富于象征性特征的招幌正在从商业区和中国所有街区中迅速消失，被千篇一律的店牌所取代"。当代发达的广告媒材和技术正日益改变着城市店铺的商业面貌，刺激着店铺招牌不断翻新花样，由此引发了商业招牌的视觉形式革命。在街巷上，不断变换的LED，闪烁光芒的汉字与符号，传达着城市新形象。现代招牌与传统招幌相比，主要有以下几个特征：

首先，形式语言的内容象征性减弱，从吉祥图案过渡到企业标志，店名或品牌名称的文字书写成为主要形式，更为便捷地传播企业文化和商品信息。其次，招牌的制作大量采用铝合金、不锈钢、亚克力等现代合成材料，通过更为简易的模板、贴字、喷涂等制作工艺快速地满足商家的需求。再次，由原本静态的造型，发展为更为动态的形式吸引观众的注意力，生动逼真的色彩艺术在视觉传播中发挥了更突出的作用，霓虹灯和灯箱广告突破了传统幌子只能在白天被识别的局限性，使城市夜景更加流光溢彩。

技术革新将传统招幌逼退到了现代商业店铺设计的小众范围。今人重提招幌，主要从设计美学的视角，认为现代商业招牌的设计与制作较为程式化，应用图案不能凸显地域性的差别，民族特色表达不够明确，因而将招幌理解为质朴、典雅的工艺美学。中国传统招幌丰富的造型语言，对当今商业标志设计具有一定的参考价值。

（三）作为沟通体系的招幌

传统招幌的价值不仅仅体现在形式上，它还联系着特定时代中国人彼此交往的习惯与规则。

传统招幌的形态都很贴近店铺从事的生意行当，令人一望就能联想到经营的内容。对于一个店铺而言，用词文雅的牌匾与凝练形象的招幌相互结合，符合当时中国人总体识字率不高的社会状态。在新中国成立前教育落后的情况下，周张于市的招幌有利于绝大多数认字水平低的市民与京郊农民购置和加工商品，从而起到招揽顾客、做活生意的作用。

曲彦斌在《中国招幌》中认为，"招幌属于标志语形态这种特殊类型的民俗语言文化现象"。[①]传统招幌被看作一种标志语习俗，是以实物、图画、象形物或某些约定俗成的标志物品，来传递非语言信息。举个简单的例子说明，比如药铺的幌子，既通过上端的"磬"，寓意使病除罄尽；中间的药丸形象昭示店铺的类别；下悬的阴阳鱼，则喻示医理含太极阴阳之道（见图5-12）。以饭店来说，不同地域有不同的幌子挂法，挂"双

图5-12 药铺幌子（北京民俗博物馆馆藏）

---

① 曲彦斌：《中国招幌》，辽宁古籍出版社1994年版，第19—20页。

244

幌"者表明能办酒席，挂"单幌"者则只经营简单饭菜。有悬挂罗圈幌子者，数量多寡分别对应于饭店规模大小，此外罗圈幌子下挂红布条的为汉民馆，挂蓝布条的为清真馆，下挂三根短绳则表示卖笼蒸食品，等等。旧时北京的酒饭铺都采用圆柱体为幌子，如果在圆柱体上绘红绿相间的颜色，表示有酒出售，并兼营饭菜。在这里，幌子不仅起行标作用，还起到区分经营品种、档次的作用。

在众多的招幌类别中，实物招幌与模型招幌相对直观，象征招幌则更为简约概括、程式化，充分利用吉祥图案的寓意，运用双关、借代、象征等多种修辞手法使其符号化。幌子标志虽有不同，但人们一看就知道是什么店，这是因为招幌样式的外在形式与其内容、象征内涵的符号意义经过生活的沉淀形成了约定俗成的对应表达关系，从而作为一种习俗传承下去。因而幌子虽千变万化，但也有本地民情积淀下来的基本原则，如果违反了这种原则而肆意强调个性，就会出现信息传递的混乱，这也是我们常常强调民俗具有规范性的原因。

幌子只是一个"终端"，背后是一套相当复杂的沟通体系，而且这个沟通体系的背后联结着特定时代中国人积习已久的生活观念。当生活方式发生变迁，沟通体系断层，这一街市的景观必然会发生变异。从古朴"原始"、参差多样但凝练规范的传统招幌，到霓虹灯化、灯红酒绿的现代招牌，对相对应时代的人们来说，其标志的可识别性和信息传播的到达率都是很高的，并没有等级和效果上的高下之分。

日本建筑师芦原义信在《街道的美学》中将"决定建筑本来外观的形态"（即外立面）称为"第一次轮廓线"，将"建筑外墙的凸出物和临时附加物所构成的形态"（即外立面凸出物和附加物构成的新外立面）称为"第二次轮廓线"。他还指出西欧城市的街道偏重"第一次轮廓线"，亚洲城市街道则往往由"第二次轮廓线"所决定。[①]但这种视觉规则并不是规划者规划的，而是居民在生活的交流中创造

---

① ［日］芦原义信著，尹培桐译：《街道的美学》，华中理工大学出版社1989年版，第57—58页。

的。因而，招牌从来都不是一个物体，而是一座城市中人们之间进行的无声而有趣的对话。从传统招幌到现代标牌，不仅仅是一套形式美学法则的迭代，而更体现着中国人的视觉沟通体系从隐晦到外向的特征转化。如果将城市比喻为一个人的话，那么街头鳞次栉比的招幌相当于一个人外在的衣着与配饰，折射着人的内在性格。或绚丽，或简单，或爽直，或委婉，它本身就是城市古老文化的一部分，与我们每个人息息相关，经由我眼，直入我心。

第三节　老字号的文化密码

"竹板打，进街来，买卖铺户两边排。也有买，也有卖，也有幌子和招牌。"在北京的街头巷尾，几百年间，北京的商业几经沉浮，在档案中留下名号的何止千家，但如今许多字号已难觅踪迹。字号的命运，与京城时局的变化，时代的更易，国家战略的谋划布局等都有千丝万缕的关系。字号的持久，并不是一件容易的事。

当字号发展成为"老字号"，是一步一个脚印地与城市生活文化相融合的过程。与之相对应，它的意义也逐渐从一个店铺发展成为一座城市的文化符号。因而，我们在这里讨论老字号的商业密码，不仅仅是讨论一个名不见经传的摊商小贩逐渐发展成为赢得隆世名望的百年老字号的奋斗史，而同时会涉及一个老字号与北京这座城市相融相汇并最终成为一种地域文化共同体的过程。老字号植根于本地社会长久不衰的原因，不仅仅有商业密码，更有一种需要破解的文化密码。

一、什么是北京老字号

何为老字号？如今我们所称的"老字号"，既指一种岁月上的古老与悠久，作为口碑意义上的称呼，同时也是指一种国家体制的认定。商务部2006年颁布《"中华老字号"认定规范（试行）》，将"老字号"定义为"指历史悠久，拥有世代传承的产品、技艺或服务，具有鲜明的中华民族传统文化背景和深厚的文化底蕴，取得社会广泛认同，形成良好信誉的品牌"，并设定了7项准入条件：

1. 拥有商标所有权或使用权；
2. 品牌创立于1956年（含）以前；
3. 有传承独特的产品、技艺或服务；
4. 有传承中华民族优秀传统的企业文化；
5. 具有中华民族特色和鲜明的北京地区传统文化特征，

具有历史价值和文化价值；

  6. 具有良好信誉，得到广泛的社会认同和赞誉；

  7. 国内资本及港澳台地区资本相对控股，经营状况良好，且具有较强的可持续发展能力。

  从上述条件中，除了对商标和资本控股的现代企业要求，绝大部分都是文化意义上的标准。产品、技艺或服务是内容，其他项则是由内容生发出来的对社会价值与声望的要求。还有一项特别的时间标准，1956年及以前。为什么这一年份成为关键的时间分野？我们解析北京老字号经久不衰的密码，即由此处开始说起。

  首先，这当然是一种时间上的筛选。半个世纪以上的历久岁月，无疑是自然形成的淘汰标准。

  其次，因为在这一年全国绝大多数地方完成了公私合营。1956年3月5日，毛泽东在《加快手工业的社会主义改造》中指出："手工业的各行各业都是做好事的。吃的、穿的、用的都有。还有工艺美术品，什么景泰蓝，什么'葡萄常五处女'的葡萄。还有烤鸭子可以技术出口"，并指出："我们民族好的东西，搞掉了的，一定都要来一个恢复，而且要搞得更好一些"。同年12月7日，毛泽东在《同民建和工商联负责人的谈话》中明确提到"瑞蚨祥、同仁堂一万年要保存"，他还建议"全国有名的招牌要拍下照片来，有许多招牌的字是写得好的，不留下来后代就不知道了……王麻子、东来顺、全聚德要永远保存下去"。这一年，北京老字号完成了由私营向公私合营或国营企业身份的转变，这也恰恰奠定了其能够挺过日后蹉跎岁月的体制基础。

  再次，这一年同时也是北京老字号扩编的一年。新中国成立后，党政军机关、社会团体、企事业单位等逐渐在北京恢复和建立。为支援首都建设，许多南方老工业城市的管理与技术人员来京安家落户。北京的消费市场急剧扩大，但北京的服务业，尤其是照相、服装、印染等现代服务行业缺口很大。1956年，周恩来总理提出了"繁荣首都服务行业"的号召，亲自指示上海老字号企业迁京事宜。一大批上海名店响应周总理的倡导来京，中国照相馆从上海迁京，上海华新、紫罗兰、云裳、湘铭4家理发馆组成四联理发馆。当时北京洗染业条件差，设备陈旧，技术力量差，还出现了烫坏外宾衬衫的事情，上海普兰德洗染公司和中央洗染店亦于1956年7月迁京。在餐饮方面，也加入了各省市的风味特色，从上海迁入老正兴，天津迁入清真风味的鸿宾楼饭庄，从广州迁入大同酒家，从陕西迁入老潼家羊肉泡馍馆等。据鸿宾楼的老堂头王守谦回忆："1955年鸿宾楼搬来北京，是我抱着匾额和象牙筷子过来的。"

这些1956年以前创立、并入公私合营的老北京企业和新中国成立后不久从各地支援北京的各地字号，共同构成了今日北京老字号的基本格局。（见图5-13）

图5-13 北京市方志馆展出的"老字号"牌匾墙

二、老字号的经营之道

老字号能够经受岁月和市场的考验，靠的是规规矩矩的经营之道。

过去老北京人常说，要将一个饭馆子经营好，有两个人物最为重要。一个人物是灶上的头灶，即头牌厨师，一个人物是堂头，打个不恰当的比喻，有点类似于今日的领班。为什么单提这俩人物？这就与我们所说的老字号在生意场的"学问"有关了。

首先，质量为本。老字号在产品的原料、生产、销售各环节都很"讲究"。比如，同仁堂素来以"品味虽贵，必不敢减物力；炮制虽繁，必不敢省人工"为经营信念。最早作为酒铺的六必居在选料、生产、制作各个环节提出"六必"标准：第一，黍稻必齐，即酿酒用粮必须齐备；第二，曲糵必实，即酿酒用曲必须如实投放；第三，湛之必洁，即浸泡酒曲必须洁净；第四，陶瓷必良，即酿酒用缸必须是优等的；第五，火候必得，即生产操作必须精心得当；第六，水泉必香，即酿酒必须用香甜的泉水。这些为世人熟识的案例为什么还不断地被人提起，就是因为无论老字号的发展业态再怎么更新，其竞争力的核心依然是产品本身。翟鸿起先生说，现在一般人吃早点，喝碗炒肝，再来二两包子，本是寻常事，可谁又能理解，家住西单牌楼，想吃炒肝，专门到前门鲜鱼口会仙居去喝炒肝。您瞧这是多大的诱惑力呀！是别处没有卖炒肝的？不是，这是因为会仙居的炒肝，味正，肠子烂乎，肝嫩，喝到的团粉汁也不澥。品质始终是市民百姓亲近老字号的根本点。

其次，人情熨帖。这可以指服务的周到。京城鞋店内联升专制有《履中备载》，每逢贵族、官员来店里做鞋，掌柜的就把他们的靴鞋尺寸、样式和特殊脚形，逐一登记在册，成为一部详录京城王公贵族制鞋尺寸、爱好式样的"大数据库"。此后，如顾客需再次买鞋，只要派人告知，内联升便可根据《履中备载》中的资料按尺寸要求迅速做好送去。但人情熨帖更是指老北京商业买卖人的处世哲学。京城地处天子脚下，所谓"冠盖满京华"，官本位的价值观念沉淀在人们心里，凡进店之人均需谨小慎微地认真对待。这种处世哲学是一种巧于处世的干练和人际往来的圆通。老舍小说《茶馆》里的老掌柜王利发面对宫廷太监总管、吃洋教的恶霸、社会上的流氓头目，乃至吃官饷钱粮的清闲市民、卖儿卖女的贫苦百姓，都应酬得极有分寸，恰到好处。老舍小说《老字号》中说"三合祥"的钱掌柜，"是常给照顾主儿行红白人情的。三合祥是'君子之风'的买卖：门凳上常坐着附近最体面的人；遇到街上有热闹的时候，照顾主儿的女眷们到这里向老掌柜借个座儿"。连北京小贩的修养，即使买卖不成，也会"把失望都严严地封在心里，不准走漏出半点味儿来"。

说到这儿，我们就可以理解饭馆头灶和堂头的重要性了。因为头灶是把质量的出品，堂头则是专门招待客人的外场人，负责将各类顾客都接待好。质量和服务，是一个字号立身的不二法门。

但这还不够。

俗话说得好："买卖人有礼有式，和气生财。"经营"四大恒"的董氏家训中也说，"人和、情融、意顺、神畅"，将人情相融看作经营生意和为人处世的重要准则。人和，既讲的是热情殷勤，也讲的是真心诚意、仁义厚道。正如刘一达所说："老字号的'礼'体现在'仁义'上，他不是愣逼着你买他的东西，而是先把'礼'做到家。让您觉得不买他的东西，有点对不起他。当然卖的东西也得货真价实。"[①] 如果说服务如同人的脸面，诚信就像人的眼睛。市面流传着顺口溜，"同仁堂，八大祥，不胡吹，不乱诳"，说的就是老字号实实在在的经营理念。不打诳语，不施江湖手段，才是取得顾客信任的进取之道。（见图5-14）

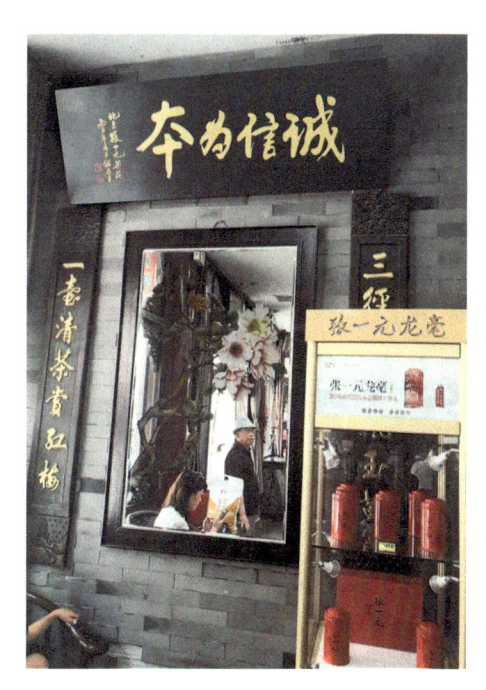

图5-14 张一元"诚信为本"格言

---

① 刘一达：《有头有脸儿》，京华出版社2007年版，第182页。

仁义、厚道是传统社会对商人的最高评价。据唐鲁孙先生回忆，东来顺是个不忘本的铺面，即使生意发达了，仍然砌了两排砖桌石凳，凡贫苦大众，一律4分钱10个油足肉多的羊肉饺子、牛肉大葱饺子，但您要是在楼上吃，虽然肉馅更细更好，却卖您4毛钱10个正常价了。默默行善，恤老怜贫，所以买卖越大越兴旺。[①]全聚德的"全"字本取自创始人杨寿山（字全仁）之名，取意"以全聚德，财源茂盛"。20世纪70年代初中国重返联合国，周恩来总理用全聚德烤鸭宴请美国总统特使基辛格博士时，将全聚德精神解释为"全而无缺，聚而不散，仁德至上"，使老字号精神进一步升华。（见图5-15）

图5-15　全聚德匾额

简而言之，老字号的商业密码，就是"人"的好和"物"的好，"人"的好在于明于事理，"物"的好在于明于质量。即使在北京的商业从前店后厂的手工作坊业态转向现代企业管理的时代，依然需要承袭这些好的传统。北京老字号永安堂有一句店训，"实与名副，财以道生"，即明于义利之辨，注重从业道德。这两点做好了，北京的品牌就不会成为城市的历史过客。

三、老字号的"供养人"

一个店铺发展成为一个老字号，用我们今人的视角来看，可以视为一种品牌化的过程。这也是字号与所在地方社会逐渐融合的过程。（见图5-16）

图5-16　大栅栏街景（选自《旧京史照》，北京出版社1996年版）

[①] 唐鲁孙：《饮馔杂谭中国吃》，广西师范大学出版社2008年版，第139页。

（一）老字号的品牌化

字号走向品牌化的特征之一，是其经营的商品被当地民众提炼出了代表性的标志。在清末的竹枝词中，一些字号的牌子就已被馋食的文人墨客写了进去。杨静亭编撰的《都门杂咏》中就有不少这样的例子。简举数则如下：

"鸡面"（福兴居）：
面白如银细若丝，煮来鸡汁味偏滋。
酒家惟趁清晨卖，枵腹人应快朵颐。
"烧羊肉"（月盛斋）：
喂羊肥嫩数京中，酱用清汤色煮红。
日午烧来焦且烂，喜无膻味腻喉咙。
"山楂蜜糕"（汇丰斋）：
南楂不与北楂同，妙制金糕数汇丰。
色比胭脂甜若蜜，鲜醒消食有兼功。[1]

在诗文中，具体商品的影响力已经超越了字号本身，嵌入人们的生活记忆，形成了商家的"个性"象征符号。

字号走向品牌化的特征之二，是它与其他商号一起形成了整体性口碑。

在老北京人的口碑传统中，针对不同行业都约定俗成了一套说辞。具有代表性的，饭庄有"八大居"（砂锅居、天兴居、鼎和居、广和居、义盛居、同和居、天然居、会仙居）和八大楼（东兴楼、致美楼、泰丰楼、鸿庆楼、萃华楼、新丰楼、安福楼、鸿兴楼）；药铺有"四大堂"（同仁堂、鹤年堂、千芝堂、庆仁堂）；钱庄有"四大恒"（恒利号、恒和号、恒兴号、恒源号）；丝绸店则有"八大祥"

---

[1] 杨米人等著，路工编选：《清代北京竹枝词（十三种）》，北京古籍出版社1982年版，第80—81页。

(瑞蚨祥、瑞林祥、瑞生祥、瑞成祥、谦祥益、益和祥、东升祥、丽丰祥,说法不一)。有不少顺口溜将北京人生活的品质、等级与对老字号的认知相绑定。比如"头戴马聚源,身穿瑞蚨祥,脚蹬内联升,腰缠四大恒"。"马聚源"是老字号帽店,"内联升"是老字号鞋店,"四大恒"是东四牌楼附近的4家带"恒"字的钱庄。这句顺口溜儿的意思是,老北京讲究的主儿要头戴、身穿、脚蹬、腰缠这些字号的东西才体面。"抓药同仁堂、酱菜六必居、穿鞋内联升、吃菜丰泽园"等也都是此意,说明老字号的选择关乎人们在社会上的身份认同。

字号走向品牌化的特征之三,是其与地名、时令的深度结合。通过老字号的持久经营,它已经嵌入到人们对于某一个地点的认知中,成为地名文化性的一个不可或缺的部分了。比如门框胡同的卤煮,即使开了多家分店,但"门框胡同"这个地名已经深深地与品牌结为一体。再如《旧都文物略》记载,每年八九月间,正阳楼之烤羊肉,都人恒重视之。这是将老字号的认知与时令生活联系在一起。

标志性产品的生成,地方性商业网络中形成了连带性的口碑,店铺时空定位的凸显,都是一个店铺发展成为老字号的重要特征。

(二)供养人与老字号的形成

中国敦煌、龙门、云岗等石窟寺壁画中,常有一种供养人的形象。"供养",是一个佛教名词,可以食、财为供,也可以行、德为供,重在心诚。所谓供养人,就是通过提供资金、物品或劳力制作圣像、开凿石窟、修建宗教场所等形式,弘扬教义、积累功德的信徒。这些供养人经年累月的虔诚,造就了一个又一个璀璨的文明殿堂。

老字号也有它的供养人。

几百年帝都的北京,聚集了来自全国各地的官绅贵胄、文人雅士,同时也集中了数量庞大的有闲有钱的北京旗人,这些人群的结社集会、休闲娱乐、衣食住行、生活日用,以及花鸟鱼虫等爱好玩意儿,都得有大量经过其品味"筛选"的老字号来"供奉"。可以说,老字号的形成是昔日北京人精雕细刻的生活习惯带起来的。这些老字号既在"供奉"着北京人的生活需求，同时讲究的北京人也在与老字号的日常互动中供养和滋育着老字号品牌。

以饮食来说，"潘鱼"因潘炳年爱吃而起，"曾鱼"也由曾国藩所授，梁实秋的《雅舍谈吃》、林语堂的《菜论》、朱家溍的《故宫退食录》……北京从来不缺懂吃会吃的美食家。他们是捧红老字号、推动其菜品质量精益求精的"功臣"。唐鲁孙先生说，老北京讲不时不食，到了冬意渐浓，扇个锅子吃涮羊肉，会吃的吃主儿必叫一道卤鸡冻，鸡冻肉少冻多，就酒食下，剩下的鸡冻倒入锅子里的口蘑汤底中，那叫一个够味儿！你如果用机器切羊肉，口感必定木渣渣的不受顾客待见，掌柜的必定要礼聘外地的高明切肉师傅来操刀，那时候手艺高的切肉师傅工钱极高！[①]有些规矩，并不取决于商家自身的规矩，而是"供养人"的规矩。

话剧《北京人》中，江泰有一段独白："譬如我吧，我好吃，我懂得吃，我可以引你到各种顶好的地方去吃。正阳楼的涮羊肉，便宜坊的挂炉鸭，同和居的烤馒头，东兴楼的乌鱼蛋，致美斋的烩鸭条。小地方哪，像灶温的烂肉面，穆家寨的炒疙瘩，金家楼的汤爆肚，都一处的炸三角，以至于月盛斋的酱羊肉，六必居的酱菜，王致和的臭豆腐，信远斋的酸梅汤，三妙堂的合碗酪，恩元德的包子，砂锅居的白肉，杏花春的花雕，这些个地方没有一个掌柜的我不熟，没有一个掌灶的、跑堂的、站柜台的我不知道，然而有什么用？我不会做菜，我不会开馆子，我不会在人家外国开一个顶大的李鸿章杂碎，赚外国人的钱。我就会吃！"这句"我就会吃"，道出了许多北京人的"本事"，他们对于各种消费品的质量、品种、价格、制作工艺十分熟悉，能够轻易地发现消费品的软肋与妙处。

再举一例——同和居的"三不沾"。这道菜本是利用鸡蛋黄加绿豆粉、白糖等制作而成，原料易得但费劲费工夫。其成名也有故事。同和居虽开业于道光二年（1822），主营鲁菜，但直到民国初年还是

[①] 唐鲁孙：《饮馔杂谭中国吃》，广西师范大学出版社2008年版，第102页。

默默无闻的普通馆子。当时的掌柜牟文卿了解到经常到同和居吃饭的一个朋友袁祥福曾在原清宫御膳房当差，便恳切地请他来同和居帮忙（不敢说雇用）。牟文卿屡次登门拜访，颇有"三顾茅庐"的味道，袁师傅最终被感动，就将在御膳房所学的本事全部都施展了出来。但这只是同和居生意蒸蒸日上的第一步。后来，一位住在缸瓦市街的王爷前来吃饭，点了袁师傅的"三不沾"和"贵妃鸡"。结果，王爷没有想到这么个不起眼儿的小饭馆，居然有这样好的手艺，顿时喜形于色，大加赞扬，广为宣传，最终才使这道菜及同和居声名远扬。

从"三不沾"的故事中看出，老字号的品牌形成是在与食客的互动中得以确立的。正是在"供养人"的口碑中，最终塑造了老字号讲求品质但同时注重差异化生存的路线传统。

老百姓爱说一句话，叫"各有一路主儿"。每个老字号都有自己不同的道儿和顾客发生联系。每个店铺都有自己的特色、绝招。你有你的技术，我干不了；我又有我的技术，你学不来。所以，你有你的顾客，我有我的顾客。顾客各有自己喜欢的那一路，多年偏爱光顾这一家，逐渐就成了"熟主儿"。[1]北京老字号的"供养人"讲究"认门"。比如像梅兰芳、马连良等这些戏曲名家名角，喝茶就认"张一元"。肖复兴在《前门外》里写道：

> 我们大院里住着的三教九流，既有大学教授、小学教师、英文翻译、工程师，也有三轮板车工、泥瓦匠……但无论是谁，不管手头钱多钱紧，前门让他们近水楼台先得月一般，买什么都讲究，买什么都能说出个子丑寅卯。我到现在依然记得清楚：买鞋要到内联升、买帽要去马聚源、买布要逛瑞蚨祥、买咸菜要去六必居、买点心要到正明斋、买表要到亨得利、买秋梨膏到通三益、买水果糖到老大芳……就是我爸

---

[1] 刘铁梁主编：《中国民俗文化志·北京·宣武区卷》，中央编译出版社2006年版，第107页。

要买五分钱一包的茶叶末，也要去张一元。连我们小学生买个笔墨纸本，也要去公兴。这些店家均在前门大街这一带。[①]

翟鸿起先生回忆说，老北京人买生活用物和食品，一认字号，二认地界。这两个条件不具备，你说出大天来，就是没人买。一个简单的出售食品的小摊，若是在一个地区扎了根，如果哪天摊主换了人，老太太得问个底儿掉，摊主若说不上来老太太说什么也不会买。[②]鼓楼北侧的赵府街副食店经营了60多年，其零售的散装麻酱和黄酱一直是周围四里八街老街坊们的最爱。今天"好这一口"的老街坊，仍然习惯了趿着拖鞋，走上三五分钟路，端着刚刚吃完还没来得及刷洗的空瓶子，打一罐三四十年前就熟悉的老味道。（见图5-17）

图5-17 赵府街副食店的散装麻酱与黄酱一直是老北京人的最爱

每一个北京人都在日常生活中与老字号的网络遭遇，通过老字号构建他们生活中一个一个精致的"支点"。

---

① 肖复兴：《前门外》，载邹仲之编：《抚摸北京：当代作家笔下的北京》，生活·读书·新知三联书店2005年版，第70页。

② 翟鸿起：《老氅说贾：京城老商号练习生纪实》，学苑出版社2010年版，第198页。

(三)作为文化想象的老字号

有学者将老字号企业的发展总结为"蜂窝式"发展的特点[①]。首先是个人先遣式外出就业或创业;经过打拼,终于有立足之地之后,便会走向亲缘关系网络资源配置方式;在继续扩大发展之后,则一定要走向以价值链为中心的"蜂窝"运营网络。以张一元茶庄为例,清末张文卿个人"创业"成功开设店面,后在福州郊外设立茶场,主要由家人、亲戚及当地工人种茶,以保证茶庄每年按时采摘和收购优质新茶。在经营门店上,始终坚持"质量高、分量足、热忱待客、薄利多销",店堂内专门设有茶桌和椅子,泡上一壶香茶,请远道而来的顾客休息,先品茶然后再买茶。这种传统的古道热肠和"老北京味儿"的待客方式,吸引了不少回头客。福建的茶场、茶叶加工厂、销售门店与消费者4个利益相关方之间,形成了一条共享的伦理道德规则网络,被称为价值链式"蜂窝"。

这个理论提示我们,老字号的发展如果要具有可持续性,最终一定要走向价值链,走向一套共享的伦理道德规则。这就是我们称老字号不仅仅是一个商业企业,而是一种习俗文化的关键所在。

当我们称一个企业为"老字号"的时候,就意味着它的价值链已超越了企业个体的价值,而成为一种群体性的文化。它们已经深度嵌合进地域传统与人们的生活网络。它是一种生活方式,一种做派,一种理儿。因而,这些百年"老字号",不仅仅是景观,而且成为特定地域人群的集体记忆,构成了地方性知识象征体系的一部分。从这个角度上看,"老字号"就是老北京的代表,京味儿文化的代表。

今日,人们常常在老字号里寻找京味儿。但这种京味儿的确认,不是在某个百年老店要一份"正宗"的小吃,在产品中寻找。因为随着生产工艺和包装的现代化,无论居于何处,都可在家尝到一份快递来的食物。产品并不是"京味儿"本身。

---

① 张继焦:《企业人类学:从社会结构视角分析经济行为》,中国社会科学出版社2017年版,第164—177页。

那么，什么是京味儿呢？如今，老字号的使用者常常是一些本地的中老年人，这种心思并不能用热爱传统文化这样宏大的口号来解释，更多则是因为他们亲身感受过那种生活，深谙不管时代再怎么变，规矩总是要有。他们在其中习惯、自在。他们就是如今老字号的主要"供养人"。我们到一个地方去旅游，挤在游客中间品味体验各种土特产，但许多人觉得味道似乎不是那个滋味。为什么？因为里面没有生活。活色生香的生活气息，才是京味儿的来源。因此，一个老字号的品牌延续，从地方文化的角度上看，知你懂你的"供养人"的接续也是关键。

在书本中，我们可以把习俗总结为地域性、集体性、模式性、传承性等特征。这些理论的概括是一种学理上的凝练与提升。但这些文本化的特征背后，一定是有更为生龙活虎的生活作为来源。习俗一定是可以还原到人民大众的日常生活中的。这种因老字号在人们生活体系中的深度嵌合，所呈现出的人与物的情感联结，就是一种京味儿。

当今时代，老字号已经在很多层次上和老北京的想象绑定在一起了。如今年轻的北京人对老字号和一些老北京生活方式的热衷，令我感觉到他们正在将知识重新转化为自己的身体经验。因为老字号可以代表一种身份的区隔，形成将自己区别于他人的自我归类。但这也未尝不是北京人的礼俗传统与现实生活建立有机联系的一种方式。

人与老字号的结网，从文化的视角看，靠的是植根本地的认同感。我更愿意将每一个老字号视为一个蜂窝。无论迁到哪儿，蜜蜂（消费者）都要跟回窝。

第六章

礼物与交往

在千百年的都城岁月里，北京经历了繁华、战乱、衰败、再生、复兴，但无论世道如何变化，北京人之间交往从来都讲究个礼数。人和人交往的场合，一般可分为"大事"和"小情"，前者主要指的是一个人生命中的重要仪式，后者则是日常生活中的往来。但无论是"大事"还是"小情"，礼物都在其中发挥着重要的中介作用，与这片地域上人们的生活方式与生活态度息息相关。

俗话说，无礼之物就是物品而不是礼物。礼是认识和理解礼物的根本。中国的儒家传统注重礼，所谓"仪礼三百，曲礼三千"，经籍文本对礼物的本质、形式、种类与馈赠原则等问题，有着不厌其烦的详细规定。在人际关系的表达方面，注重恕道作为基本道理，"推己及人""己所不欲勿施于人""己之所欲亦施于人"等，都是人之常情。"礼"下行为"俗"，儒家伦理的复杂体系真正在大众的社会行为上发挥作用，有着更为切近的转化形式，"人情""面子""关系"种种观念，都是对我们日常交往影响至深的行为指南，在北京人的礼物交际中也有很突出的体现。

当代，以礼物为中心的交往方式与以法律契约为主导的现代交往秩序并行发展，人们有时会将礼物交换作为一种谋求利益的个体策略，仅仅关注其功利性的方面，却常常会忽视礼物的流动中所蕴含的社会互动的文化意义。而一旦我们将礼物的流动视为一种文化现象，就会发现礼物的吉祥象征，是北京人乃至中国人对人类情感、道德和文化规则的最充分的表达。

礼物流动于北京的社会关系网络之中。在这些社会关系中，曾有一种关系特别微妙。这就是邻里关系。从旗人聚居，到市井杂院、单位大院，邻里称得上是过去老北京人社会交往的主体了。虽然如今北京人的居住形态发生了变化，但无论在什么样的社区环境中，都需要大家互敬互爱，才能处得好，处得真诚持久。在北京人的相互往来中，友善的邻里关系并没有缺席，但这离不开彼此的沟通与理解，也离不开积极有为的建设。

第一节　礼尚往来

老舍小说《正红旗下》中，二哥福海到多甫家，带了一包红枣儿，临走前多甫的母亲找出一小盒杏仁粉，光绪十六年（1890）的出品，让二哥带走，因为"不能叫客人拿着空包袱走，这是规矩"。结果二哥拿着远年的杏仁粉，请安道谢，出门后就顺手把它扔垃圾堆上了。这个故事虽然体现了对老北京过于多礼现象的讽刺，但如果我们对这种生活里习以为常的习惯较真的话，脑海中就会浮现出一个问题，人们收到礼物后为什么要回礼？

最早专门关注这个问题的主要是西方社会的人类学家。100多年前，他们将视角投向了陌生的异域，太平洋岛屿上的土著人的生活，试图以看似"简单"的社会为模本，寻找到人类生活世界礼物往来的真正原因。马塞尔·莫斯（M. Mauss）从毛利人土著社会找到的答案是，因为"豪"（hau），它是物之灵。当一个人送出礼物的时候，其实是送出了"物之灵"，"物之灵"一直希望能够返回它的原地，但只有以另一个物品为媒介相交换才能达到。如果受礼者没有回礼，就会带来麻烦和厄运。[①]同时，他认为礼物还体现了个人的天性和力量，虽然礼物的所有权发生了转移，但是礼物中所包含的情感却依旧是属于赠礼者的，它就不可能像商品那样完全地让渡。但另一个同时期的人类学家马林诺夫斯基并不同意这种略显神秘的说法，他以在美拉尼西亚群岛的田野经验解释说，一个人给别人礼物是因为他期待报偿，而一个人回报是由于其伙伴可能中止给予的危险。社会的正常运转就是被组织在这样一个相对平衡的经济理性的互惠链条中。

神秘的精神力量和经济理性的原则，代表了人类认识自身礼物交

[①] ［法］马塞尔·莫斯著，汲喆译，陈瑞桦校：《礼物——古式社会中交换的形式与理由》，上海人民出版社2002年版，第18—22页。

换的两个基本视角，后来的学者们对礼物的研究都是以这些前人的思考为基点的，但他们也认识到虽然礼物交换存在于所有的人类社会，其具体的表现内涵和形式却是因其所植根其中的文化形态不同而千变万化的。就中国社会而言，礼物中的"精神"属性和互惠原则也存在，但明显有自己的文化特点，尤其与中国文化中的人情伦理体系相关联。

一、人情与面子：礼物交换的规则

说到礼物交换的规则，就离不开对于中国社会基本形态的分析。我们都知道，人和人的关系是有亲疏、远近之别的。梁漱溟通过对儒家思想的研究，认为中国既不是个人本位也不是社会本位而是伦理（关系）本位的社会，他说："中国之伦理只看见此人与彼一人之互相关系……不把重点固定放在任何一方，而从乎其关系，彼此相交换，其重点实在放在关系上了。伦理本位者，关系本位也。"[1]这种伦理本位的社会关系也不是铁板一块的，而是高度分化的。费孝通提出了"差序格局"的社会关系网络理论，指出我们每个人都是"以'己'为中心，像石子一般投入水中，和别人所联系成的社会关系，不像团体中的分子一般大家是立在一个平面上的，而是像水的波纹一般，一圈圈推出去，愈推愈远，也愈推愈薄"[2]。黄光国则根据关系的性质提出了人际关系的三分法：情感性关系、混合性关系和工具性关系。情感性关系包括家庭成员和至亲密友，可以传达感情和依恋；工具性关系与情感性关系截然相反，表现为一种职业化的主客关系，诸如商店中售货员和顾客或医院中医生和病人之间的关系；混合性关系则出现于亲戚、邻里、师生、同学、同事、同乡等中间。[3]

---

[1] 梁漱溟：《中国文化要义》，上海人民出版社2005年版，第83—84页。
[2] 费孝通：《乡土中国　生育制度》，北京大学出版社1998年版，第27页。
[3] 黄光国、胡先缙等著，黄光国编订：《面子：中国人的权力游戏》，中国人民大学出版社2004年版，第7—11页。

面对我们身边亲疏不同的差异性人际关系，中国人的礼物交换除一般性的互惠原则之外，也有着更为复杂和细腻的规则。这种规则就是人情与面子。

第一个概念是人情。

林语堂曾说，"中国人是把人情放在道理的上面"的。"人情"是我们日常生活中处事待人的重要法则。我们经常会用这些词汇来形容或评价一个人——人情练达、不谙人情、饱经世故。其中的褒贬评判标准似乎有些抽象而不可捉摸。

让我们先用一个理论模型进行基础的类分。阎云翔总结说，人情伦理体系有三个结构性维度：理性计算、道德义务和情感联系。在涉及人情的所有社会往来中，这三个维度彼此共存，人情在行动上的复杂性和弹性就源于这三个结构因素变动不定的组合。①

《红楼梦》中有句名言，"世事洞明皆学问，人情练达即文章"。说一个人不谙人情，指的是其不知人与人相处的原则，也指的是在经济理性、道德义务和情感的三个维度与具体人际关系的处理上搭配失误，举措失当。反过来说，人情练达、世故常常都是指一个人熟知和深谙人与人相处的规则，并用来待人接物。

但以我们的个人体验而言，人情练达和世故，依然蕴含着不同的褒贬意义。冯友兰先生将人情与世故区分说："一个人来看我，在普通底情形中，我必须回看他。一个人物送礼物与我，我普遍底情形下，我必回礼与他，这是人情。'匿怨而友其人'，一个人与我有怨，但我因特别底原因，虽心中怨他，而仍在表面上与他为友，这是世故。"②也就是说，世故更为强调表里不一、皮里阳秋的处世做派。世故还有另一个常见的指谓，就是在人际交往中过于强调理性计算，为了追求个人利益而仔细计算其每一个礼物往来的行为得失。一旦从交往的一方中得不到什么利益，就会刻意淡化或断绝往来。这就是我们

---

① ［美］阎云翔著，李放春、刘瑜译：《礼物的流动：一个中国村庄中的互惠原则与社会网络》，上海人民出版社2000年版，第142页。

② 冯友兰：《新世训：生活方法新论》，北京大学出版社1996年版，第22—23页。

一般说的"人情冷暖"的一面。而人情练达则略有不同,理性计算并不是主导的原则,而同时兼顾了道德义务和感情。

以我们每个人日常生活的经验来说,对与我们朝夕相处的至亲与密友,礼物的馈送反而没有那么多的顾虑与避忌,对于相对陌生的人来说,礼物馈送更是目的明确。最难拿捏的恰恰是处于亲密与陌生之间的人群关系。这部分就是黄光国所提到的"混合性关系"。混合性关系大多数并不是以密切的血缘关系为基础,交往双方虽然彼此认识而且有一定程度的情感关系,但这种情感联结又不是深厚到随意表达的程度,必须借助人与人的礼尚往来加以维系,使之长久。所以,亲戚、邻里、朋友、同学、同事等这样的混合性关系,是人情发挥影响力最大的圈层。

在这里便引出了我们讨论礼物交换中的另一个概念——"面子"。从社会心理学的角度来看,所谓"面子"是指,个人在社会上有所成就而获得的社会地位或声望。金耀基把面子分为"道德性的面子"和"社会性的面子"两种类型,"道德性的面子"是一种个人的道德品质,是社会对一个具有道德信誉的人的尊敬;而"社会性的面子"具有依赖性,要由交往对象的认可和赋予才能成立[①]。北京人有句俗话,说一个人"有里有面",就指的这个人在特定的关系网络中懂得礼节规矩,从而赢得了脸面和尊重,先通过"社会性的面子"再达到"道德性的面子"。

这种面子功夫的经营并不是大而化之到一个人所有的人际关系中,而是更为凝聚到黄光国所提到的混合关系网内的人际交往。在混合性关系中,交往双方通常都会有共同认识的人,一个人可能同时置身于数张不同的关系网内,这些关系网彼此交叠,形成了每个人身边复杂的关系网络。因此双方的交往常常会被预期为其共同关系网内的其他人了解到,并根据人情标准加以评判。一旦不符合公认的人情标

---

① 金耀基:《"面"、"耻"与中国人行为之分析》,载杨国枢主编:《中国人的心理》,桂冠图书公司1988年版,第319—346页。

准，就会影响到一方的形象塑造，让一方失了面子，自尊心受损。（见图6-1）

所谓面子功夫，其实就是一种"印象整饬"的行为，是个人为了让别人对自己产生某些特定印象，而故意做给别人看的行为。[①]为了保全自己的面子，人们都会积极加入到礼物交换中来，并在挑选礼品时注重包装、价格、品牌，这样不仅自己会觉得有面子，也会使受礼者有面子。如果人情考虑不周，就会在关系中失分，令对方尴尬，就会被认为丢了面子。从上面的分析，可以看出礼物的交换涉及馈赠者与受赠者两者关系的"人情"处理，关乎"面子"问题。

图6-1 过年期间的重要人际交往——拜年
（选自《旧京史照》，北京出版社1996年版）

人情和面子构成了调节和支配人们社会行为的重要准则，在理性、道德与情感的三种人情原则和情感性、混合性、工具性三种人际关系之间的匹配与尺度拿捏，是中国人社会交往中最细腻的标准。

在我们简述了中国人社会交往的特点之后，再来看看礼物馈赠的规则如何为特定的地域人群所遵循实践。以讲礼数闻名的北京人，正是通过循环往复的随礼与互惠，形成了以面子、人情、关系为基础的礼俗文化。接下来，就让我们走进老北京人日常交往的世界看看究竟，看看其中的规矩经历了哪些变化。

---

① 黄光国、胡先缙等著，黄光国编订：《面子：中国人的权力游戏》，中国人民大学出版社2004年版，第19页。

二、设宴与记账：人生仪礼中的人情时刻

在老北京，世居几代的"本地户"有个几房亲戚、朋友是极正常的事。俗话说："谁没有仨亲的俩故的？"有亲友，就得走动。纵然平时少有往来，"三节两寿"（即三大节日和男女主人的寿辰）就不能再不拜访，否则会让人觉得不懂礼。如果没能在预计的场合赠送礼物，或赠送的礼物不合适，同样会被人们指责不懂人情或不懂规矩。这在以礼为重的老辈北京人中，是一件极没脸面的事儿。相比节日与平日，人生仪礼是人们的社会关系更为集中的展示时刻。人生仪礼举办的主要目的是标记或帮助人们顺利地度过这些人生的关键时刻，所以又称作"通过礼仪"。它是对一个人进入不同人生阶段的过程予以社会上的确认，完成人生角色的转换，包括出生的满月、周岁、结婚、祝寿、丧葬等不同时段的重要仪式。这常常对应于我们所说的"大事小情"中的"大事"。从下面这些礼物往来中，可以看出一个老北京人在人生"大事"中的礼物馈赠和交往原则。（见图6-2）

图6-2 王府井和平菓局陈设的老北京人代表礼品"京八件"

因为人生仪礼的重要性，一个家庭常常会动用最广泛的人际关系，包括了情感性关系、混合性关系的最大化。这也是最体现礼物馈赠"互惠"性的场合。阎云翔曾归纳了"互惠"的基本原则，一是礼尚往来，收到礼后必回。二是送礼者在礼物分量的选择上不该打破既有的社会地位的上下关系。这在人情中主要通过与主人血缘关系的远近决定，血缘关系远的送的礼不要重于血缘关系近的，血缘关系相同的讲求礼物分量相同。也就是说，"对什么人，随什么礼"。三是回礼一定以别人的来礼为参考，分量不能少于受的礼。四是指回礼要适当，因为回过去之后，对方下次给礼会参考你这次的回礼，回礼分量

太大会给对方造成压力,俗语叫作"礼大压死人"。最直接体现和落实互惠原则的,就是设宴和记账。

在人们心里,只有举办宴席,才叫"办事"。凡办事的男女双方均各自设立账房收礼。通过专门的设宴和记账,作为人情往来的载体和区分日常生活礼物的重要标尺。老北京的办事请客一般在家里,需请棚铺临时搭席棚。同时在正屋旁设有专门记账的账桌,形成礼账(即主人收到的所有礼物的正式记录),作为日后还礼的依据。亲友前来贺喜,谓之"出份子",也叫"行人情"。对于收到请帖者来说,也会根据自己与举办仪式者的关系远近薄厚来评断所应馈送的礼物分量。[1]比如老北京人胡玉明回忆:

> 谁家要办事,比如人家娶儿媳妇,我们贺喜去,随礼那都有规矩,应该送什么,得看这亲戚是重还是轻。重,你这礼就重;轻,你这礼就轻。谁上谁家没有空手,都是买礼物。吃酒席也都有规矩,长辈一桌,晚辈一桌,男的一桌,女的一桌,你坐首席还是坐偏席,那都有讲究,不能乱坐,也不能乱吃,都讲究着呢。[2]

虽然这些收到的礼物馈赠还需要在日后的人情往来中归还,但应该在对方馈送礼物的当下就要在物质上给予补偿。主要的回报方式就是筵席。在仪式举办的现场时刻,礼数周到与否,关系着主办者的脸面和在社区中的声望。

这首先与仪式的隆重程度和宴会的丰盛程度有关。常人春先生在《老北京的风俗》中记载,一般喜庆宴席常见有"猪八样"(红焖肘、米粉肉、四喜丸子之类),再上一等是"花九件"(在"猪八样"的基础上调整掉一些,加上鸡鸭鱼素等),再讲究些的则用海参席、鸭

---

[1] [美]阎云翔著,李放春、刘瑜译:《礼物的流动:一个中国村庄中的互惠原则与社会网络》,上海人民出版社2000年版,第120—125页。

[2] 定宜庄:《胡同里的姑奶奶》,北京出版社2017年版,第79页。

翅席（鸭子和鲨鱼翅）、燕翅席（燕窝和鲨鱼翅）不等。如果是交际较广的人家，还需分出回、汉、素、番（西餐）来招待不同民族和宗教信仰的亲友。[1]一般而言，招待亲友的席面，虽然视办事者的经济情况而定，但每家举办的宴席差别并不大，因此人情收支大体上是平衡的。只有那些已经随了礼的人才有资格坐席，很少有只是来吃而不随礼的情况。因此，吃宴席是主人对客人的即刻回报。

据清人《日下新讴》记载，当时有"撒网"之世情，凡涉红白喜事等广为相邀亲友，甚至素无谋面者也辗转送请帖，但在大肆收礼的同时，酒席并不丰盛，有意于中赚钱牟利。这会被人看不起。这是因为在人际往来中过于偏重经济理性计算，而忽略了道义和感情的约束。常人春先生生动地记载，有的老太太出份子时，发现本家预备的吃喝太次，听已坐完席的说："唉！把卖盐的打死啦！"（菜太咸，怕不够吃）便会指着自己的小孩儿说："二小子，走吧，奶奶那几个大子儿直当打水漂儿啦……"[2]

此外，照顾往来宾客还要熨帖。"那会儿你家老人过生日，亲戚都来了，你得让你的亲戚吃完饭，看戏，那会儿第一排叫包厢，你得包几个，看完戏由戏园子接回来，吃晚饭，吃完晚饭自己有车的就坐车走，自己没车的这儿准备车，用车挨家儿送。不能说你来就来，你走就走，你爱来不来，没这事儿。"[3]因此，人生仪礼的宴席是老北京市民追求声望、耗财买脸的手段，如果过于注重将人情作为一种可交换的资源斤斤计较，反而会带来面子损耗。这是因为在旧日以亲属和邻里为主要社会关系的北京人人际交往中，道德义务的分量占有比较重要的位置。

三、添箱簿：人际关系的标尺

由于随礼是人们维护和扩展其关系网络的关键手段之一，因而礼

---

[1] 常人春：《老北京的风俗》，北京出版社2019年版，第251—252页。
[2] 常人春：《老北京的风俗》，北京出版社2019年版，第253—254页。
[3] 定宜庄：《胡同里的姑奶奶》，北京出版社2017年版，第79页。

物实际反映了人际关系的现状与变化。阎云翔将人际关系分为两种基本的私人联系类型：继承来的关系和创设的关系。前者指自己家或配偶家继承而来的先在的亲属关系，后者是通过个体的努力而创建的非亲属关系。他认为亲属和非亲属关系的比例表明了社会地位上的差别。[1]创设的关系在一个人的社会关系中比例越高，就说明其在社会上交往圈更广、声望更大。

婚礼的礼单之外，有一种物质载体，特别能反映一个人在社会关系，特别是在创设性关系上的社会成就。它就是"添箱簿"。我们都知道，婚礼的定礼和嫁妆都是由男方女方家庭准备的，女方家收到男方的定礼后，分送礼品或礼帖至亲朋好友处，收到者都要以为姑娘买嫁妆的名义送些礼物或礼金，谓之"填箱"，或可称为"添箱"。添箱的参与者，主要是亲戚、邻里、师生、同学、同事、同乡等混合性关系，因此特别能够反映出当时社会上特定阶层人际关系的伸缩性。

北京民俗博物馆收藏了一本大清光绪元年（1875）三月十六日的"添箱簿"，就是一个极为典型的例子[2]。这本添箱簿是六必居的段掌柜为他的次女出阁而陪送的账册，内有当时天德会、全丰当、裕隆当、乾庆丰、宝全永等110多位商号名字，有京都大川酒店马爷送的聘礼，有众多亲友添妆奁等礼单。从礼单中看出以礼银为多，还有大量物品，如白银纽扣、宫绸马褂料、丝带、戒指、礼钱、定装粉褂镜、招君套、鞋面、银粉、品红丝带、杏仁、织花手巾、花丝带等。最后统计"京城共收礼银贰拾叁两捌钱，收添箱银贰两柒钱，收添箱礼物拾四宗"。从这本添箱簿中，可以看出当时六必居商铺掌柜的社会交往"朋友圈"。虽然我们无法确定每一位商家与段掌柜的关系远近，但可以猜测出的是，这种商号之间的"人情"也与其平时的应酬往来有很大关系。通过互相参与人生仪礼，人们之间增进

---

[1] ［美］阎云翔著，李放春、刘瑜译：《礼物的流动：一个中国村庄中的互惠原则与社会网络》，上海人民出版社2000年版，第104页。

[2] 李彩萍：《北京民俗博物馆馆藏婚俗文书举要》，载《北京文博》2006年第4期。

了联系，分别成为对方潜在的社会支持网络的一部分。（见图6-3）

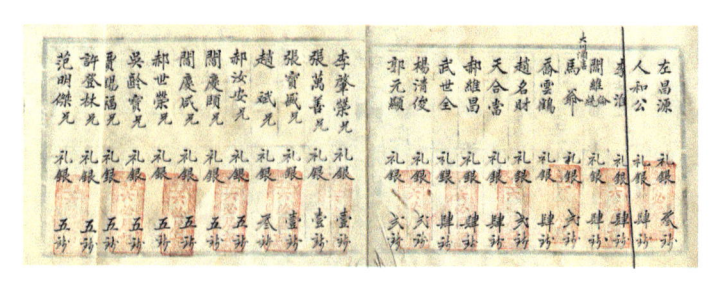

图6-3 添箱簿（北京民俗博物馆馆藏）

人生仪礼的往来是老北京人生活中必不可少的内容。无论有钱没钱都得去应酬，如果一个月里赶上几档子红白事，那可真是出多入少，连吃饭都成问题了。即使如此，人们也似乎安之若素，这是因为在人生仪礼中主要体现了家庭之外的社会关系的互惠，它们必须被不断维护和培育。

四、来而不往非礼也？

在中国，礼物本身不包含一种超自然的特质，但它却是传递人情的最有力工具。礼物是可以计算出来、消费掉的，但是礼物中所浸染的送礼者的精神——人情却是不可让渡的，是必须要偿还的。礼物就像一个系着橡皮筋的网球，主人可能暂时失去球，但对橡皮筋稍使力，球就会重新弹回主人身边。但这种偿还不能是在某一个时刻是均等的，严格算计好的，而是有些偏重的，让礼物收受看似一时是不平衡的，让一方能够得到"脸面"。通过回礼来完成人情的循环和脸面的维持。在这一过程中，双方长期来看基本没有一方会有经济利益的实际收入，杠杆的两头始终是动态平衡的。老北京有句话，"人情一把锯，你不来，我不去"，就形象地说了这个意思。

正如我们在前文所说的，人情主要是用于混合性关系。这种人际关系不近不远，是需要主动建设的。这种礼尚往来，在某一时刻看都是不均衡的，但这才成为一种动态地维系双方长期关系的手段。举一个身边的小例子，曾经有两个大学同学毕业以后在同一个城市工作，并几乎在同一个时间结了婚，当同学甲接到同学乙的电话邀请参加婚礼时，他转念一想，我们结婚都要相互赠送礼金，何必多那一倒手呢？于是和乙同学说，既然都结婚了，就省去送礼金的环节吧，太过程式了。然后，他就华丽地参加婚宴了。这个例子从两方面打破了礼尚往来的规矩。首先，忽略了礼物本身的实质就是互惠的，物质本身始终不是目的，交换的过程才是人际关系维系的手段。其次，参与宴席但是空手去，打破了礼尚往来的规矩，当相互关系被打断或破坏了，就不得不通过额外的努力来重修和好。

总体而言，礼尚往来的双方礼物是基本对称的。但彭林说到儒家的礼仪，"不同身份的人见面，地位高的一方如何处理对方的'献挚'是一个很复杂的问题，需要视具体情况而定"[1]。在中国人的礼物交换过程中，的确会经常出现一种情况，就是来而不往。这又是怎么回事呢？

冯友兰在解释"来而不往，非礼也"这个观念时，举例说，"如我去看一个人，而此人不来看我，或我与他送礼，而他不与我送礼，或我请他吃饭，而他不请我吃饭，此人又不是我的师长，我的上司，在普通底情形中，我心中必感觉一种不快"[2]。这个例子的潜台词就是，如果我送礼而不回礼的对象是我的师长、上司，那么我并不会感觉到不愉快。这种情形是合理的。这就涉及了礼物交换在互惠原则外的另一个重要原则——长幼尊卑优先于礼尚往来的行为准则。中国人孝敬的对象主要是长辈亲属和师长。相对馈赠者来说，对方是地位和声望都高于自己的。这种礼物交换行为，就会突破礼尚往来的对等原则，而形成礼物单向流动的优位原则。这也是儒家伦理"亲亲尊尊"（要亲近应该亲近的人，尊重应该尊重的人）的体现。

虽然我们所生活的社会环境发生了剧烈变化，但这也不意味着人

---

[1] 彭林：《中国古代礼仪文明》，中华书局2004年版，第132页。
[2] 冯友兰：《新世训：生活方法新论》，北京大学出版社1996年版，第23页。

和人的关系导向全然的经济权衡。我们将人情作为指导和规范人的礼仪行为的重要道德原则，是意味着要将他人的情感反应纳入自己的考虑。中国社会始终是温情社会，礼尚往来、亲亲尊尊依然是人情伦理的重要组成部分。

第二节　吉祥之礼

当初买点心，包装除纸包外，还有"点心匣子"一说……装满各色点心后，推上木盖，在匣上蒙一张长的浅绿色纸，绿纸上盖一张大方仿单，上印有饽饽铺的字号和商品介绍以及地址电话等项。在匣子四面裱上印有民间神话、传说故事和福寿吉祥等图案的纸。两个大面常印有麻姑献寿、福禄寿三星、松鹤延年、赵颜求寿、刘海戏金蟾、三阳开泰、八仙过海、王母蟠桃会等彩色的人物画。装好的匣子外用细麻经捆成双十字带提手。当时，这种点心匣子都作为喜寿婚嫁随份子应酬的礼品，那时是平常的事。[①]

点心匣子称得上是北京人馈赠礼物中集实用性与象征性于一身的代表了。北京人过年走亲访友喜欢拎着点心匣子、水果罐头当礼物，因为在多数人的生活字典里，柴、米、油、盐是主题。但是即便是这种以实用性为主的礼品中，也沉淀了人们的价值观念和审美意识，是"有意味的形式"。北京人送礼虽然不是像西方人观察毛利人的"豪"那样具有神秘超自然的现象，但在礼仪的背后也有一种心理祈愿的让渡，这突出表现在礼物的吉祥象征上，"以外在的感性事物的形象，暗示一种抽象的、普遍性的意义"[②]。这也使礼物成为我们探知北京人生活心态最为直观的"文化读本"。

一、吉祥礼物的法则

在商周的甲骨卜辞、钟鼎文中就有吉、祥二字。从最初的泛指吉凶，到后来主要意指一种喜庆之事出现之前的征兆。因此，我们在称

[①] 翟鸿起：《老甏说贾：京城老商号练习生纪实》，学苑出版社2010年版，第97页。
[②] 刘锡诚：《象征——对一种民间文化模式的考察》，学苑出版社2002年版，第8页。

颂别人吉祥的时候，是在传达对别人的美好幸福生活的祝福。那么什么是中国人对于美好生活的理解呢？

"福"是中国人对生命主题的高度概括。《礼记·祭统》中有记载："福者，备也。"《尚书·洪范》中说："五福，一曰寿；二曰富；三曰康宁；四曰攸好德；五曰考终命。"意思是说，五福就是指长寿、富裕、安定、道德高尚、寿终正寝5种人生美德。在儒家的正统诠释外，民间对于"五福"有着更为世俗的理解，人们常常将之概括为"福""禄""寿""喜""财"，此外还有"吉"（吉庆吉利）、"和"（和气和好）、"平"（平安顺利）、"养"（教养修身）、"全"（全面美满）。这十大品类大体反映了中国人的文化传统中幸福内容的多样性。[①]如此丰富的幸福内容，通过题材、构图、色彩等形式的组合形成了程式化的艺术造型和相对稳定的文化内涵。

从吉祥文化的视角看，中国人的礼物观是将中国人对幸福生活的认定期盼以艺术美的形式定格在物质载体上，并通过将这一物质载体传递给别人，从而给别人以祝福。比如在老北京，为孩子办满月或百日时有姑家送鞋、姨家送袜的习俗，送给小孩儿戴的第一顶帽子，男孩多是虎头帽，送给小孩儿穿的第一双鞋，多是猫头或虎头鞋，祝愿儿童茁壮成长、避祛邪祟。这即是象征吉祥、正面的势力对消极的疾病、祸患的镇克。（见图6-4）老北京端午节被视为"恶月""毒月"，所谓五毒是指过去人们生活中常见的蜈蚣、蜥蜴（一说壁虎）、蝎子、蛇、蟾蜍5种动物，被认为是百虫的代表和疾病的来源。民间以"五毒饼"馈送亲友，饼上绘有五毒图案，以显辟毒压制之意。换言之，礼物的吉祥意指和它

图6-4 虎头鞋（北京民俗博物馆馆藏）

[①] 钟福民：《中国吉祥图案的象征研究》，中国社会科学出版社2009年版，第17页。

的使用情境是浑然一体的。

我们可以将礼物中的吉祥寓意分为两种，礼物附加有表示吉祥意义的包装纹样和直接表示吉祥的器物、艺术品。在实际的交际场合中，这两种吉祥文化的形式都是交相辉映，共同发生作用的。让我们以北京人的寿礼为例，拆解出北京人及至中国人在礼物馈赠中所要遵循的吉祥密码。（见图6-5）

图6-5 首都博物馆民俗展厅寿堂场景

常人春先生曾详细记载了过去老北京人做寿的场面布置：

>　　棚上玻璃窗的图案都有讲章儿。如果是给老头办生日，一定用红框、红寿字，一角一枚彩色的桃子，"寿"字下边的一"点"也画作桃形，谓之"五桃献寿"。如果是给老太太办生日，则是红框，中间有彩色的五只蝙蝠围绕着一个圆寿字，谓之"五福捧寿"。……棚口设火壶茶会。棚内设茶座，茶桌上均挂着绣有"鹤鹿同春"、边上镶着"万字不到头"的桌帷。……正厅设寿堂，此是拜寿行礼的地方。如是给老头办生日，堂上正面高悬红缎彩绣的"百寿图""一笔寿"，十分讲究的有用八仙图案拼成的巨型寿字中堂，两旁是寿联。正中供一尊寿星或福、禄、寿三星，案前摆一对圆形蜡扦，高点寿烛。另有一对梅花鹿形的花筒，用以插花。香炉顶盖上卧一头梅花鹿，嘴内叼一灵芝，谓之"万年草"。如是给老太太办生日，堂上正面则悬挂红缎绣有彩色或金色"五蝠捧寿"图案的大型中堂。前边供的是一尊麻姑，谓之"麻姑献寿"。案上摆的蜡扦是一对对称的仙鹤叼一朵莲

278

花，花芯中出一根扦子，上插寿烛，谓之"仙鹤灯"。香炉顶盖上有一单腿独立的仙鹤叼一灵芝。供案的桌帷子多为红地大金圆寿字或鹤、鹿、青松等彩色图案。桌上的供品有寿桃（略）、寿面（略）、寿酒五盏。[①]

来往的亲友贺礼主要分为两类，一类是现金以及金银绸缎、古玩文房等贵重礼品，一类则是与祝寿有关的吉祥用品，贺幛、寿联和寿桃、寿面等。贺幛多写有"华封三祝""仁者有寿"等贺词。此外，还有送"寿"字、"百寿图"、"松鹤"、麻姑、寿星、八仙等字画者陈列寿堂之上。

首先，我们看到礼物场景的内涵不完全体现在器物功能上，也主要通过用品的图案、纹样等民俗艺术符号中的价值意蕴来表现内涵。图必有意，意必吉祥。其次，吉祥文化的物质载体类型多样，在造型图案上既有宗教神仙偶像体系，又有蝙蝠、仙鹤、鹿等动物，也包括桃子、灵芝、莲花、青松等植物图案，此外还有文字吉祥的形式。基本涵盖吉祥文化的大致范畴。

接下来，我们看看吉祥文化的生成原则，主要有谐音法、寓意法、表号法。

首先，谐音法是依靠发音相同或相近在事物与吉祥寓意之间建立联系。比如前文寿礼场景中常见的"五蝠捧寿"。蝙蝠在现实生活中并不见得形象有多讨喜，但由于具有与"福"相同的读音，就获得了"福"的代表性对应图案的身份。它通过与其他的吉祥符号搭配，比如与寿字搭配，形成了福寿双全的寓意，将蝙蝠搭在金钱眼的图案被转译为"福在眼前"等。谐音法是吉祥图案形成的主要方式之一，物事之间相互组合的例子很多。比如，以"蝠鹿""蜂猴""戟磬""猫蝶"的谐音而隐喻"福禄""封侯""吉庆""耄耋"等吉祥寓意；绘梅枝梢上落着喜鹊的纹图称为"喜上眉梢"，绘童子、莲花、鲤鱼的

[①] 常人春：《老北京的风俗》，北京出版社2019年版，第263—264页。

图6-6 吉祥图案"五蝠捧寿"（选自《吉祥图案解题》，日本平凡社1940年版）

纹图称为"连年有余"，绘铜镜和鞋的纹图称为"同偕到老"，绘花瓶中插入三枝戟及笙的纹图称为"平升三级"等。这些都是将吉祥之意蕴藏在物品、文字或图案中间，这种寓意并非藏而不露，而是可以通过表面的形象来探寻其真正意义所在。（见图6-6）

其次，寓意法是借助物的意蕴取其吉意。在我们上面所列举的寿礼例子中，这点更为明显。相比谐音取意的直观理解，辨识这种吉祥图案需要一定的历史文化背景的铺垫。这类事物的象征意义的形成需要一定的历史过程，往往需要借助外在的神话传说、历史典故、宗教风俗等渲染才得以建立。比如寿堂上供奉的桃子与长寿挂上关系，受到汉东方朔盗仙桃、张道陵食桃成仙、《西游记》王母蟠桃长寿不老等传说故事加持。场景中多次出现的鹤、鹿等图案，也是因鹤与鹿自古被视为长寿祥瑞的仙禽神兽。

寓意法的生成原则是由自然界中植物动物的某些形状或特性符合人们的审美意趣，与主体意念相融。取物之形，灵芝形似如意，即以灵芝喻万事如意；葫芦、瓜果藤蔓绵长、结实累累，形喻子孙繁多、绵延不绝；石榴多籽，象征多子多孙，人丁兴旺。取物之性，如竹、梅，清气袭人，凌霜傲雪，其性高洁，故誉为"双清"；莲花"出淤泥而不染"，亭亭玉立，是为"君子"的象征；等等。

再次，表号法是以相对抽象的符号形式表达吉祥寓意。在寿堂中的表号法主要体现在"万字不到头"、"百寿图"、"一笔寿"、圆寿字等。"万字不到头"的符号与佛教有关，百寿图和一笔寿则是文字的抽象化与艺术化，圆寿字作为字形圆的寿字，寄托了人们圆满终生的期盼。

物质吉祥之外，我们再看看寿堂上所表现出的吉祥文化的另外三个表现形式，神仙信仰、数字吉祥和文字吉祥。

神仙形象体现了宗教文化对人们的日常生活和精神世界的影响，其中尤以与世俗生活更为关系紧密的道教神仙形象为代表。神仙形象在家庭仪式中出场的方式主要有两种，作为祭祀仪式的对象正式供奉，比如寿案上供奉的福禄寿三星、麻姑。另一方面是神仙信仰的图案化，比如八仙。在数字吉祥上，特别突出了"五"的意义。比如桌上的供品有寿桃、寿面、寿酒五盏。"五"，在中国传统观念中，代表了五行和五方位，其相生相克的共存关系，具有神秘的驱邪迎吉作用，以五为物品安排和摆设的秩序，具有协调五行、汇聚五方神力以辟邪厌胜的文化内涵。最后是文字吉祥，如在寿幛上的各种祝福的话语。

吉祥图案在礼物场景中的广为使用具有一定的传播基础。因为相对汉字来说，图画性更有利于社会大众理解，吉祥图案具有更广泛的社会接受度。同时，在长时间的历史中为了有利于共享与传播，它也是模式化的，形成了图像—意义的固定指代关系。从寿堂的案例，我们可以看出，礼物馈送能满足特定生活礼仪场景的情境要求，同时又通过吉祥图案的模式化特征，将这种吉祥寓意的传播效率最大化。

在某种程度上说，吉祥文化是礼物之所以是礼物，而不是物品和商品的重要原因。彭牧曾指出吉祥图案和其语言中对应的吉祥话同时"在场"，它们不但是视觉艺术，而且是表演艺术。[1]就带有吉祥寓意的礼物而言，这种表演性也是存在的，正是在这些仪式庆祝中，通过祝福者大声说出的吉利话，如"祝您福如东海，寿比南山"等，这些视觉艺术形象中所内在的吉祥寓意才得以施放出来，并让对方直接感知到，充分体现着一个人的道义或情感的关心。

---

[1] 彭牧著，袁博译：《作为表演的视觉艺术：中国民间美术中的吉祥图案》，载《民间叙事的多样性——民间文化青年论坛论文》，2004年。

二、表达性的礼物

礼品自身不包含任何超自然的性质，不过它被视为传达重要的精神信息——诸如关心、眷恋、道德关怀和感情联系——的最有力和最受欢迎的工具之一。让我们回到最初的问题，礼物与商品有何不同？英国人类学家莫斯说，一个人馈赠出的礼物实际上是他天性和力量的一部分，而接受某个礼物也就是接受了送礼者的一部分精神真髓。在他的基础上，一些后来的研究者强调，商品交换是可让渡的物品在相对独立的人们之间的交换，礼物则是不可让渡的，因为通过物品传达出来的人情是不可让渡的。当馈送者通过言语和行为将带有吉祥寓意的礼品赠送给对方，已经形成了两者之间具有特定情感指向的纽带。因而，每一个礼物都是独特的。

华裔学者阎云翔按照馈赠者的动机将礼物分为表达性礼物和工具性礼物两大类，表达性的礼物馈赠以交换本身为目的并经常是反映了馈赠者和收受者间的长期关系；与此相对，工具性礼物仅是达到某种功利目的之手段并一般意味着短期的关系。[①]在人情往来中，越与我们关系密切、侧重于长期往来的人，我们越倾向于道德义务和感情的表达性馈赠，而对于与我们关系较远、短期关系的人，我们更侧重实利的工具性馈赠原则。

当我们把送礼当作一种与现代法治和契约精神矛盾的行为时，是常常将视角盯在了工具性的礼物功能上。这也与西方社会占主导的礼物互惠的经济理性原则有很大关系。礼物交换很容易被化约为自利的个人之间的双方交易。但对于中国人来说，更多的交往是基于乡土社会属性的，是对既有社会关系联络维护的表达性礼物馈赠。正是在这一框架中，人们拥有了人情通达和世故的评判原则，更为经济理性计算的交往方式并不被广泛接受。表达性的礼物馈赠是中国人融入社会并与他人互动的主要方式。这就是我们所说的生活习俗意义上的礼物

---

① 当然现实中并不是如此非此即彼的关系，在实践中没有纯粹的表达性的和工具性的礼物；表达性与工具性的因素在几乎所有的馈赠活动中都同时存在，只是比例不同而已。

流动。吉祥之礼，虽然应用于更广泛的人际关系，却是表达性礼物往来的最直接的体现。（见图6-7）

图6-7 吉祥图案"多福多寿多男子"（佛手象征福，桃子寓意寿，石榴代表子孙，选自《吉祥图案解题》，日本平凡社1940年版）

第三节　邻里情谊

入清之后，旗民居内城、汉民居外城的模式，使绝大部分北京人终生为邻，其生活网络依托于身边的社区。人们之间的关系往来相对稳定，人际关系中的道德责任和情感依赖界定着城市中人情的基本形式。

赵世瑜先生从收藏于广州中山图书馆的一本佚名日记手写本入手，分析了其中所反映的民国初年的普通北京人的交往生活。[1]从日记中可以看出，其拜年的社交圈主要由父系一族，即称族叔、族伯、族兄之类及其家眷；母系一族，即称舅、姨等及其家眷；姻亲，即本人及兄弟姊妹的妻家或夫家之人组成，还包括干亲和家仆的拟亲属关系。同时他也指出，日记所展现的主人亲友关系圈都居住在一个相对邻近的空间，有理由假设，这样一个亲属关系网是在清代八旗内部特定组织体系中形成的。有清一代的北京内城，八旗各有所居，镶黄旗驻安定门内，正黄旗驻德胜门内，镶白旗驻朝阳门内，正白旗驻东直门内，镶红旗驻阜成门内，正红旗驻西直门内，镶蓝旗驻宣武门内，正蓝旗驻崇文门内。民国后，这个旗民定居的网络格局并没有完全被打破。正如胡同里的姑奶奶祁淑洪说，"那会儿左邻右舍差不多都是旗人，也都知道谁是不是旗人，不像这会儿净搬家，那会儿讲究一住就住几辈子，谁都知道谁"。[2]直到20世纪初，亲属关系和邻里关系的结合仍是"四九城"普通北京人生活的基本空间单元，也是北京人日常交往的主要圈层，从而形塑了"坐根儿"的老北京人注重邻里间人情熟络的交往习惯。

---

[1] 赵世瑜：《民国初年一个京城旗人家庭的礼仪生活》，载《华中师范大学学报（人文社会科学版）》2009年第5期。

[2] 定宜庄：《胡同里的姑奶奶》，北京出版社2017年版，第18页。

一、远亲不如近邻

北京传统社区是胡同里的四合院或大杂院,"远亲不如近邻"在老北京人的城市居住形态中发挥着更为突出的作用。人们在四合院里居住并不是"躲进小楼成一统",早在清代的南城就已有不少杂居的院落。清末以来,因出租、出售和被重新分配,四合院加速了杂院化的进程,越来越多户的人家同居在一片屋檐下,如厨房、厕所等必需设施都需要共享。随着新中国成立后单位制分房的到来,邻居之间可能还兼有同事关系。寻常"低头不见抬头见",邻里间比亲戚间的往来还要频繁。邻里关系中相互馈赠"礼物"已经是平日里的常态了。比如我们常说北京有个老规矩,再熟的人,到他家串门儿,也不能空着手。所谓不能空着手,就是要带点礼物。当然,这种礼物跟求人办事儿送礼,是两回事儿。不空着手,并不要求您带多贵重的东西,您哪怕带两根儿葱都行,主要是表示一种心意,传达一种感情,体现北京人的老礼儿。礼物的价值主要是维系社会生活的长期秩序而非个人短期利益。

在这方面讲究也有不少,比如"送一不能还一":

> 中国人讲究礼尚往来,投桃报李。什么叫投桃报李?就是人家送给您一个水蜜桃,您不能空口道谢,得回手送给人家一个大个儿的李子。但是按北京的老规矩,光拿一个李子回报人家的一个桃,似乎还不行。人家送给您一个桃,您至少要还人家两个桃。这就是所谓"还礼"的讲究。人家送一,您绝对不能还一。还一,等于应付人情,用北京话说是"圆面儿";还二,等于维护人情,用北京话说是"长(zhǎng)脸"。这就是北京人对还礼的老规矩。[①]

但话又说回来,用"礼物"来概括邻里间的日常交往会显得更

---

① 刘一达:《北京老规矩》,中华书局2015年版,第63页。

为生分。因为杂院里的人在日常交际中物品的流动已经成为一种潜移默化的习惯了，甚至它就是生活本身。过去家里没有油盐酱醋去向左邻右舍借是很正常的，这边过水面下得了，转身就拿给邻居一碗，买点新鲜水果直接就匀出些分量带给几家熟络的邻居。谁家来了亲，带来点儿土特产，总觉得是稀罕物，短不了都要让院里的邻居们尝个鲜儿。有时，谁家做了点儿自己拿手的时令吃食，也会让邻居们尝一尝。街坊四邻"走"（相处）得像一家人。就像《老北京那些事儿2》中写到的那样：

> 打小儿吃住都搁这院啦！连自个儿的老婆都没跑出由院里生成的"青梅竹马"……说是大杂院里和睦，不假。李叔拉车老拉晚儿，进院门蹑手蹑脚，从来不惊动谁家的梦乡。张大妈家今儿高兴，剁肉，包韭菜肉丸儿饺子，谁也不敢押碴儿，提"饺子"二字。可大妈还是一家一碗，理儿送到了。[①]

如果有人上夜班或有孩子准备中考、高考复习功课，大家讲话都会将音量放小；如果有谁不在家的时候有其亲戚朋友来访，邻居都会视情况主动帮忙接待客人，谁家的大人在单位加班或开会没回来，而小孩放学进不了门，肯定有人帮助代管。假如邻居出门十天半个月的，屋门不锁都没关系，有界壁儿照看着。谁家有个为难的事，送个孩子，照顾个病人，邻居们都会帮忙。杂院的老北京人古道热肠，充满人情味儿。这是一种"以邻比亲"的态度和相处方式。

相信上点年纪的北京人，不管是长在四合院、筒子楼还是单位大院，没谁没吃过邻居家的饭，同时，也没谁没帮过邻居家的忙。这种交往方式是城市间具有乡土气息的存在，一个院子常常是挤了几辈人的，邻里之间彼此知根知底，虽然职业不同，性格各异，但在共同的

[①] 刘辉著，王永潮绘：《老北京那些事儿2》，当代中国出版社2011年版，第152—153页。

生活空间中拥有着长期、稳定的信息和经验的累积。这种邻里关系中，有人情，有面子，但也有感情和义气。我想用情谊二字更能代表老北京邻里的关系。（见图6-8）

这种邻里关系的建设和维护也是开放性的。一般而言，相对

图6-8 史家胡同博物馆居民捐赠的展品

于外来到北京谋生奋斗的人来说，生长于北京的本地人拥有更多的本土关系网络，其所面对的亲属、同学、同事、邻里等相对熟悉、稳定的人际区域较广；而前者等于离开了自己熟悉的乡里，进入了新的外部世界，在一开始会面对更多的工具性的人际网络。因而，拥有一些乡土子遗的北京"土著"倾向于运用他们最为熟识的道德伦理，会令人感觉比较重视人情，而新进入的"移民"则更倾向于以公平法则为人处世。但随着生活日久，双方的人际网络渐渐趋同，处世哲学便都具有了共通的人情成分。

话剧《北京邻居》中，曾讲述了"甜水井胡同"这样一个特别普通的但又非常有代表性的胡同角落中的邻里故事。无论是住在这个胡同里的老北京人，还是曾租住在胡同里的外地人，家家有本难念的经，却又有着家家互助的邻里亲情。一对来北京开饭馆的"外地人"夫妇租在了冯大妈的空置房内，作为千千万万北漂一族的典型代表，两口子撇下孩子来北京闯荡，虽然在外谋生无可避免会遭遇到挫折甚至鄙视，但当他们真正融入了这个初接触有着各种规矩，实则是极易掏心窝子相处的一群"北京人"时，却感受到了那种让人热泪盈眶的热乎劲儿。谁又曾在乎谁是北京人、外地人呢？人与人的包容与理解，才是生活的主题。这也是同一片屋檐下所应有的人情道理。

二、社区营造

随着城市社会发展，北京人的聚落形态发生了剧烈的变化——

从院居走向楼居，人与人的交往关系也随之更易发展。单元住宅更为重视居住的舒适性和私密性，只要每家的户门一关，就与外界隔绝，相互没有依赖关系和接触因素，以往促成人们交往的外界条件已不复存在。即使在传统的胡同杂院社区，也并非像人们通常所认为的那样，人们之间因为居住在一起而关系紧密，邻里关系亦比以前淡薄了不少。许多居民间的联系只是认识或者是点头之交，相互间打打招呼的浅层次邻里交往。当居民需要获得帮助时，首先寻求社区组织和邻居帮助的很少，绝大部分寻求帮助的顺序为亲戚、朋友、同学、同事等。

人们所经常抱怨的"人情淡了"，就与邻里关系的变化有很大关系。因为，邻里是我们生活中日常所居的主要时空。邻里关系日益疏离，包裹于每个人生活周围的那种热络走向淡薄，是我们每个人最能切身感觉得到的。在安土重迁的老北京，人情主要是个人道德世界的一部分而非一种可交换的资源。可是，随着社区内外的流动性越发加剧，人与人之间的关系与以往相比更呈现出交错化、多样化、复杂化的特点。当人们面对越来越多变的短期关系、混合性关系时，在经济理性、道德义务和情感间的权衡尺度也受到了冲击。社区已经无法作为熟人社会，必然会有许多工具性的联系被纳入到人际关系网络中，当人们不得不把礼物用作一种办事工具时，关系和人情就转变为一种可交换的资源，而鲜有感情或道德性的因素。这样看起来，一些旧有的人情规矩就有了消逝的风险。

不过，邻里关系的变化也是人们生活方式变迁的一种客观反映。在现代社会中，人们得以自由地选择居住的社区，或是在各种社会团体、社会组织中寻找和自己有共同兴趣的人，人们的基本社会关系网络和社会支持来源越来越多元化。高度分化的多元价值观念导致社区居民仅把社区当作栖身之所，缺乏对社区的归属感和认同感。良好的邻里伦理关系一直是北京人十分珍视的传统美德，但如今要想凝结成一种守望相助的社区邻里文化要比传统时代面临更多的挑战。

虽然社区中的每一个家庭、每个人来源各异，但当他们共同会集到一个社区时，他们就拥有了一个共同的身份——"社区居民"，彼此相连。因而城市社区当然不仅仅是纯粹地域性的概念，它同样也应该成为维持社会规范，为每一位社区居民提供社会支持和情感支撑的生活空间。主动形成居民间的社会交往和社会关系，依然是作为一种社会生活共同体的社区必不可少的实践基础。其中，从文化入手推动社区营造，是近年来孵化城市公民社区认同意识的重要手段。社区文化本质上是社区居民在参与社区生活中形成的共同价值。从社区环境、历史文化、群众特点等实际情况出发，开展特色鲜明的文化项目带动社区营造，有助于提升社区凝聚力。

21世纪以来，在北京的一些老城区，从花市到史家胡同、东四，再到什刹海，出现了不少"社区博物馆"，通过对地域文化的继承与发展，关注社区的前世与今生，更好地为社区发展服务。

这些社区博物馆从产生伊始，就得到了本地居民的积极响应，表现出旺盛的生命力和积极的创造力。东四胡同博物馆面向社会征集展品时，居民们纷纷把自家祖传或收藏的"老物件"拿出来，"四大恒"家谱、南新仓烧老米、百年陶釉鱼缸、门墩……，这些承载着个人和家庭情感的老物件成为再造社区集体记忆的组成部分。在史家胡同博物馆，史家胡同风貌保护协会和社区经常举办"胡同茶馆"的茶话会，请居民过来一起聊聊最关心的社区问题，居民们通过共同参与讨论与交流艺术欣赏、教育和集体权益改善等公共活动，增进了邻里间的熟识度和认知度，社区关系也开始重塑。因此，社区博物馆不仅成为社区历史、环境、现状的收藏、研究与展示中心，同时也是一个开展构建社区的共同记忆、加强社区群体的认同、激发社区可持续发展的充满创造性活力的中心。（见图6-9）

图6-9 东四胡同博物馆中的文物展厅

在一些新型的北京社区中，

也通过挖掘城市历史文化，嫁接现代时尚文化，打造特色文化活动，以增强社区居民之间的交流。代表者如北京市朝阳区安贞街道的社区灯会，至今已举办了10多届。灯会坚持由社区居民自主设计、就地取材、自己动手制作花灯。在心灵手巧的居民手中，废旧矿泉水瓶、礼品盒、破雨伞、装修废料等都成为制作花灯的原料。在中秋节参与人们自己的灯会，已成为安贞街道居民的习惯选择。在北京东西城、朝阳、海淀等城区都通过举办各种形式的社区邻里节，让生活在北京的邻居们，走出家门，分享快乐，认识彼此擦肩而过的熟悉的陌生人。防火防灾、食品安全、垃圾处理、照顾老人、治安问题等日常生活中的问题也渐渐被收纳到社区生活文化的传播范畴中，通过呼吁居民共同应对生活中的实际问题，以改善社区内部的生活秩序。

在今日北京的社区营造中，不但有街道、社区居委会的在场，也开始从政府主导的活动模式逐渐过渡到NGO帮扶、企业共建等多种形式，以推动社区自组织、自治理、自发展。近年来，清华大学社区营造中心曾在大栅栏街道开展的社区治理创新实验就是一个典型的案例。他们首先从挖掘社区能人开始，由他们来团结社区居民，形成居民自组织，再培育其稳步发展。[1]其研究人员形象地用培育树木来比喻社区营造的过程：首先是"小种子"，只要是有组织形态的社区居民，哪怕是大妈跳广场舞，或者是这些居民能够去组织慰老服务，都可以算是有组织形态的表现，如果他们想集中大家的力量来做一些事情，我们都愿意支持和培育他们。我们并不对这些小种子的内容做限定。第二阶段是"小苗"，是指这些居民的组织形态基本稳定了，而且已经关注社区的公共事务，做一些服务类或是民生需求类工作的阶段。如果他们想再进一步有实体化的需求和发展，比如想成立为一家社会组织或一家公司，就可视为"小树"阶段。最后是"大树"阶段，社会组织的功能会不断深化细化。从中可以看出，社区营造的核

---

[1] 梁肖月、罗家德：《大栅栏街道社区自组织培育历程研究》，载《城市建筑》2018年第9期。

心不是造社区而是造人，是更进一步地建立和重建社区人与人之间的关系、圈子、自组织和复杂自适应系统，从而使社区成员从自己的圈层关注点出发逐步延伸，进而参与和互助、共同建设新社区。

加强社区建设，提升社区居民文化生活品质和幸福感，是今日北京市立足于全国文化中心的战略定位，实现国际一流和谐宜居之都建设目标的必然要求。从古到今，无论北京城市怎么改变，一代又一代"新""老"北京人在人际交往中体现的情感关爱、道德责任，以及对融洽和谐社会秩序的有意识维护和建设都是持续不变的。当代，北京人注重邻里关系的传统通过文化活动的开展、博物馆的共建共享、多元社群的社区营造等更现代的方式正焕发出新的生机。北京的城市社区也必将日益成为居民更加依靠和支持、乐于参与的"家"！

尾　声

　　一切景语皆情语。这座城市经历了太多的历史沧桑，时代烙印深深铭刻在曾经生活及正在生活于其中的人们身上。在老舍先生的《四世同堂》中，英国人富善这样观察着小羊圈胡同中的一家子人：

　　　　由表面上的礼貌与举止，和大家的言谈，富善先生似乎一眼看到了一部历史，一部激变中的中国近代史。祁老人是代表着清朝人的，也就是富善先生所最愿看到的中国人。天佑太太是代表着清朝与民国之间的人的，她还保留着一些老的规矩，可是也拦不住新的事情的兴起。瑞宣纯粹的是个民国的人，他与祖父在年纪上虽只差四十年，而在思想上却相隔有一两世纪。小顺儿与妞子是将来的人。将来的中国人须是什么样子呢？富善先生想不出。他极喜欢祁老人，可是他拦不住天佑太太与瑞宣的改变，更拦不住小顺子与妞子的继续改变。他愿意看见个一成不变的，特异而有趣的中国文化，可是中国像被狂风吹着的一只船似的，顺流而下。看到祁家的四辈人，他觉得他们是最奇异的一家子。虽然他们还都是中国人，可是又那么复杂，那么变化多端。最奇怪的是这些各有不同的人还居然住在一个院子里，还都很和睦，倒仿佛是每个人都要变，而又有个什么大的力量使他们在变化中还不至于分裂涣散。在这奇怪的一家子里，似乎每个人都忠于他的时代，同时又不激烈的拒绝别人的时代，他们把不同的时代揉到了一块，像用许多味药揉成的一个药丸似的。他们都顺从着历史，同时又似乎抗拒着历史。他们各有各的文化，而又彼此宽容，彼此体谅。

这个小小的四合院似乎是北京近代以来历史变迁的微观映射。作为长期的国都，北京一直是五方杂处之地，新旧、中西、贫富、高低同时存在，从而也需要比其他城市更能容纳如此对立的事物。越来越国际化的北京城，人群的多样性分野一直都会存在，甚至习俗的演变也是常态的。从这小小的四合院中，我们可以发现，里面的主人公都能从自己的视角与立场上展现着自己的从容，相互和谐的生活。正如北京城，不同的人群都在自己的圈层执行着自己的规矩，又在交往和交流中彼此影响、相容并存。礼俗文化，归根结底，是一种人与人相处的观念与方式，他们通过建构各自日常生活从而获得"人生的意义"。在这里，每一种生活方式都是值得尊重的。

我们并不想将北京礼俗的价值凝固在一种"旧京"意象中。中国社会、经济和文化巨变引发了民众的"生活革命"，新旧习俗的杂糅、蜕变和复合现象已是现代社会的正常状态。今日的北京人越来越有机会、有条件比较自由地选择自己的生活方式，如果我们执着于习俗的符号性、具体生活风习的不可改变，我们就会倍感失望，因为符合这一"文化标准"的民俗群体在越发减少。

我们也不想将北京礼俗的应用限于文化遗产的范畴。不过问题的另一面是，我们很容易将它们作为城市的符号、文化的代表而悬置于生活之上。

在我们的现实生活中，博物馆式思维的确能够让我们面对生活的变化安之若素。实际上，我们所讲到的许多礼俗事项都已成立专题博物馆，或者其内容及其物质终端被纳入博物馆"文物"的范畴。我们将过去奉为遗产，纳入博物馆的殿堂，似乎这样面对过去、现在与未来之间可能存在的断续、周折与复杂的样态，就能够长出一口气。虽然这是我们将过去与现代加以识别，各就其位的惯常手法。但我们更关心，我们如何感受到历史传承过来的生活的力量。

礼俗文化植根于这座城市，是这片土地上的人们沉淀下来的生活实践，并最终成为一种地域的传统，反哺到人们的情感和心理。这种反哺并不是一种知识和生活方式的强行重续，因为在人口多元和流动性极强的首都，地域习俗作为一种群体行为规范的适用范围早已是松散性的了，甚至已转换为一种亚文化的群体习惯；这种反哺更主要的是指，作为首都的北京，始终有着丰富周正的伦理价值观在影响着我们，其中既有代代移民留下来的落地生根的积极上进，生活顺适中的泰然恬淡，陷入泥沼中的自尊自强，也有对他者的人情熨帖，以及对群体中个体尊严和人格的敬重，等等。

当我们去说北京的礼俗文化的时候，也需要下沉到每个人的生命体验中。作家张承志曾写他坐在北京的一辆公交车上的感受："随着这辆车的停停走走，依次闪过的车站上满挤着各色人的表情。……他们的表情焦急而坚毅。我每次看到这种车站的表情时，心里都禁不住感动。在这种表情上，百姓的生存和北京的精神都流露出来了。"[1]城市的心理传统都在，我们只不过是善意地提示。

在城市的璀璨辉煌背后，总有一些缓慢积淀的东西成为一种不动声色的巨大力量，潜移默化地带着我们前行。人有礼则安，无礼则危。城市里的每一个生命都在尝试用自己的方式、自己心中的理儿，塑造着这座城市的灵魂，这些生存和生活的智慧是一种地域精神、国之精神的积淀，是中国人生活方式中的核心价值，是我们成为今日北京人，乃至成为中国人的根本。

---

[1] 张承志：《都市的表情》，载邹仲之编：《抚摸北京：当代作家笔下的北京》，生活·读书·新知三联书店2005年版，第27页。

主要参考书目

1. 北京日报《旧京图说》编写组编著：《旧京图说》，北京时报出版社2016年版。
2. 北京市正阳门管理处编：《旧京史照》，北京出版社1996年版。
3. 常人春：《北京人的风俗》，北京出版社2019年版。
4. 陈平原、王德威：《北京：都市想象与文化记忆》，北京大学出版社2005年版。
5. 陈新增：《当代北京工艺美术史话》，当代中国出版社2013年版。
6. 成善卿：《天桥史话》，生活·读书·新知三联书店1990年版。
7. 崔金生：《北京礼俗》，文物出版社2003年版。
8. 邓云乡：《北京四合院》，人民日报出版社1990年版。
9. 定宜庄：《胡同里的姑奶奶》，北京出版社2017年版。
10. 董玥：《民国北京城：历史与怀旧》，生活·读书·新知三联书店2014年版。
11. 费孝通：《乡土中国　生育制度》，北京大学出版社1998年版。
12. 傅公钺等编著：《旧京大观》，人民中国出版社1992年版。
13. 高艾军、傅民编：《北京话词语增订本》，北京大学出版社2001年版。
14. 高巍：《老北京的四合院》，学苑出版社2007年版。
15. 郭松义、定宜庄：《清代民间婚书研究》，人民出版社2005

年版。

16．黄光国、胡先缙等著：《面子：中国人的权力游戏》，人民大学出版社2004年版。

17．季剑青：《重写旧京——民国北京书写中的历史与记忆》，生活·读书·新知三联书店2017年版。

18．姜德明编：《北京乎——现代作家笔下的北京（1919—1949）》，生活·读书·新知三联书店1992年版。

19．姜德明编：《如梦令：名人笔下的旧京》，北京出版社1997年版。

20．姜斯轶：《京剧"第一科班"富连成社研究》，中国人民大学出版社2016年版。

21．金启孮：《金启孮谈北京的满族》，中华书局2009年版。

22．金受申：《老北京的生活》，北京出版社2016年版。

23．李宝臣：《礼不远人：走近明清京师礼制文化》，中华书局2008年版。

24．李龙吟编著：《老北京商业习俗》，世界图书出版公司2007年版。

25．李乔：《行业神崇拜：中国民众造神运动研究》，中国文联出版社2000年版。

26．刘铁梁主编：《中国民俗文化志·北京·宣武区卷》，中央编译出版社2006年版。

27．刘一达：《北京老规矩》，中华书局2015年版。

28．刘一达：《胡同范儿》，北京十月文艺出版社2017年版。

29．齐如山：《北京三百六十行》，中州古籍出版社2016年版。

30．石振怀主编：《北京市非物质文化遗产项目论证报告集（第一辑）》，北京燕山出版社2009年版。

31．孙庆忠主编：《妙峰山：香会志与人生史》，知识产权出版社2013年版。

32．唐伯弢：《富连成三十年史》，同心出版社2000年版。

33．王炜、闫虹编著：《老北京公园开放记》，学苑出版社2008年版。

34．王世襄：《锦灰堆（合编本）贰卷》，生活·读书·新知三联书店2015年版。

35．王世襄：《京华忆往》，生活·读书·新知三联书店2010年版。

36．翁偶虹：《翁偶虹文集·民俗卷》，百花文艺出版社2013年版。

37．吴廷燮等纂：《北京市志稿七·礼俗志》，北京燕山出版社1998年版。

38．徐珂：《增订实用北京指南》，商务印书馆1923年版。

39．［美］阎云翔著，李放春、刘瑜译：《礼物的流动：一个中国村庄中的互惠原则与社会网络》，上海人民出版社2000年版。

40．杨国枢主编：《中国人的心理》，桂冠图书公司1988年版。

41．叶涛：《中国京剧习俗》，陕西人民出版社1994年版。

42．余钊：《北京旧事》，学苑出版社2000年版。

43．岳永逸：《空间、自我与社会：天桥街头艺人的生成与系谱》，中央编译出版社2007年版。

44．岳永逸：《老北京杂吧地：天桥的记忆与诠释》，生活·读书·新知三联书店2011年版。

45．翟鸿起：《老北京的街头巷尾》，中国书店出版社1997年版。

46．张青仁：《行香走会　北京香会的谱系与生态》，中央民族大学出版社2016年版。

47．赵珩：《百年旧痕：赵珩谈北京》，生活·读书·新知三联书店2016年版。

48．赵世瑜：《小历史与大历史：区域社会史的理论、方法与实践》，北京大学出版社2017年版。

49．赵园：《北京：城与人》，北京大学出版社2002年版。

50．邹仲之编：《抚摸北京：当代作家笔下的北京》，生活·读书·新知三联书店2005年版。

后　记

在知乎上曾有一个问题,"有什么是你去了北京才知道的事?"你会发现答案五花八门,每一个人理解北京的方式都不同。虽然我们可以通过城市风俗的文化整理描绘出一座城市的历史和各个剖面,但对城里的每个人而言,一座城市始终不过是几条巷道、几间房子和几个人的组合。每个人都有自己独特的与城市联结的方式。

我想,这本书也可以算是一种个人维度,代表着我,一个生活和工作在北京二十几年的人对于这座城市的理解。或许是常年在文物博物馆领域工作的原因,我习惯于将一种对象拆解成事项构件,并进而重组再造为一种文化样态的展示手法。实际上,本书撰写的每一个章节的相关内容都已经被不同程度地博物馆化了,它们成为了一种可参观式的北京文化的代表。但博物馆并不是静止的"木乃伊"供人们观瞻,它是苏格拉底式的启迪空间,真正意义在于让人们在离开馆舍之后,更加热爱和拥抱生活。因而,这本书里面的每一个内容同样充满了现实的价值,能够在某一个微小的视角令我们反观自身,审视当下生活的意义。

我时常在想,城市对于人的意义是什么?在这个城市里面,每一个人都有坚持下去就能感觉到幸福的东西。这座城,才是有温度的。而这种坚持一定是具体而微的努力与改变,一定有精神价值观层面的支撑。但无论是家庭责任感、职业自豪感,还是城市认同感、国家荣誉感,这些宏大的口号也一定是有真切而具体的理由,真实而深厚的生活积淀的,也一定不是空穴来风,拔地而起的,而是通过深邃的历史与我们相连。

我试图寻找在这座城市里所谓文化的部分与我们每个人的生命息息相关的一些连接点。正是这样的连接点，使我们得以在日常的生活和工作中笃定自己作为家庭成员、城市市民和国家公民的韧性、责任与担当。

2004年参加工作以后，我曾在北京民俗博物馆工作了10余年，几经兜转，目前在中国社科院中国历史研究院从事历史文化遗产的研究与展示工作。这些年来，北京历史文化，特别是生活文化，一直是我关注的领域。这本小书就源于这些年的一些经验积累和实践思考。

本书的写作得到了许多人的帮助。承蒙北京民俗专家高巍先生推荐，并惠赠了不少参考书；还要感谢丛书主编、北京师范大学刘铁梁教授的多次勉励。因撰稿时间紧迫，工作压力大，我在踌躇是否应下这个任务时，他和我打了一个多小时的电话，阐述他对礼俗文化的学术理解和对我的信任，刘老师的嘱托最终使我坚定了完成此书的信念。还要感谢北京市社科联刘亦文主任和王玮先生对我在书稿写作过程中给予的宽容。

最后，要感谢我的家人对我的关爱。本书的写作恰逢单位工作繁忙期，爱人晓晶为了让我集中精力写作，无怨无悔地承担了更多的家务和教育子女的重任，幼子嘉岳刚刚进入小学，就已经兴致盎然地帮我打字，后又多次陪我走进北京胡同中采集资料。老姐关敏在廊坊家中陪伴照顾老父，使我得以在京更为安心地工作。老父年近八旬，在口述家史时对老北京的情怀仍然不减，他还经常嘱咐我要劳逸结合、注意身体。这本书也是为他们而作。

关昕